カテゴリーの役割と構造

ブランドとライフスタイルをつなぐもの

髙橋広行

関西学院大学出版会

カテゴリーの役割と構造
ブランドとライフスタイルをつなぐもの

まえがき

　一度，店頭にある商品棚を思い出してみて欲しい。そこには非常に多くのブランドが並び，その違いを必死に訴えかけている。しかし，ブランドの差別化は本当に成功しているのだろうか。マーケティングの教科書では差別化を遂行することが命題とされているものの，ブランド間のちょっとした特性の違いや差別化の程度を，消費者はどの程度認識しているのだろうか。むしろ，差別化すればするほどカテゴリー内におけるブランド間の差異は微細な，あるいは，認識されない程度まで小さなものになり，企業は自らの戦略で自らの市場を同質化あるいはコモディティ化へと向かわせているとも考えられる。このような状況において消費を理解しようとするならば，個々のブランドの次元よりも大きな視点で理解したい，というのが日々の実務における私の問題意識であり研究の動機であった。

　この問題意識と動機を受け，研究を進めたのが本書である。本書のねらいは，消費者行動研究におけるブランド論を前提としながら，そのブランドが配置されているカテゴリーについてその役割と構造を理解し，ブランドがカテゴリーを通じ，消費のパターンとしてのライフスタイルにどのように入り込んでいくのかを検討したものである。

　本書の基本的なスタンスは消費者情報処理アプローチに依拠する仮説検証型のスタイルを取っている。この枠組だけで消費者行動研究を論じるのであれば，これまでにも多くの研究がなされてきた。本研究で挑んだ点は，消費者情報処理アプローチが属性と便益の束として捉えてきたブランドを「認知的に」把握可能な領域において，ブランドそのものが置かれている消費の文脈や競争環境などを積極的に取り入れて論じたものである。それはカテゴリー概念という研究領域に挑んだこととも関連する。カテゴリーは記憶や知識構造との関連が強く，おのずから購買意思決定プロセス以降の消費のシーンや状況，経験や体験を通じて形成される部分も多い。そのため，購買以降の変数も分析の対象として取り込んだ点が目新しいと考える。その視点を含めることに対し，研究アプローチの枠組を超えた節操の無い研究と思われる

可能性もあるが，基本的には論理の反復可能性と統計的一般化を目指すことを前提に進めていることから，研究の立ち位置はぶれないように進めたつもりである。本書の構成は以下の通りである。

第1章は問題設定と本書の位置づけを示したものである。1節は問題提起であり，近年の市場環境における状況とこれまでのライフスタイル研究の限界から本書の取るアプローチを大まかに位置づけている。続く2節では文化や社会の影響を受けた現代における消費のあり方について検討し，その流れを受けて3節では消費者行動研究の変遷を整理している。消費者行動研究の変遷とともにブランド論もその議論の中心が変わってきているため，各ブランド論の概念整理を4節で行う。その中でなぜブランド・マネジメントが重要となってきているのかという点を踏まえ，5節では消費のあり方，消費者行動研究，ブランド論の3つの視点から本書におけるカテゴリー概念を位置づけている。

第2章はカテゴリー概念の先行研究をレビューしていくことでカテゴリーの役割を明確にしたものである。まず，1節ではカテゴリー化とカテゴリーの重要性について確認した後，2節では消費者の認知的視点における分類学的なカテゴリーの構造，3節では消費者の主観的な認知構造に近く，かつ，市場構造を反映しているグレード化されたカテゴリーについて議論する。カテゴリーは記憶や知識との関連も強いことから，4節ではブランド・エクイティの概念にも触れながらグレード化されたカテゴリーを形成する要因について整理する。続く5節では目的を持って行動する能動的な消費者像と関連する目的に導かれるカテゴリーについての整理である。目的に導かれるカテゴリーはその前段階としてのアドホック・カテゴリーや考慮集合との関連も深く，これらの概念を含めて整理していく。そして6節では，前節までの議論を踏まえ，消費者が環境変化に適応していくためには異なる3つのカテゴリー概念がバラバラに用いられるのではなく，ひとつの「適合的カテゴリー表象」を形成していることを示し，カテゴリーという概念の役割と存在意義の重要性を提唱している。

第3章は，先行研究の課題に対し，実証分析を通じてカテゴリー構造を理解することを目的としている。1節ではカテゴリー構造を形成する要因間の

関連について検討する。2節ではカテゴリー知識がブランド・ロイヤルティに与える影響についての議論，続く3節では消費者の目的のあり方の違いと目的のあいまい性の程度の違いによって形成されるカテゴリーに焦点を当てた実証分析を行っている。これらの実証分析を受けて，第4章で結論を述べていく。

　なお，本書は関西学院大学大学院商学研究科における博士学位論文がそのベースとなっており，学位取得後の1年間で書き溜めたいくつかの論文を含めて再構成したものである。まだまだ駆け出しの研究者である筆者がこのような出版の機会を得ることが出来たのはさまざまな先生方との出会いと多くのアドバイスがあったからに他ならない。

　まず，関西学院大学大学院の博士後期課程における指導教授として，学位論文完成に至るまで，親身で適切な指導を引き受けて下さった新倉貴士先生（法政大学）には非常に感謝している。新倉貴士先生には，消費者行動の魅力とともに，「認知世界の奥深さ」を教えて頂いた。また度々，私の稚拙な知識レベルに合わせて議論して下さったこと，拡散しがちな私の仮説について的確なご指摘をして頂いたことは，非常に貴重な体験として私の記憶に残っている。この時の議論を通じて得た内容が本研究に反映されていることを願いつつ，新倉貴士先生の研究に少しでも貢献できれば，私にとってこれほど嬉しいことはない。

　和田充夫先生（関西学院大学）からは，問題意識を大きく持ち，広い思想で研究を捉えていくことの大切さとマーケティングを「愛する気持ち」を教わった。このマーケティングへの愛は日々の講義からだけではなく，和田先生の著書や論文からもひしひしと伝わり感じることが出来るほどであった。とりわけ，本書の問題意識とマーケティング戦略的な考察は和田先生に導いて頂いたと言っても過言ではない。改めて御礼申上げる次第である。

　藤沢武史先生（関西学院大学）にはマーケティングの領域だけにとどまらず，分析的なアプローチや私の稚拙な英語表現および様々なコミュニケーションのあり方など，多面的なご指導を頂いた。とりわけ感銘を受けたのは，研究や指導に対する先生の積極的な姿勢である。日々悶々となりがちな

研究をポジティブに捉え，楽しく探求していく姿勢は，私に「勇気」を与えてくれた。

　私がアカデミックの風を感じ，前期課程へと進むきっかけを作って下さった井上哲浩先生（慶應義塾大学），日本マーケティング研究所 JMR サイエンスの川島隆志取締役，前期課程でのご指導と後期課程への進学へと導いて下さった中西正雄先生（関西学院大学）にも感謝している。中西正雄先生には実務の課題や現状に対しマーケティング的好奇心を持って取り組むことの「楽しさ」，マーケティング・リサーチの「本質」など，非常にたくさんの刺激を頂いた。この時の経験が私の学術的な興味をより高め，日々の研究を推進する上での「原動力」となっている。

　流通研究に疎い私に，流通の世界のダイナミズムと人間味溢れる世界観への興味の扉を大きく開いてくださった石原武政先生（流通科学大学）にも感謝している。ミクロになりがちな私の研究領域を「より大きな視点」で見つめ直すことが出来たことは言うまでもない。現在も流通研究の内容だけでなく研究に取り組む姿勢や筋道を立てて考えることの大切さについてご指導いただいている。

　さらに，修士時代から所属している日本消費者行動研究学会の多くの先生方との出会いとご指導が本書の土台となっている。特に多大なご指導を頂いている清水聰先生（慶應義塾大学）には，消費者行動研究をマーケティング戦略に活用することの大切さを教わった。本書の消費者行動研究とブランド論の礎とさせていただいている青木幸弘先生（学習院大学），研究の取り組み方や分析について様々なアドバイスを下さった山本昭二先生（関西学院大学），齊藤嘉一先生（日本大学），石淵順也先生（関西学院大学），研究領域も近く，現在も一緒に研究を進めて下さっている徳山美津恵先生（関西大学）をはじめ，ここに記しきれないほどの先生方にお世話になってきた。

　そして記念すべき本書を，博士学位を取得した関西学院大学の出版会から刊行できる機会を頂いたことは本当に幸運であった。新任であるにもかかわらず，流通科学大学研究成果出版助成（2010 年度）という形でこの出版を支援して下さった流通科学大学にも感謝している。現在，私が所属する流通科学大学では石井淳蔵学長をはじめ，多くの流通・マーケティングの先輩研

究者の先生方に囲まれて，日々たくさんの刺激を頂いている。石井淳蔵学長には学務と研究で多忙な中，本書の構成と研究の位置づけのあり方について貴重なアドバイスを頂けたこと，また，流通科学研究会での発表を通じ，先輩研究者の先生方から非常に有意義な意見を頂いたことも本書を構成する上で大いに参考になった。このような恵まれた環境で研究できることは私にとって本当にありがたい。

なお，本書はカテゴリー概念を中心とした研究書として位置づけているものの，内容は日々の生活と密着した消費者行動研究やブランド論を整理しながら構成していることから，専門家や研究者の方だけでなく，消費者行動研究やブランド研究を専攻しようと考えている大学院生の方，あるいは，実務家の方にも読んで頂ければ幸いである。マーケティングに関する研究が意味をなすのは実践の場に展開可能な状態にすることであり，また，私自信が実務家であったことからも多くの現場の方々の問題意識とも近く，研究内容にも共感して読んで頂けるのではないだろうか。上記のような読者を意図し，出来るだけ読みやすくするために草稿の段階で大学院生だった岡山武史先生（近畿大学），西原彰宏さん（関西学院大学大学院），赤松直樹さん（元・関西学院大学大学院）にも目を通していただき，読みにくい点や言い回しのおかしな点についていろいろと指摘してもらった。細かな校正などは流通科学大学ゼミ生の吉川佳奈恵さんにも確認してもらった。とはいえ，本書における誤謬等はすべて筆者の責めに帰するものである。

そして，関西学院大学出版会の田中直哉様，浅香雅代様には本書の原稿執筆段階から刊行に至るまでの間，様々な私の不安に対して的確で丁寧なアドバイスを下さったこと，原稿の大幅な遅れや修正にもかかわらず辛抱強く対応して頂けたことなど，非常に感謝している。

以上の先生方，お世話になった方々に心より御礼申上げるとともに，今後もより一層良い研究をしていく所存である。

最後に，最も感謝すべきは妻の昌美である。私が実務の世界からアカデミックの世界へと強く踏み出す機会を与えてくれた。また，本書を出版すべきかどうかで悩んだ時も心強いアドバイスで背中を後押ししてくれた。同じ

研究者でありながら常に私の先を行っていた彼女への尊敬と感謝の気持ちのひとつの形として今回の出版を受け取ってもらいたい。そして日々，研究で忙しいとかまけて，あまり子育てに参加していないことへの謝罪と，我慢を強いてきた真帆，大知にも少しは落ち着いた気持ちで相手ができるようになることを祈って。

　2010年　思索の中庭が見える研究室にて

髙 橋 広 行

目　次

まえがき　3

第1章　問題設定

1節　問題の所在 ─────────────────────────15
　1　問題意識　15
　2　市場環境　20
　3　本書の目的──カテゴリーによるアプローチ　24
　4　本書の構成　25

2節　文化・社会とモノの消費 ─────────────────33
　1　消費社会　33
　2　ポストモダン消費とモダン消費　34
　3　画一化と多様化　36
　4　消費におけるモノの役割　37
　5　現実世界のブランドを捉えるカテゴリー　39
　6　ライフスタイルとしてのディドロ統一体とディドロ効果　41

3節　消費者行動研究のアプローチ ───────────────49
　1　古典的研究の系譜　49
　2　行動修正アプローチ　50
　3　情報処理アプローチ　51
　4　解釈主義(体験主義)的アプローチの台頭　54
　5　小括　57

4節　ブランド論の変遷とブランド・マネジメント ─────────63
　1　ブランド論の変遷　63
　2　ブランド・ロイヤルティ　63
　3　ブランド・エクイティ　73
　4　ブランド・アイデンティティ　79
　5　ブランド・エクスペリエンス　82
　6　小括　87

5節　本書におけるカテゴリー概念の位置づけ ──────────99

第2章　カテゴリー概念についての研究

1節　カテゴリーの定義と系譜 ──────────── 105
 1　知覚とカテゴリー化　105
 2　知識としてのカテゴリー　106
 3　古典的アプローチから経験基盤主義へ　107

2節　分類学的なカテゴリー ──────────── 111

3節　グレード化されたカテゴリー ────────── 117
 1　水平的な拡がりとしてのグレード構造　117
 2　プロトタイプ理論　121
 3　エグゼンプラー理論　125
 4　モデルの限界と混合モデル　128

4節　カテゴリーとブランド・エクイティ
  ──記憶システムに基づきながら ────────── 131
 1　カテゴリーとブランド・エクイティ　131
 2　記憶システムについて　131
 3　各記憶システムと測定やエクイティ要素との関連　133
 4　複数記憶システムとブランド・エクイティ　140
 5　プロトタイプ，エグゼンプラーとの関連　142
 6　小括　144
 7　典型性と具体性に基づくブランドの類型　145

5節　目的に導かれるカテゴリー ──────────── 151
 1　目的に導かれるカテゴリー　151
 2　目標・目的に関する研究　152

6節　カテゴリー概念の相互依存 ──────────── 167
 1　カテゴリー概念間の関係　167
 2　適合的カテゴリー表象（adaptive category representation）　168

先行研究における課題 ─────────────── 173

第3章　実証研究

実証分析の位置づけ ──────────────── 177

1節　カテゴリーの構造 ─────────────── 181
 1　実証研究の目的と方法　181

2　仮説設定と分析フレーム　　181
　　　3　調査概要　　184
　　　4　測定項目と分析結果　　190
　　　5　追加分析　　198
　　　6　考察　　203

2節　カテゴリーとロイヤルティ ──────────── 209
　　　1　実証研究の目的と方法　　209
　　　2　カテゴリー構造，ロイヤルティの概念　　210
　　　3　仮説設定と用いたデータ　　213
　　　4　測定項目　　214
　　　5　カテゴリーの中心性に基づくブランド・ロイヤルティモデルの検証　　221
　　　6　追加分析　　222
　　　7　考察　　225

3節　目的に導かれるカテゴリー ──考慮集合を手がかりに── 227
　　　1　実証研究の目的と方法　　227
　　　2　仮説設定　　228
　　　3　調査概要　　229
　　　4　実証分析　　232
　　　5　仮説検証　　238
　　　6　追加分析　　240
　　　7　考察　　243

第4章　結　論

1節　インプリケーション ───────────── 249
　　　1　本書のまとめと理論的インプリケーション　　249
　　　2　カテゴリー概念の統合モデルの検討　　257
　　　3　実務的インプリケーション　　261

2節　ディスカッション ───────────── 269

初出論文　　272

参考文献　　273

索　　引　　291

第1章

問題設定

1 節 ｜ 問題の所在

1 問題意識

　なぜ人は消費するのだろうか。日々の生活において我々消費者は，実に多くの財を消費しながら生活している。それにもかかわらず，日常生活の中でほとんど意識にのぼらない行為（間々田 2000, p. 9）であり，その疑問に対する答えは意外と難しい（石井 1993）[1]。

　根本的な消費の理由として，人は欲望を満足させるために「モノの価値」を消費すること（山崎 1987, p. 135），「消耗行為」や「何かを達成するための手段」（石井 1993）などと考えられてきた。また，これまでの消費者行動研究もそのほとんどが購買意思決定過程を主とする「モノの獲得」に焦点が当てられてきた（杉本 1997, p. 11；堀内 1997, p. 73；Schmitt 1999, 邦訳 p. 49；桑原 2001, p. 120；Schmitt 2003, 邦訳 p. 13）。しかし，近年の消費はモノの獲得や達成手段といった消費行為だけで捉えられるほど単純ではなくなりつつある。そのため，消費者行動研究においても，消費のプロセスや体験をも積極的に研究対象に捉え，消費による物理的な変容だけでなく，心理的，情報的な変容や充足[2]（河合 1997；田中 2008），モノを所有することで他人へのみせびらかしを意図した顕示的消費（Veblen 1899）や，モノの文化的な意味を求める象徴的消費（e.g. Belk 1995；松井 2004），記号消費（cf. Baudrillard 1970；松井 2001）といった消費の側面が大きなウェイトを占めるようになりつつある。

　では，消費におけるこのような側面とはどのようなものだろうか。

　例えば，同じコーヒーでも，マクドナルドでの 120 円のプレミアムローストコーヒーを好む人もいれば，スターバックスでのコーヒーを好む人，あるいは，ホテルの上層階で景観を楽しみながら飲む 1000 円を越えるコーヒーを好む人もいる。どこで飲もうがコーヒー豆の品質それ自体に大差はない[3]。

それでも，それぞれの場所で飲むコーヒーを好む人もいればそうでない人もいる。消費者によってはシーンや気分で場所を使い分ける人もいるだろう。確かに，サービスの品質や雰囲気といった違いはあるが，それだけで消費を決めてはいないだろう。

他にも，生活費や食費を削り，4畳半のアパートに住んでまで，ベンツに乗っている若者が存在している。このように他を切り詰め，こだわりのある商品に多額の資金を投資するような一点豪華主義の消費[4]が増えてきている。また，同じキャラクターグッズをひたすら集め続けることに意義を感じるような消費もある。これはモノを通じて自分のアイデンティティを主張する「モノ語り」とも呼ばれている。

このように消費という行為自体が，快楽，自己表現，優越性の確認といった意味を持つようになってきており（間々田 2000, p. 9-10），モノの価値，手段としての消費だけでは説明できなくなりつつある。自分の期待値をどこに置くのか（河合 1997, p. 293），あるいは，所有や消費を通じて何を表現したいのかによって消費行為自体が異なってくるのである。

内閣府による消費支出データからも消費のタイプが変化していることがわかる。2007年と1997年の項目別消費支出[5]を比較した場合，通信費（151.6％），保健・医療（127.8％），外食・宿泊費（109.5％）などが増加傾向にあり，一方で被服・履物費（59.6％），家具・家庭用機器・家事サービス費（79.2％）が減少傾向にある。アパレルや電化製品といったモノの獲得に対する対価としての消費から，コンテンツや情報，時間消費への対価へと支出が大きく変化しており，消費や使用を通じて得る効用よりも消費そのものの，消費のプロセスをより重視する社会へと変わりつつあり，マーケティングの競争も財布シェアの争奪から時間シェアの争奪へと変化しつつある。

これまでのわが国のマーケティングは消費者がある程度「必要性を自覚しているモノ」に対応していく問題解決型のマーケティングが機能してきたが，現代の消費は物理的な消費以外の消費の側面が大きなウェイトを占めつつあることから，消費行動の対応と予測がより困難となりつつある。

このように，消費が多面性を持つことで現代の消費は一見不可解に見える。時には合理的に，時には衝動買いをし，時には状況や気分によって選択

を変えるかもしれない。言葉と行動が一致しないかもしれない。しかし他人から見ると，そこにその人の人となりが浮かび上がってくる（谷川 1998, p.6）。つまり我々は「生きて行く一瞬一瞬に，意識していなくても常に自分のライフスタイルにつながる大小の選択を行っている」（同, p.6）のである。

ライフスタイル[6]とは，文化や社会，道徳的な制度的枠組の制約の中で，消費者が価値観[7]やパーソナリティ[8]を通じ，目標や目的を持ってブランドやサービスに興味と関心を抱きながら，選択的にそれらを採用あるいは組み合わせていくことで，行動的に顕著化された生活パターンを持つことである（cf. Alderson 1965, p.181-187；Lazer 1963, p.130；井関 1979；和田 1984；Kotler and Keller 2006, 邦訳 p.228）。近年，ライフスタイルという言葉はメディアや広告においてファッション的な意味合いで多く用いられるようになり，一般的な用語として定着しつつある（圓丸 2009）。大型化するショッピングセンターにおいては，「ライフスタイルセンター[9]」というコミュニティ＆コミュニケーション機能を備えた商業施設も出来つつある（六車 2007）。また，社会学的アプローチとしてのライフコース（青木他 2008）[10]などの研究も進んできている。ただし注意しておきたい点は，本書で扱うライフスタイルとはファッション的な意味合いの狭い議論ではなく，「消費者の行動を理解，説明あるいは予測するための最も重要な行動的概念」（Lazer 1963, p.132）として扱うものである。そのためライフスタイルを形成するモノは買回り品だけではなく最寄品[11]，専門品も含めた広範囲な商材を前提として議論を進める。

しかし1980年以降，ライフスタイル自体の研究はあまり行われなくなってきている。ライフスタイル研究が少ない要因にはいくつか考えられる。

第一の要因として，消費者の生活水準に対する精神的な生活満足度の低さが関係すると考える。内閣府の国民生活白書（平成20年度版）によれば1人当たり実質GDPの推移は1981年から2005年まで右肩上がりで増加しているものの，生活満足度は1987年を境に低下の一途をたどっている（図表1-1）。これは「幸福のパラドックス」と言われ，アメリカ・西ドイツ・スイスなどの先進国でも見られる現象である。ただし，日本における所得の不平等さは小さく，幸福度との相関も低いことから（図表1-2）[12]，所得差によっ

て幸福度が決まるわけではないことがうかがえる。つまり、幸福度の低さは「個々の消費者の状況」が関係していると考えられる。

そのため、いかに現代人の経済的・物質的な生活が豊かになったとしても、それは単にモノで生活を満たしていっただけであり、精神的には何も満足していないのである。つまり、実感の伴わない豊かさでは満足していないということであり、何らかの漠然とした目指すべきライフスタイル像を持っているとは考えられるが、日々投入される多量の商品やブランドによって興味・関心・行動（購買）としての明確なパターン化が妨害され、理想と現実の消費を乖離させているのだろう。

井関（1979）は1970年代までのライフスタイル研究を整理し、再定義しているが、「ライフスタイルとは、生活課題の解決および充足のしかたである」（同 p.16）としており、従来型のライフスタイルの概念の範囲はあくまでも直面する生活課題の解決でしかなく、その課題の解決方法がライフスタ

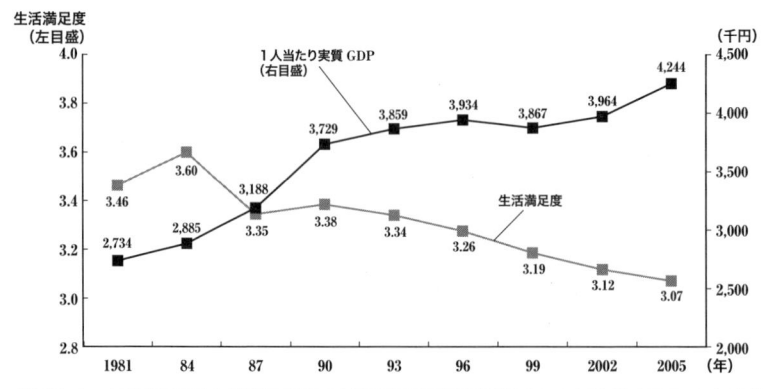

図表1-1　生活満足度および1人当たり実質GDPの推移

（備考）1　内閣府「国民生活選好度調査」「国民経済計算確報」（1993年以前は平成14年確報、1996年以後は平成18年確報）、総務省「人口推計」により作成。
　　　　2　「生活満足度」は「あなたは生活全般に満足していますか。それとも不満ですか。（○は1つ）」と尋ね、「満足している」から「不満である」までの5段階の回答に、「満足している」＝5から「不満である」＝1までの得点を与え、各項目ごとに回答者数で加重した平均得点を求め、満足度を指標化したもの。
　　　　3　回答者は、全国の15歳以上75歳未満の男女（「わからない」「無回答」を除く）。
　　　　（出所）　国民生活白書（平成20年度版）ホームページより引用。
（参照元URL）　http://www5.cao.go.jp/seikatsu/whitepaper/h20/10_pdf/01_honpen/index.html

図表1-2 幸福度とジニ係数の関係

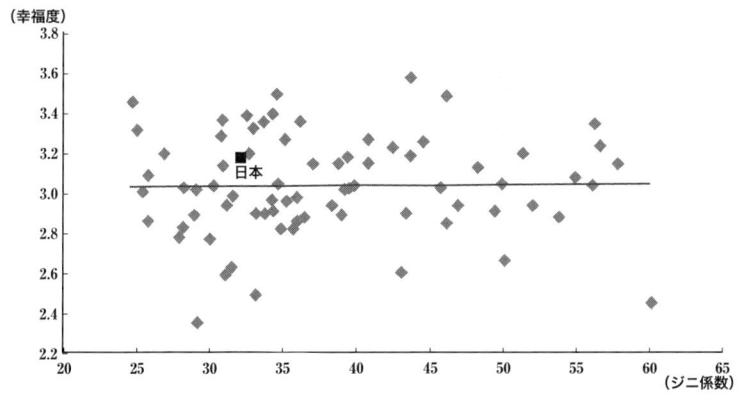

(備考) 1 ジニ係数については「WDI」，幸福度については以下のデータを使用。
Veenhoven, R., World Database of Happiness, Distributional Findings in Nations, Erasmus University Rotterdam.
Available at: http://worlddatabaseofhappiness.eur.nl（2008/11/18）
2 ジニ係数は各国最新のものを使用（日本は厚生労働省「平成17年所得再分配調査」等価再所得によるジニ係数）。
3 分析結果
（幸福度）＝3.0285＋(0.0003)×（ジニ係数），$\bar{R}^2 = -0.0134$
　　　　(23.75)　(0.08)　　　　　　　　※（　）内はt値
(出所) 国民生活白書（平成20年度版）ホームページより引用。

イルによって異なるという点に着目している。このことからも従来型のライフスタイル・アプローチだけでは多様な側面を持つ現代の消費を理解するには限界があるだろう。

　第二の要因として，従来型のライフスタイル・アプローチが言語尺度[13]を用いてきたことが関係する。これまでライフスタイルの分類にはAIO（activities, interests, opinion measure）やVALS（value and life-style research），RVSと呼ばれるRokeach Value Survey, LOV（list of values）などに代表される価値観尺度が用いられてきた。[14]しかし，感情的関与を抱く消費者は自らのライフスタイルをパターンあるいはイメージとして認識している場合があり（和田 1984, p.176），また上述のように，物理的な消費以外の側面が大きく影響しつつある現代においては，デモグラフィックやサイコグラフィックによる分類や便益といった言語尺度によるアプローチだけでは，消費者理解と予測に限界があること（Christensen et al. 2005；Yankelovich and Meer 2006),また,言語尺度によるパターンの「束の内容がいっしょになるのはなぜかを理解する,システマティックな方法を何一つ持っていない」(McCracken 1988, 邦訳 p.210) という限界がある。

さらに手法上の課題として,AIO 尺度の場合,項目の中身が分析者の主観に依存するため一般性に欠けること (cf. 井上 2001, p.6),VALS や LOV といった尺度は抽象的であるため,妥当性の問題などもあり,ターゲットにアプローチしにくいといった問題もある (清水 1999;2008a, p.11)。

第三の要因には,ライフスタイル・アプローチが分類(セグメンテーション)を目的のひとつにしてきたことである。現在の市場の多くは成熟期あるいは停滞期にあり,市場自体の拡大が見込めないため,市場細分化を繰り返すことで各セグメントの規模が次第に縮小し,そこから得られる利益も減少することになる(中西 2001;恩蔵 2007;Kotler and Trias de Bes 2003)。そのため,より詳細なライフスタイルを把握しようとするほど分類が細分化されるため,結果的に採算が取れなくなる可能性が高まってしまう。

上述のような点から,従来型のライフスタイル研究では現代の消費を理解するには限界がある。ではこの消費のパターンの対象である製品市場はどのような状況にあるのだろうか。そこにライフスタイルを理解する手がかりがあるのかもしれない。

2 市場環境

2-1 競争の激化

市場成長期において,メーカーは消費者の多様なニーズに対応するという命題に応えるために,新技術や新機能に基づいて,製品名やブランド名を変えて次々と販売していくような,プロダクト(製品)ベースの「リセット型マーケティング」(石井 2006a) を繰り返してきた。その結果,製品カテゴリー内のラインとアイテムが増大し,多様なブランドで市場は溢れかえっている(和田 1998;石井 2006a;Kotler and Trias de Bes 2003)。

このような製品の多様化は製品カテゴリーの内と外の代替性を高め,結果的に製品カテゴリー「内」の競争と製品カテゴリー「間」の競争の両方を激

化させてきた。

　確かに，製品の多様化は消費者の選択肢の幅を拡げ，消費の多様性[15]に対応してきたことで，需要と欲望を喚起し市場を活性化させてきたのかもしれない。しかし，多様化イコール選択肢の増加ではない。むしろ，製品数が増えるにつれて，製品間の違いは小さくなっていく。多くの製品カテゴリーにおいて相違点を比較しても，そこにはほとんど差に意味がない。違いがないとは言わないが，微細なものとなっている（Moon 2010, 邦訳 p. 14）。そして増えすぎた製品によって，消費者が頭の中で整理できる量を超えるほど多くなってしまい[16]（Duncan and Moriarty 1997, p. 48；和田 1998, p. 46），消費者に想起されるブランド群は不安定になってしまったのである（cf. 仁科 2001）。

　つまり，消費の多様化に対応しようとしてきたことで，逆にカテゴリー・ニーズ[17]とブランドのポジショニング[18]を不明瞭にし，市場細分化の成立[19]を困難なものとしてしまったのである。そのため，ブランドのロイヤルティは脆弱になり，消費者と個々のブランドとの関係が希薄化し，結果的に，自らの市場を自らの戦略によって，コモディティ化[20]へと促してしまったのである（cf. Duncan and Moriarty 1997, 邦訳 p. 48；Kotler and Trias de Bes 2003；恩蔵 2007）。

　さらに，需要を満たす製品が溢れたことで，(1) 消費者は何か足りないという状況での需要のプルはなくなり，人とは違ったもの，より良いものがあれば購入する需要の「飽食化」と，(2) 消費者の判断力が向上し，消費眼が洗練化する需要の「洗練化」によって，企業の側の薄っぺらな差別化を見抜くようになってきている（和田 1998, p. 18, 32）。需要の飽和化・洗練化が進行すれば，差別化がより困難となり，優位性を継続的に維持できなくなるため，ますますコモディティ化が促進される（cf. 恩蔵 2007）。そのため，市場細分化と差別化による従来型のマネジリアル・マーケティングでは，生活者の需要構造変化に十分対応しきれなくなり，売上は思ったほどに伸びず，逆に多品種化の結果として在庫コストや物流コスト，生産コストなどが増大していくことになる（和田 1998）。

2-2 プライベート・ブランド比率の高まり

追い討ちをかけるように，店頭におけるプライベート・ブランド（以下 PB）比率が急速に高まっており，ナショナル・ブランド（以下 NB）の陳列スペース確保が困難になりつつある[21]。

当然のことながら陳列スペースには限界があるため，PB 比率が高まれば NB のスペースは限定されてしまう。その限られたスペースに入ることが出来る NB は，ロングセラーあるいは売れ筋商品，製品カテゴリーを代表する典型的な商品に限定されてしまう[22]。市場拡大期あるいは大規模小売店舗が郊外に積極的に出店していた時期であれば，「品揃えの充実」とともに NB と PB の共存も可能であった。しかし，バブル経済崩壊以降における小売市場の縮小および昨今の不況に伴う所得の減少（田村 2008），また，流通業者へのパワーシフトの高まりとともに PB も低価格を維持しながら戦略的位置づけとしての重要性を高め，その品質を向上させつつある状況において（Kapferer 2004；岡山 2010），NB への値引き要請が強まっている。このような要請の影響を受け，NB も PB に引っ張られるかのように低価格化していくことで，コモディティ化が促進されていき，ブランド間の知覚差異はますます小さくなっていく（cf. Pine II and Gilmore 1999）。

2-3 メーカーの市場対応

このような競争の激化とコモディティ化，需要の変化に対応するために，企業はその戦略をより明確にする必要性に迫られている。実際，日用品を中心とする各企業の状況を見ると，既存ブランドの育成やブランド・マネジメントへとその戦略を変化させてきている。

花王は，新規ブランドの投入を控え，既存ブランドの機能を高める方針を打ち出し始めており，2009 年度の新製品はその大半を既存ブランドの改良品を予定し，既存ブランドに抱く信頼感や愛着を生かすことを期待している[23]。

資生堂は，これまで小セグメントに対応する形でブランドを乱立してきたことが収益を悪化させたことから，ブランド統合による「メガ・ブランド」によって対応を切り替え，投資効率の向上を目指している[24]。またブランド管

理は1人に委任し，統一感のあるブランド戦略を展開させることに配慮し，チャネルごとに主力ブランドを統廃合していくことでブランドとチャネルの一貫性を高めている[25]。

世界最大の消費財メーカーであるプロクター・アンド・ギャンブル（以下：P&G）では，早くからブランド・マネジメントを実践してきた。特に2000年に会長兼社長兼CEOに就任したA. G. ラフリーの「消費者がボス」という方針の下，「2つの決着の瞬間」の達成を目標としてきた。1つは，消費者が店頭で買い物をする際，P&Gが成功を収めることに努める「第一の決着の瞬間（first moment of truth：FMOT）」，もう1つは，消費者が買った商品を家庭に持って帰り実際に使ってもらう瞬間に「P&Gブランドに満足すること」に責任を持つ，「第二の決着の瞬間（second moment of truth：SMOT）」である（市橋 2008, p. 30）。この2つの決着の瞬間を達成することで消費者からの強い信頼を得ている。また，従来型の機能や便益（ベネフィット）を通じた「期待される効果の提供」に加え，経験価値の訴求によって関係性の構築(cf. Schmitt 1999, 邦訳 p. 135-136, 201-202)に注力している。

このように，各企業も新規ブランドの投入を繰り返す戦略からメガ・ブランド戦略，あるいは不採算のブランドを廃止し，既存ブランドの活性化・ロングセラー化に資源を集中させるブランド・マネジメントへと変化させている[26]（石井 2006a；Quelch and Jocz 2009）。

さらにメーカーは，管理対象をブランド単体から主要な複数のブランドを通じて製品カテゴリー全体でのシェアを高めていく戦略や広告を通じたカテゴリー・ニーズの訴求により，代替性のある製品カテゴリーへ流れていく消費者を維持しようとしている（cf. Kotler and Trias de Bes 2003）。

2-4　ブランドからの消費の理解

上述してきたように，我々消費者は日々の生活において，非常に多様なブランドに囲まれて生活している。そこで近年，消費者が購買あるいは消費している代表的な「ブランド群（連鎖）」や「ブランドつながり」を手がかりに消費者プロフィールを解明していくことでライフスタイルの代用とする研究（e.g. 髙橋 2004；清水 2008a）もマーケティングの領域において登場しつ

つある[27]。

しかし，製品の氾濫と需要の飽和化・洗練化によって現代の市場はますます複雑性を増しているため，このブランド群（連鎖）やブランドつながりからのアプローチの限界として，(1) ブランド間のつながり方をパターンとして捉えようとすると，パターンの数は無限大にあるため，傾向の一般化が難しいこと，(2) 日々投入される新製品やブランドによって安定した消費者像の理解が難しいこと，(3) コモディティ化の進行により多くの製品カテゴリーにおいては消費の心理的な側面に関係なく，たまたま購買される場合もあるため，行動結果や履歴を通じたパターンだけでは心理的側面の捕捉ができないこと，などの問題点が考えられる。

3 本書の目的——カテゴリーによるアプローチ

従来型のライフスタイル研究の限界，ブランド群やブランドつながりの視点に基づき消費および消費者像（群）を理解することは，いずれも限界がある。では，多様な側面を持った現代の消費は，どのように把握していけばよいのであろうか。

そのひとつが，カテゴリーによるアプローチであると考える。ライフスタイルは自我関与[28]，消費者関与[29]を経由して製品レベルとしての「カテゴリー」とつながっており（和田 1984），カテゴリーはブランド群によって構成されている。

これまでの消費者行動における研究の多くは，ブランドや製品単位の購買履歴に基づき「行動パターン」を分析するマーケティング・サイエンス的な消費者行動の理解，あるいは，製品関与や価値観尺度などの心理的側面から消費者の「内面的な理解」を試みる研究のどちらかにウェイトが置かれてきたため，購買以降の消費と態度を同時に扱った研究はあまり多くない（cf. 田島 1999）。とりわけ，ライフスタイルとブランドとをつなぐ「カテゴリー」の視点から消費を捉えようとする研究は少ない。そこで，「企業と消費者が共有するブランド・キャンバス」（和田 2004, p.5）であるカテゴリーの視点から消費を捉えることで，ライフスタイルとブランドの理解を深めることが

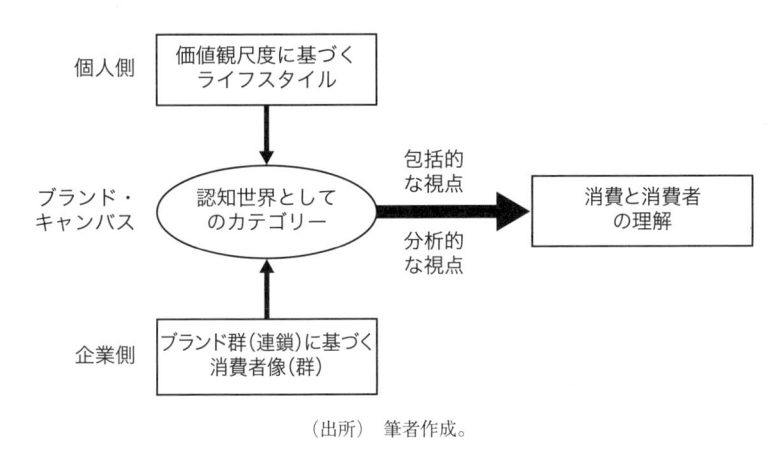

図表1-3 本書のアプローチ

```
個人側         価値観尺度に基づく
              ライフスタイル
                    ↓
ブランド・    認知世界として      包括的
キャンバス    のカテゴリー        な視点    →  消費と消費者
                                分析的          の理解
                    ↑           な視点
企業側        ブランド群(連鎖)に基づく
              消費者像(群)
```

(出所) 筆者作成。

可能であると考える（図表1-3）。

　特に本書では，消費者が現実世界を認知する「認知世界としてのカテゴリー」について理解を深めるものである。認知世界としてのカテゴリーは認知対象であるブランドを，属性や効用，便益といった分析的な視点として捉えることも，ブランドをイメージや感覚，あるいは文脈（コンテクスト）における包括的（ホーリスティック）な存在として捉えることも可能である。つまり，認知世界としてのカテゴリーを研究対象とすることで，消費の多様な側面に対応することが可能となるのである。

　本書の目的は認知世界としてのカテゴリーの役割と構造を解明していくことで，消費と消費者像（群）を理解し，ライフスタイルとブランドとの関連を検討していくものである。なお本書では「カテゴリー」という表現を用いる場合は消費者の認知世界を指すものであり，売り手が定義する市場としての「製品カテゴリー」とは区別して用いる。

4　本書の構成

　以上の問題意識から，本書はカテゴリーの役割と構造を解明していくことに焦点を当てる。具体的なアプローチは，先行研究をレビューすることでカ

テゴリーの役割を明らかにし，先行研究の課題を踏まえてカテゴリー構造を実証分析によって解明していくことで，ライフスタイルとブランドとの関連を提示していくことを主な研究領域とする。では，「カテゴリーは何処にあるんだ！」ろうか[31]。

　本書の構成は，まず，1章の後半（次節以降）で本書におけるカテゴリーの位置づけを明確にするために，文化や社会との関連および消費者行動研究，ブランド論の系譜を考慮に入れながら研究の射程と幅を検討し，最後に基本枠組を提示する。

　つづく2章では，主なカテゴリー概念である「分類学的なカテゴリー」「グレード化されたカテゴリー」「目的に導かれるカテゴリー／アドホック・カテゴリー」といったカテゴリー概念に関するレビューを行い，これらの概念を統合しつつ，先行研究における課題を抽出する。

　3章は，2章の先行研究で抽出された課題に対する実証研究であり，1節では，グレード化されたカテゴリーの構造を形成する要因間の関連を明らかにするとともにカテゴリーの配置について検討する。2節では，ブランド・マネジメントの実現においてロイヤルティ向上に必要となるカテゴリー知識の要因を検討する。3節では，目的タイプ（消費のプロセスとモノの獲得といった違い），および目的のあいまい性を含め，目的に導かれるカテゴリーについて検討する。

　4章は，結論としてインプリケーションとディスカッションで構成し，最後に今後の研究について議論するものである。

[注]

1　消費という人間行動が，いつどのようにして発生したのかについての（推測は出来るものの）定説もなく（田中 2008），経済学においては消費とは無駄なもの，無意味なものとして否定的に見なしがちでさえあるという（cf. 石井 1993）。結局のところ，消費それ自体への明確な回答は未だ出せていない（cf. 山崎 1987, p. 152）。

2　田中（2008）では消費の定義を「消費（consumption）とは，サービス・情報を含む商品について，人間が購入（交換）・使用（経験）・所有（剥奪）・廃棄（リサ

イクル）を行う過程で消費者あるいは消費者と商品の関係に心理的・物理的・情報的変容が生じることである」(p.6) としている。
3　品質に差がないわけではないが，多くの消費者が正確に違いを認識しているとは言いきれない。
4　一点豪華主義の事例はみせびらかしの消費としての「顕示的消費」(Veblen 1899, 邦訳 p.82-117) と Baudrillard (1970) が主張する使用価値を超えたモノの記号的意味の両者が関係すると考えられる。
5　内閣府「平成19年度確報国民経済計算第一部付表」家計の最終消費支出の構成比を比較した。
　　参照元 URL：「http://www.esri.cao.go.jp/jp/sna/h19-kaku/21annual-report-j.html#upmark」。
6　ライフスタイル研究は，米国やわが国のマーケティング研究者・実践家の間で1960年代以降，一般的になり，1970年代から1980年代において研究や調査が盛んに行われた（和田 1984, p.151-152）。井関 (1979) によると研究が盛んになった要因は4つあり，それは，(1) 人口学的諸要因（年齢，性別，居住区域など）や社会経済的諸要因（所得，学歴，職業など）の分類を超え，購買行動や態度が類似する消費者像を理解するための消費者行動の新しい説明モデルを求める動き，(2) 人口学的・社会経済的諸要因による市場細分化でターゲットにアプローチすることの限界からより有効な基準への期待，(3) 企業が「人々の価値観や生活様式の変化」をマクロ・レベルで把握し，社会的傾向や生活意識動向の予測として時系列でデータを積み上げていくことへの期待，(4) 企業サイドからの商品開発の発想が「商品ばなれ」を促し，(1970年代の) 消費停滞を促したという指摘から「生活」発想による商品開発およびマーケティング戦略立案のための思考枠組への期待，である。なお，ライフスタイルの概念は，社会学者のマックス・ウェーバー (Max Weber) と精神分析学者のアルフレッド・アドラー (Alfred Adler) によって彫琢されたものであり，ウェーバーは，特定の「ライフスタイル (style of life or life style)」を共有する「地位グループ (status group)」というコンセプトを提案し (井関 1979, p.9)，アドラーは個人に焦点を当て，過去における生活環境への対処経験あるいは生活課題の独自な解決方法と将来に向けた目標志向努力の中に，個人の自己一貫性と統一性をライフスタイルと定義したという（井関 1979, p.12）。
7　価値観とは特定の存在形態が他の存在形態よりも，消費者個人にとって個人的・社会的に好ましいとする永続的な消費者の信念（和田 1984, p.71-72）を指す。一般的に価値観は長期にわたって変化しにくいと言われており（和田 1984；土田 2001），コア・バリューとも言われるものである。コア・バリューとは，消費者の態度や行動の根底にある深く基礎的なレベルで人々の長期にわたる選択や願望を決定する信念システムであり (Kotler and Keller 2006, 邦訳 p.229)，人々はこのコア・バリューによって暗黙のうちに優先順位を階層化してランクづけすることで購買や消費を決めている (cf. Schmitt 1999, p.231)。
8　価値観の体系的まとまりがパーソナリティとも言われており（馬場 1989, p.146），生まれついての人柄（山崎 1987, p.127），周囲の刺激に対して比較的一

貫した反応を継続的に示す個人の心理的特性をいう（Kotler and Keller 2006, 邦訳 p. 227）。なお馬場（1989）によると，フロイトの概念である「自我（ego：エゴ）」はパーソナリティの中心部を占めており，知覚，習得，記憶，推理などを行うもので，衝動，欲求，要求といった快楽原則としての本能をつかさどる「イド（ido）」，社会的な諸基準（道徳性，良心，社会の声など）を反映し，理想機能を持つ「超自我（superego）」「外界」があり，自我はこの 3 つから圧力を受けつつ調整する役割を持つという。なお，これまで多くのパーソナリティ研究がなされてきたが，その測定が一貫していないことから統一性のある見解はないこと（馬場 1989, p. 119-137），また，これまでにもブランド・ロイヤルティとの関係，貯蓄性向，広告への反応など，多くの消費者行動研究で用いられたが，それらの結果から得られた知見は，パーソナリティが消費者行動を説明しないという事実（清水 1999, p. 54）もある。そのため，本書ではパーソナリティに基づくアプローチは取らず主に価値観をライフスタイルの基本的構成要素として議論を進める。

9   1990 年代以降においてアメリカの高所得者層の地域を中心に開発されてきた。核店舗に百貨店や GMS を持たず，スーパーやカフェ，専門店で構成するショッピングセンター。

10   ライフコース（life course）とは，「個人が一生の間にたどる人生の道筋（人生行路）」（青木 2010b, p. 120）としており，ライフイベントにおける選択を通じた多様性から生ずるパターンに注目した分析に研究の焦点が置かれている。ライフコースはライフ・サイクルに依拠した概念であり，ライフスタイルと似ているものの，異なる概念である。

11   Lazer（1963）ではビジネスの行動も対象としていたが本書は消費者行動に焦点を当てることから定義的な意味合いからは除外している。

12   国民経済白書によれば，「ジニ係数が大きいほど不平等が大きい」ことを示す。

13   2 つのアプローチがあり，消費者がライフスタイル諸変数にどのように反応するかを見るための「ライフスタイル・プロフィール・アプローチ」とライフスタイル諸変数によって消費者をライフスタイル・プロフィール別に分割し個々の消費行動を見ていく「ライフスタイル細分化アプローチ」がある（和田 1984, p. 168-172）。調査の多くはライフスタイル・プロフィール・アプローチが占めているという。

14   AIO 尺度はどのような活動（activities）を行い，どのような興味（interests）を持ち，どのような意見（opinion）を持っているかに関する非常に多数の質問項目から価値システムに基づくライフスタイルを導出するものである。活動に関しては仕事，趣味，休暇，娯楽，買い物などからなる 9 つの側面を，興味に関しては家族，家庭，仕事，地域社会，レクリエーションなどからなる 9 つの側面を，意見に関しては自分自身，政治，社会問題，教育などの 9 つの側面を，6 点法の尺度で賛否をつけさせるため，時には 700 項目もの膨大な質問を被験者に投げかける（永野 1997, p. 186；井上 2001, p. 6）。文章例として，「私はキャンプに行くのが好きだ（A）」「キッチンは私の好きな場所だ（I）」「私はよく古き良き時代をなつかしむ（O）」などが挙げられる。VALS はスタンフォード調査研究所（SRI）が開発したもので，個人が持つライフスタイルと価値観について，アメリカ成人を対象とした大規模な

データを収集し，それを分析して対象者を9つのカテゴリーに分類している（永野 1997, p.186-187）。その後改良版のVALS ⅡやJapan-VALSなども開発されている（井上 2001, p.6）。RVSは消費者の嗜好に関する価値を18の要素に分類している。LOVはマズローの欲求5段階説に加え，上記Rokeach（1973）の18の価値などから構成されているもので，多様性が高い（井上 2001, p.7）と考えられている。

15 　消費者ニーズの多様化は3つあり，(1) 消費多角化，(2) 消費個性化，(3) 消費短サイクル化である。消費多角化とは，同一の消費者内部における消費の多様化を指しており，シーンやオケージョンに合わせた多様な消費をすることを指している。消費個性化とは，異なる複数の消費者間における消費の多様化を指しており，一人ひとりの嗜好が異なることにより消費者が求めるものが多様となることを示している。消費短サイクル化は，消費者が同一のブランドや品種を継続して購入・使用し続ける期間が短くなることを指しており，1つのものを長年使うよりも買い換える傾向が強まることを指している（田村 1998）。

16 　和田（1998, p.43-50）によれば，企業は個性化・多様化する生活者の認識を見誤ったとしている。その企業の側の誤りは4つあり，(1) 消費者のバラエティ追求の欲求から発生する購買の多様性（消費多角化，消費短サイクル化）を見誤ったこと（つまり多様性への対応をどの製品カテゴリーでも追及すべきかどうかという認識の問題である），(2) 個性化・多様化はすべての製品カテゴリーで現れるという認識の誤り（生活の豊かさ形成部分には強く現れるが，生活基盤形成部分に個性はあまり関係ない），(3) 消費者の情報処理能力，あるいは，情報処理の積極性の問題（生活者の情報処理能力には限界があり，消費者はそれほど多くのブランドを検討しない），(4) 1980年代に至るまではきわめて同質的であり，同質需要を作ってきたものが細分化されてきたという認識の誤り（個性や生活価値の違いからいくつかのライフスタイルに分化する必要はあるかもしれないが，生活基盤形成部分は依然として大量需要が存在する），といった点を指摘している。

17 　カテゴリー・ニーズとは，「そのカテゴリー（製品やサービス）が，現在の動機づけ状態と望ましい動機づけ状態との間の知覚された乖離を，除去あるいは満足させるために必要である，と購買者が受容すること」（Rossiter and Percy 1997, 邦訳 p.218）である。つまり，カテゴリーを通じて現在の問題を解決したいと思うニーズ，あるいは，より良い生活が出来ると思う際に喚起されるニーズのことである。

18 　マーケティングの競争は市場細分化と差別化を通じたブランド・ポジショニングによる「消費者の認知をめぐる競争」であると考えられてきた（Ries and Trout 2001）。

19 　市場細分化戦略を展開するのであれば，その前提として特定製品市場に対して複数のマーケティング戦略を差別的に作成し実行できること，「違っていてかつ同じ」が原理であり，分割が他と区別できて初めて差別的な戦略実行が可能となり，採算ベースに乗せることが可能となる（和田 1998）。

20 　本書で言うコモディティ化とは，「企業間の技術的水準が同質的となり，製品やサービスにおける本質的部分での差別化が困難になり，どのブランドを取り上げてみても顧客側からするとほとんど違いが見いだせない状況」（恩蔵 2007, p.2）に従

うものである。「コモディティ化指標」というものはないが、主要企業の販売促進費の増加、企業イメージ評価の「扱っている製品・サービスの質がよい」というスコアは時系列では上昇しているがその標準偏差（バラツキ）は低下していることからも各社の製品間の品質差異は小さくなっていると言えることから（恩蔵 2007, p.7-8）、コモディティ化が進んでいると考えられる。

21 「NB商品が消えた（PBの衝撃）」『日経流通新聞』2008年10月10日、1面および「売り場激変：スーパー、さらなる猛攻（PBの衝撃）」『日経流通新聞』2009年2月16日、7面参照。また、調査会社ニールセンによると、米国の食品・日用品市場のPBの売り上げは2008年に829億ドルと前年比10.5％伸びた半面、大手メーカーのNBは2.8％増にとどまった。小麦粉、冷凍食品などでPBの攻勢が目立っている。ウォルマートは2010年の春に同社最大の食品・日用品PB「グレート・バリュー」を全面刷新し、売上高に占めるPBの比率を現在の2割弱から大幅に引き上げる傾向にあり、年間売上高4000億ドル超のウォルマートのPB強化はメーカーにとって脅威になっている（「米国の食品・日用品メーカー、低額品投入でPBに対抗：P&Gやコカ・コーラ」『日本経済新聞』2009年8月10日、朝刊7面参照）。

22 なぜなら、チャネルパワーが川下にシフトしている現代の流通において、小売企業は棚スペースをコントロールできるパワーを持つからである（岡山 2010）。

23 「花王社長尾崎元規氏：既存ブランド磨く（談話室）」『日経産業新聞』2009年2月16日、15面参照。

24 「新ブランド構築：資生堂、販促や生産刷新、キーマンに権限集中」『日経産業新聞』2006年12月12日、26面。

25 「資生堂：販路別に重点ブランド」『日経流通新聞』2009年7月6日、6面参照。

26 「特集:定番を磨き続ける」『日経ビジネス』2007年4月23日号、28-29頁を参照。

27 他にも、[『世代×性別×ブランドで切る！──調査3万人の消費』(2008) ブランドデータバンク、日経BP出版センター] や、[『ブランドの達人』(2008) ブランドデータバンク、ソフトバンククリエイティヴ] などの出版物があり、ブランドの保有の関連からプロフィールを描く研究がある。しかし、ブランドの変化に伴い、そこで描かれるプロフィールは年次で改訂されなければならないデメリットを含むため一般化が難しく、実態把握が中心の研究となってしまう。

28 自我関与は価値観や自己概念（自分とはどのようなものであるかを認知していること）と製品の関係で発生する動機づけの状態であり、価値のランクと製品の位置づけで決まる（cf. 和田 1984）。

29 消費者関与とは、特定の個人が製品に対して生起している覚醒の状態、興味関心の状態あるいは動機づけされた状態のことであり、その特徴としては、(1) 個人レベルのものであること、(2) 対象は製品あるいは製品分野（カテゴリーレベル）であること、(3) 目標や目的を持ち、対象としての製品に対して「動機づけ」の過程を経由した状態であること、(4) 目標志向的・刺激反応的（即時的）であること、(5) 量（高関与・低関与）と質（認知的関与・感情的関与）があること（和田 1984）である。この認知関与は製品の客観的機能や効能を重視し、分析的なアプローチであるのに対し、感情的関与は審美的、シンボリックな価値を重視し、全体イメー

ジが重要となる包括的・主観的判断である。この感情的関与を持つほど，ブランドや製品に対して，より強い確信を抱く傾向にある（和田 1984）。
30 　分析的という表現は中西（1998, p. 11）を参照した。
31 　池尾恭一教授（慶應義塾大学）の新倉貴士教授（法政大学）への指摘（新倉 2005, p. 3）であるが，本書もこの指摘に応えることを念頭に置いて進めてきたものである。

2節 文化・社会とモノの消費

1 消費社会

　元来，欲望には，生物的・生理学的欲望と社会的ないし文化的なタイプの欲望がある（cf. 石原 1982；飯尾 1997, p. 37）[1]。生理的・生理学的欲望とは，「人間は生物学的存在として，自己を再生産するために，たえず何ものかを消費しなければならない」（石原 1982, p. 43）ことから生ずるものであり，獲得や消費としての「物質的欲望」（山崎 1987, p. 144），製品そのものの価値や効能，資源をいかに効率よく消耗するかといった「生産的消費」に基づく理由だけで十分（山崎 1987, p. 152-153；石井 1993, p. 177）であると考えられてきたものである[2]。

　このような欲望や欲求は，まだ成就されていない間にだけ成立し，モノの消費によって完全に成就された瞬間に消滅するタイプのものである（cf. 山崎 1987, p. 114）。また，繰り返し発生したとしても比較的簡単に成就される欲求レベルであり，ここでいう欲望はあくまでモノの消耗でしかなく，具体的なモノの獲得による豊かさの享受を求めた 1960 年代のわが国の時代背景とは適合していた（山崎 1987）。しかし，1970 年代に入る頃には，消費者は社会的規範や伝統（国家，民族，地域など）の束縛から次第に免れ，「消費革命」と呼ばれる生活上の変化が同時に進み，「マイホーム主義」の形成によって，消費は個人が最も自由に行動しうる領域となった。そして，消費者は消費行為を通じて自分の欲求と自分らしさを思う存分実現しようとし，個人主義[3]や個性を主張するようになり，生活をより豊かにする「消費社会」[4]へと変化していったのである（山崎 1987；内田 1996；間々田 2007, p. 170）。

　「猛烈からビューティフルへ」という流行語が聞かれたように，「猛烈」が 1960 年代の生産性と勤勉さ，量的な拡大を美徳とする時代とすれば，「ビューティフル」としての 1970 年代は「ゆとり」を尊び，生活の質を問題

にする時代への転換期を示すものであった（山崎 1987）。

　この消費社会とは「消費自体を目的とするような消費」である。出来るだけ商品の消耗を引き延ばそうとする行為としての社会的ないし文化的なタイプの欲望であり，「精神的欲望」や「欲望のための欲望」（山崎 1987）と称されるものである。例えば，食事といった場合，空腹を満たすだけでなく，会話や作法などを楽しみ，食器にこだわることであり，目的の実現よりも過程を楽しむ行為を指し，モノの消耗（と再生）を仮の目的としながら充実した時間の消耗を真の目的とする行為（山崎 1987, p. 149）へと変化してきたのである。

　そして，1980年代後半以降のバブル・エコノミーにおいて，物質的な「良い暮らし」と「身の丈以上の生活」を促してきた企業やマーケターの影響もあり（cf. Galbraith 1998；Quelch and Jocz 2009），わが国ではより高級で高品質，高価な消費が拡大した。その後1991年からの不況下においては，ユニクロやマクドナルドに代表される低価格化戦略，大創産業をはじめとしたワンコイン（100円）ショップなどの高品質低価格商品が拡大し，多くの市場において幅広い価格帯に対応する形で製品ラインとアイテムが展開されていった。

　人は，漠然とした欲望においても多様で多面的（cf. 石原 1982；飯尾 1997）であることから，上述の個人主義的な変化と共に，様々な欲望を多様な製品と幅広い価格帯の中から組み合わせ発展させることで漠然としたニーズを満たし，結果的に個人としての消費と生活のスタイル（ライフスタイル）を分散させていったのだろう（cf. 山崎 1987；飽戸 1985；飯尾 1997）。では社会や文化の影響を受け，消費の仕方はどのように変化してきたのだろうか。なお，本書で言う「社会」とは消費者が実際に生活している生活空間およびある一定の共通した集団との相互関係やそのまとまりを指し，「文化」とはその社会の価値観を形成するものとして議論を進める。

2　ポストモダン消費とモダン消費

　社会や文化において消費が占める割合は大きく，この消費に影響を与えて

きた要因のひとつとして「ポストモダニズム」が関係してくる（cf. 間々田 2007）。ポストモダニズムは合理主義や構造化といった近代主義的な文化に異を唱える思想であり，1960年から1970年にかけて主張されてきた。(1) 脱合理主義，(2) 脱構造化，(3) シミュラークル（模倣ないし複製されたもの）がその具体的要素である。

脱合理主義とはマックス・ウェーバー以降の合理主義的な近代化という「巨大な人類的営みを主とした社会」に対して異議を唱えるもので，消費財の分野においては遊びや戯れ，パロディ，ナンセンス，無駄といった要素の必要性が唱えられた。また，日常生活においては審美的な価値やデザインが重視されるようになったこと，機能や性能だけでなく象徴や地位，思想といった「記号的意味」が消費財に加えられるようになることである（間々田 2007, p. 18-21）。

脱構造化とは，他人の価値観を容認する「価値の相対化」と相対主義が強まることである。個人主義の到来によってこれまで人々を拘束してきた様々な構造や文化のパターン，価値観，社会的規範，マナー，役割の配分などが弛緩し，人がより自由奔放にふるまうようになったことで，混沌とした文化が発生し，その結果，消費の多様化へと進展したとも考えられている（間々田 2007, p. 22-26）。

シミュラークルの消費文化とは，元になる実在から複製される文化（例えば，テレビドラマの映画化，マンガからの映画化など）と，元になる実在が無い文化（架空のファンタジーランドとしてのディズニーランド，ノスタルジー文化の再現施設，未来を想像した商業施設）など，創作者の創造や解釈が介在するという意味で主観的であり，現実社会の実用的目的に役立たないという意味で非機能的である。リアリズムや客観主義，機能主義を重視するモダンと対立的な文化現象である（間々田 2007, p. 27-31）。商品としてのカップ麺やチキンナゲットなども代用品を低価格で提供するという意味でシミュラークルといえる（間々田 2007, p. 46）。

ただし，すべての消費がポストモダン的な消費になったわけではなく，モダン消費も数多く存在しており，ポストモダン的な消費とモダン的な消費は並存している。モダン消費の例として，パソコンや携帯電話などの情報機

器，ファーストフード[14]，サプリメント，ハイブリッドカーなどの技術的合理化の成果，インターネットを利用した高度な情報サービスなどは合理主義的消費を満たす商品である[15]（間々田 2007, p.6）。そのため，

> 消費は合理的で，適切に構造化されているばかりではなく，非合理的で脱構造的な面も多く，その両方に目を向けなければ消費現象の全体像は見渡せない。そのことを，特に説得的に訴えたという意味では，ポストモダン消費論の功績は大きい。しかし，ポストモダン消費論の場合，その段階を超えて，正反対の「ポストモダニズム的バイアス」にまで突き進んでしまったところが失敗であった（間々田 2007, p.63）。
> ポストモダン消費とモダン消費は同時並行的に，ある面では補いながら進行していくのであり，どちらかが他を圧倒して優勢になっていくという見方は正しくないと考える（間々田 2007, p.100）。

つまり，現代の消費には「モダンもあるがポストモダンもある」（間々田 2007, p.63）と考えられ，すべての消費が脱合理主義化，脱構造化していくわけではない。ではこれらの消費の方向は画一化に向かっていくのであろうか，それとも多様化へと向かっていくのであろうか。

3　画一化と多様化

　第二次世界大戦後，日本はアメリカの消費文化を吸収してきたが，20世紀後半におけるグローバル化とともにその影響力は強まっているように見える。例えば，ハリウッド映画，ハンバーガー，ジーンズやスニーカーといった文化は世界的に浸透し，画一的な文化が形成されてきたとも考えられる。特に共通の目標がありそれを技術的に達成する場合，その方法は画一化しやすい。間々田（2007, p.148-149）の例で言えば，遠くの人と連絡を取るという目標を与えられた場合，のろしを上げることより伝書鳩を飛ばすこと，伝書鳩を飛ばすより電話をかけることの方が技術的に優れているため，結局，世界中が電話を利用するという点で共通の文化を持つようになり，技術

的側面が画一化する。

　しかし一方で，消費社会の到来とともに多様化が進展してきたと考えられている。この多様化の背景には，目標の置き方がローカルな文化によって異なることも少なくない。例えば，食事において，素早く手軽に，しかも，ほどほどに安価にというのが世界共通の目標であったとしても，具体的にどの部分をどの程度重視するかということは，ローカル文化によってかなり違いが大きい。特に1970年以降，消費社会の中心が国から地域へと移ってきた（山崎 1987）ことに加え，そこにグローバル化の洗礼を受けたことでさらに複雑に変化し，それぞれの地域における特殊性，個性を示すようになってきたことで，ミクロ的なレベルで見れば多様化が進行したと考えられる（間々田 2007, p. 155-156）。

　つまり，世界が全体として向かっている方向の分析においては画一化が重要であり，各自が関与している地域の状況の理解は多様化の分析が重要となるため，文化は多様化か画一化という問題ではなく，「画一化の中の多様化」としての異なる次元で同時並行的な検討が必要とされる（間々田 2007, p. 161）。

4　消費におけるモノの役割

　ここまで消費と欲望のタイプ，消費社会と文化（合理主義と脱合理主義，脱構造化，シミュラークル，画一化と多様化）について議論してきたが，そもそも消費の対象となるモノはどのような役割を持っているのであろうか。古典的な経済学の分野におけるモノとは交換の対象（外的対象）[16]として扱われ，その諸属性によって人間の何らかの種類の欲望を満足させるもの（Marx 1962, 邦訳 p. 71, 133）であり，使用価値または使用対象であるとともに価値[17]を持つ存在（同邦訳 p. 115）であるとされてきた。しかし，現代の消費社会において，モノはその実用性と商業的価値だけではなく文化的意味やシンボリックな意味を持ち（村田 1969, p. 157；McCracken 1988, 邦訳 p. 125），モノの消費を経ることで抽象的欲望に具体的な形態規定を与え，具体的欲望に昇華させる（石原 1982, p. 44）。つまり，対象を感知することによって具体

的欲望が形成される（cf. 石井 1993, p. 224）と考えられてきた。そのため，人が購買行動に先立って持っているものは漠然とした願望（石原 1982, 山崎 1987, 石井 1993）であり，必ずしも目的志向的にはならない。

従来の消費者行動研究の多くが「モノ（ブランド）は便益の束」（Peter and Olson 2005）であるとし，能動的に問題解決行動を行うために，その手段として消費者は環境の刺激（としてのモノ）を取捨選択するとされてきたが，実際には状況とからめて見たときに初めて自分が求めているものが何なのかを知る場合もある（Ariely 2008, 邦訳 p. 25）。例えば，自分がどのようなスニーカーが欲しいのかが漠然としている状況において，テレビでマイケル・ジョーダンがバスケットの試合で使っているシューズを見て初めて欲しいと実感する場合などである。

そのため，消費とはモノとの対話を通じた一種の自己探求の行動であり（山崎 1987），消費行為それ自体が自己目的化しつつあること（石井 1993, p. 183），モノは生活の目標や欲望を満たす価値を持つ「存在」である（cf. Peter and Olson 2005）と考えられるようになってきている。これらの点を考慮すれば，消費者行為とは，モノの消費に伴う体験や経験を通じて自らが考察し意味を解釈する「自己内省的」（cf. 桑原 2006, p. 205-206），「自省的概念」（石井 1993, p. 204）としての位置づけがより重要となることを示すものである。

その結果，人はモノの消費を通じて，(1) 文化に基づき形成された情緒的世界をモノ群によって具体的（可視的）にし，(2) 具体的なモノの所有と消費によって，自分が誰であり，どのような抱負を持っているかを実感する，(3) モノの社会的に付与された意味を用い価値観を表現することで，自らを定義することができるのである（石井 1993, p. 183-184；McCracken 1988, 邦訳 p. 212）。

このように，消費者はモノの使用価値を消費することで抽象的欲望を具現化し属性や効用を理解する。そして消費者はモノと関わっていくことで生活の目標や欲望を満たす価値を認識し，自らのアイデンティティと定義のために役立てていくのである。これを本書におけるブランドの定義とする（図表1-4）。つまり，ブランドとはモノ以上の存在であり，使用価値（の束）を持ち合わせた存在であると同時に，消費者の消費の文脈における位置づけを

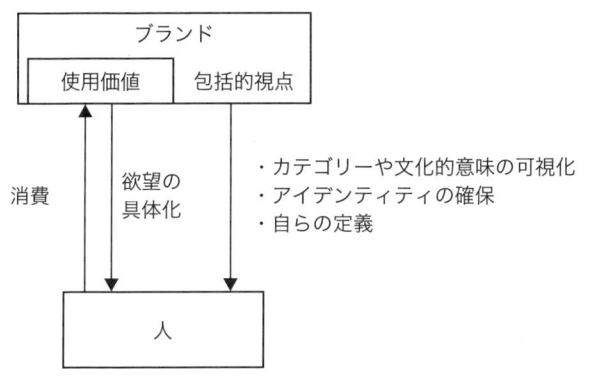

図表 1-4 消費行為とブランド

```
           ┌─────────────────────┐
           │      ブランド        │
           ├──────────┬──────────┤
           │ 使用価値 │ 包括的視点│
           └──────────┴──────────┘
             ↑  ↑↓         ↓
             │  欲望の    ・カテゴリーや文化的意味の可視化
       消費  │  具体化    ・アイデンティティの確保
             │            ・自らの定義
             ↓  ↓
           ┌─────────────────────┐
           │         人          │
           └─────────────────────┘
```

(出所) 石井 (1993, p. 184) に加筆・修正して引用。

通じて，その消費者らしさを示す役割を持っている存在であると考える[18]。しかし過剰に存在するブランドによって，そのライフ・サイクルは短くなってきており，単にモノとして利用されていくことでブランドの持つ意味が希薄化され風化されている側面もある（cf. 石井 1993）。

では，現実世界のブランドは消費者にどのように認識されているのであろうか。

5　現実世界のブランドを捉えるカテゴリー

人はモノの効能・性能・機能によって消費するかどうかを決めるのではなく，モノの文化的意味を文化のルールに従って決めており（石井 1993），文化という「レンズ」を通じて現実をどのように把握し，融合するのかを決定する。そして，社会的行為と生活のために必要とするモノを想定し，「青写真[19]」としての理想像を意図しながらカテゴリーとモノの座標軸を決定し，現実世界を「文化的に構成された認知世界」として理解する。認知世界を構成するカテゴリーは単体ではなく複数のカテゴリー群で構成されており，このカテゴリー群が価値観によって統合されていくことで，ひとつの組織的な理念を形作る（cf. McCracken 1988, 邦訳 p. 133）。

つまり，文化というレンズは人々の価値観を枠づけることで（青木 2010b, p.70）現実世界を理解する視点を与え，社会におけるモノの意味とカテゴリーの解釈を決める。そしてカテゴリーは理念で統合されていきながら理想像としての青写真を描き，それに従うように消費者は行動する。モノはカテゴリーを実体化・体現化する手助けとなり，モノの意味が引き出されることで真のブランドとして認識され位置づけられ，目標とする生活世界（ライフスタイル）を形成する一部となっていく（図表1-5）。それによって，消費者は周囲と関わる際の「生き方の流儀」としてのその人らしさを描き出していこうとする（cf. 谷川 1998；Kotler and Keller 2006, 邦訳 p.228）。

ただし，このカテゴリーは所与のものではなく，たえず人間の実践によって実体化されているものであり（石井 1993, p.102），ブランドの持つ意味が反復的に繰り返されることで文化コード[20]が強化され（cf. McCracken 1988, 邦訳 p.206；石井 1993, p.103），カテゴリーの実体も強化されていく。つまり，カテゴリーはブランドと文化の影響を受け，理念や価値観に基づく個人のパターンとしてのライフスタイルを形成する元となる。そのパターンの集合体が独自の社会である「構成された目に見える世界」としての消費文化を作り出す（cf. 石井 1993, p.102）。ライフスタイルが複数のブランドによって形成されるシンボルの複合体あるいは象徴（cf. Levy 1963）とされる理由は，この構成された世界や消費文化に関係しているのである。そのため，すべてのカテゴリーがライフスタイルとつながっているわけではなく，文化や価値観，理念によって選定されたカテゴリーだけが群を形成している。

特に近年，市場成長期の時代におけるモノの獲得といった「問題解決型」から，より生活を豊かにするライフスタイルとしてのモノの消費（和田 1998）へと意識が変わり，[21]消費文化・消費社会へと変化しつつある。文化や社会が変化すれば，理念と価値観も変わる。それに伴いカテゴリーとブランドの配列，理想像としての青写真も変化するため，文化や社会はライフスタイルと消費のあり方にも影響を与えるのである。

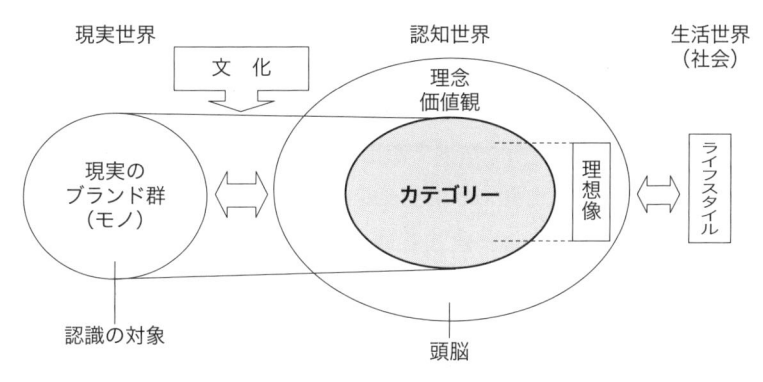

図表1-5　現実世界と認知世界とライフスタイル

（出所）　和田（1984）；McCracken（1988）；星野（1991, p.75）を参考に筆者作成。

6　ライフスタイルとしてのディドロ統一体とディドロ効果

　上述のようにカテゴリー群は理念と価値観によって一貫したシステムとして組織化され，青写真としての理想像を形成するのであるが，それは認知世界でしかなく，実際には目に見えない世界である。それを実社会で実体化する最も重要な方法のひとつがブランドであり，ブランドはカテゴリーを具体化し，理想像（青写真）と生活世界が両立するために用いられる（cf. McCracken 1988, 邦訳 p.130-131）。

　このように，消費者は文化に基づいて自分の嗜好や生き方に合うカテゴリーをいくつか選び出し，そのそれぞれのカテゴリー群の中からブランドを組み合わせて選び，具体化していくことで，自分の身の回りを心地よい小世界とするライフスタイルを形成していく。この理想像（青写真）に基づいた共通性もしくは統一体によって文化的な一貫性をもって形成された世界を「ディドロ統一体[22]」と呼び，消費者がディドロ統一体を通じて自己の嗜好や生き方を表現し，この統一体を理解することがライフスタイルに関するカテゴリーとブランドの相関性の理解に使えると考えられている（McCracken 1988, 邦訳 p.209；間々田 2007, p.170-171）。

　この構造は，機能や性能による比較や関係によってブランドが位置づけら

れていく「モノのシステム」と，ヒト・場所・時間・場合といった文脈に依存した「システムとしての文化カテゴリー」の両方によって構成され，階級・性別・年齢などの特定の文化と結びつけられる。すべてのカテゴリーが文化カテゴリーの同じセットにお互いが呼応するように組織されるということは，カテゴリーにおける各ブランド同士が比較できるよう等価に位置づけることが可能になることを意味する（cf. McCracken 1988, 邦訳 p. 204）（図表 1-6）。

　例えば，起業に成功した経営者は，時計ならロレックス，自動車ならBMW，靴ならフェラガモといった具体的なブランドを同じ文化カテゴリーに入れていると考えるものである。このように，これまで関連性がなかったブランド同士が文化意味的に共鳴し合う構造を「構造的等価物」と言う。

　ディドロ統一体の効果（ディドロ効果）は 3 つある。(1) 新しいモノの参入を阻止できるため，自分らしさのスタイルを保持できることである。またこのようなモノは，(2) シンボリックな目的に合わせて慎重に用いられ，利用されるという作用も持つことから，ゲシュタルト的な役割も持っている[23]。一方で，(3) 新しいモノの参入を強いることも可能となる。例えば，広告やマーケティング，マーチャンダイジング，製品開発やデザインといった刺激を受けた場合，あるいは新しい環境や出来事に直面した際，「衝動買い」が起こる場合，ディドロ統一体の保持から一歩抜け出してしまい徐々に他のモノも置き換わり，最終的には一回転して，すべてが最初に入手したモノに適合するように置き換わってしまう「ローリング・ディドロ効果」といった現象が起こることもある（McCracken 1988, 邦訳 p. 216-217）。特に，自分が予想しなかった贈答品（ギフト）を受け取った場合，あるいは，パーソナリティとしての新しいモノ好きな人の場合などは，ローリング・ディドロ効果が起こりやすいと考えられている。

　本来，人はそれぞれ独自の文化やライフスタイルを持つために，いったん定着させた自分の価値や文化としての世界をそれほど無造作に捨てたりはせず，自分の価値や文化を内在した「ブランド群」で価値を表現すると同時に，その人自身の価値の漂流をとどめ，定着させる機能を持つ（cf. 石井 1993, p. 179）。しかし，近年のわが国における新製品の導入を繰り返したリセット

図表1-6　ディドロ統一体における構造的等価物

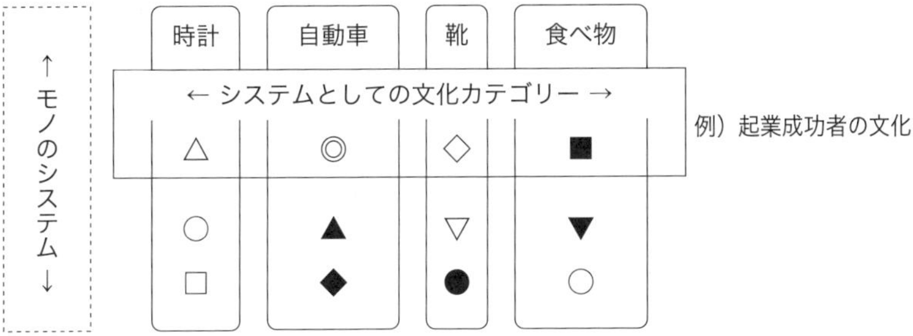

	時計	自動車	靴	食べ物	
↑モノのシステム↓	△	◎	◇	■	例）起業成功者の文化
	○	▲	▽	▼	
	□	◆	●	○	

← システムとしての文化カテゴリー →

（出所）　石井（1993, p. 99）に加筆・修正して引用。

型マーケティングによって，消費者の生活は常に向上を目指すように仕向けられてきた。そのため，新製品のいくつかを購入してしまったことで，知らず知らずのうちにローリング・ディドロ効果の螺旋階段を上り続けきたのかもしれない。その結果，自分の理想とするライフスタイルを見失い，満足度では測定できない「つかみどころと実感のない豊かさ」を形作ってきたとも言えるだろう。

　なお，システムとしての文化カテゴリーにおける場所や時間などは文脈であり，ブランドとライフスタイルとの関連を検討する場合，文脈やシンボリックさ，ゲシュタルトといった知覚的で感覚的な視点も関連してくる。そのため，カテゴリーの構造的等価物が分析的な配置がなされるのか，あるいは，包括的な知覚や感覚的な配置がなされるのかは，消費者の認知の仕方によって異なると考えられる。

　ではこのような分析的な視点，および包括的な視点は，消費者行動研究においてどのように議論されているのであろうか。消費者行動研究の系譜とともに整理していく。

[注]

1 　ニーズとは人間の基本的な要求のことであり，生理欲求・安定欲求などが中心の財の基本的な機能，生活必需品などのノンエゴ商品が対象となる（和田 1984；田中 2008, p.18）。ニーズ（needs）の最も強い欲求が欲望である（田中 2008, p.21）。ニーズに関連した他の概念にはウォンツ（wants）とデマンド（demand）があり，ウォンツはニーズが特定の対象に向けられたもの（田中 2008, p.19），必要と認識された欲望や必要物（徳永他 1989），あるいは，ニーズの表層機能であり，買回品や専門品，あるいは生活を豊かにするエゴ商品を指す（和田 1984, p.162）。デマンドは購入能力に見合った特定の商品に向けられたウォンツのことである（田中 2008, p.19）。例えば，「ある地点から別の地点に移動したい」というのはニーズであるが，「クルマがほしい」というのはウォンツであり，デマンドとは「カローラが欲しい」という気持ちである（田中 2008, p.19）。

2 　経済学において欲望は与件にすぎず（Galbraith 1998, 邦訳 p.188），欲求とは「効用」のことである（Baudrillard 1970, 邦訳 p.80）と考えられてきたため，経済学では欲求や欲望の根源を調べる必要はないと考えられてきた（Galbraith 1998, 邦訳 p.188）。

3 　個人主義は集団化と無秩序の中間にある「人間生活の理想」（山崎 1987, p.134）であるとされている。ここで言う「個人」とは，孤独を守る存在でもなく，強く自己の同一性に固執するものでもなくて，むしろ，多様な他人に触れながら多様化していく自己を統一する能力（同 p.127）を指す。

4 　消費社会の到来とともに当時，「消費は美徳である」と言われるようになったが（内田 1996, p.11），その反面この言葉には，快楽主義を連想させるものである。この快楽主義はあらゆる不道徳と同意語であり，良い印象は持たれていなかったこと（山崎 1987），消費社会の肯定的側面そのもののうちに何か得体のしれないものが潜んでおり，その何かに対する違和感やためらいを誰も否定できないことにあった（内田 1996, p.11-12）のも事実であった。それは「ゆたかさ」の達成に伴う精神的な飢えや途方もない欲求が満たせるかどうかといった不安などであったようである。

5 　この背景には，東京オリンピックに始まり，沖縄の返還，万国博覧会で終わった60年代の「国家に求心力があった時代」から，オイルショックなどの影響によって国家の求心力が低下したことで，「地方社会の個人を中心とした時代」へと変遷してきたことと関連する（山崎 1987）。また，1974年には三木政権下で学者の研究会組織として「ライフ・サイクル計画」も立ち上がり，生産から消費社会にシフトした時代であったといえる（山崎 1987）。

6 　ここには願望のひとつとしての自己顕示欲やみせびらかしの消費も含まれており，心理的な欲望の充足には際限がなく，また，それがどこまで充たされたかを証明することもできない（Veblen 1899, 邦訳 p.199-210）と言われる所以は，この消費との関連が深いと考える。

7 　豊かな社会において，消費者同士の見栄の張り合いだけでなく，生産者が「消費を超える余剰生産力を正当化」するために，生産者による積極的な宣伝や販売

術によって，欲望を満足させる過程に新しい欲望を作り出そうとする。このように，生産者によって作り出される欲望に依存することを「依存効果（dependence effect）」という（Galbraith 1998, 邦訳 p.187-188）。

8 　　人間の欲望は抽象的欲望の次元においてさえ多様な内容をそのうちに含んでいる。消費ははじめから多面的であり，複数財の消費としてのみ存在しており（石原 1982, p.44），複数の欲望から構成された具体的欲望は群として形成され，嗜好と選好を形成していく（石原 1982, p.45）。また人間は多面的に発達した存在であり，多面的な生活を営むことから，「なにをとりそろえたいか」というニーズがある（飯尾 1997, p.43）。なお，ニーズには法則があり，(1) どのようなニーズでも，分化し多様化しつつ発展する，(2) どのようなニーズにおいても，そのニーズ対象の何らかの側面・要素において，定型化が生まれる，(3) 多様化と定型化を基軸とするニーズの変化と発展は，経験による学習（経験学習：learning by doing）と言葉や他人からの情報や通信による学習（通信学習：learning through communication）を通じて行われる，といった特徴があるとしている（飯尾 1997, p.52-66）。

9 　　ニーズの充足はこころよい状態を形成する。こころよさには2つのタイプがあり，(1) 睡眠や室温調節による苦痛・不快・欠乏の除去，ストレスの緩和・除去，心身の安楽，安定化といった不快を除く問題解決型のタイプであり，心身の安定した状態を保持する「やすらぎ（comfort）」の形成，(2) ゲームやスポーツ，観戦，趣味などの適度なストレスをわざと心身に与え，またはそこから適当なストレス緩和に至るようなプロセスを与える「快適（pleasantness）」のタイプであり，心身の状態に適当な刺激による変動を与えて活性化することにその本質がある（飯尾 1997, p.68-73）。

10 　　このように，常にいくつかの異なった種類の，それぞれのある量で構成される一組のニーズの集まり・組合せとしての「システムとしてのニーズ」に基づき価値観と文化に合うような消費によってライフスタイルとしての生活様式を形成している（cf. 飯尾 1997, p.38-40）。

11 　　価値観や満足の形が多様化してきたことで，消費者は自分自身の個人的な満足を探そうとしており，自己顕示欲やみせびらかしの消費といった社会的な目標が分散し，他人を羨んだり，逆に他人を羨ませたりする機会が減っていったことは疑いない（山崎 1987, p.156）。さらに，Veblen（1899）が提唱した「顕示的消費」は「見栄の競い合いという目的を満たす機能主義（功利主義）」の見解から脱却していないことからも，現代の消費は顕示的消費だけでは説明できなくなりつつある。

12 　　ポストモダン，ポストモダニズム，ポストモダニティという3つの用語があり，その違いは，ポストモダンがモダン（近代）の後に位置される時代区分としての用語であり，ポストモダニズムはモダニズム（近代主義）に対する主義で1960年から1970年にかけて主張されてきた主義としての用語，そして，ポストモダニティはモダニティ（近代性）に対立する社会や文化の状況，ないしは，あり方を説明するもので，日本では1980年から1990年代において盛んに議論されるようになったという（間々田 2007）。

13 　　これらのポストモダン消費の具体的要素は，社会経済的要因や技術的要因で説明

できるとしてきた研究者が多く，その多くはマルクス主義の影響を受けていた。しかし間々田（2007）は，この2要因だけでは不十分であるとして，消費者自身の消費の変化としての文化的要因（内部要因）の重要性を論じている。文化的要因にはグローバル化に伴い，消費主義や快楽主義のアメリカや欧米先進国を主とした画一的な文化の浸透，あるいは，他の諸国からの影響を受け入れる際に，その受け入れ国独自の文化が融合するようなグローカル化やハイブリッド化（異種混合化）も影響することで多様な文化の形成のひとつの要因となる。特にミクロ的な文化レベルで見るほど多様性は大きく，マクロ的な文化レベルで見るほど画一性が大きい傾向にある（間々田 2007）。

14 　代表的なモダン消費の例として「マクドナルド化（McDonaldization）」がある。これは「効率性（efficiency）」「計算可能性（calculability）」「予測可能性（predicability）」「制御（control）」による4つの原理によって構成されている。この4つはもともと生産に関する近代的合理化の概念であるが，消費の側面に当てはめ，その身近な事例としての「マクドナルド」をモチーフにした視点である（Ritzer 1993）。ただし，このマクドナルド化の検討範囲はサービス産業が中心であり，一般的な消費財には触れていない点でもその適用範囲には限界がある。またマクドナルドの利用には低価格や利便性といった別の価値があることも含有していないことから，主張としてやや偏りがある（cf. 間々田 2007）。

15 　ここで示された商品やサービス以外はそれほど大きな変化ではない（間々田 2007）。脱構造化については有名高級ブランド品の権威が高まり，高級車市場の寡占化などで高級イメージが維持され，価値の相対化が進んだ部分もあるが，消費の多様化については細分化とともにメガヒット現象やどこに行っても同じようなコンビニ，ショッピングモール，ディスカウントショップといった類似の商業施設の乱立などもあり，大きな構造は変化していないと考えられ，部分的には脱構造化であったとしても，全面的な脱構造化が生じているとは言い難い（間々田 2007, p.50-53）。また，シミュラークルは情報産業の発展とともに増加しているが，本物をしのぐ現実感を持ち，高い価値を与えられ，社会的に大きな意味を持っているという点において優越性を持つ面もあるが，一方で，オリジナルに高い価値が置かれる場合も多く，むしろポストモダン消費ではない「本物志向」がひとつの消費分野として成立していることが現代消費文化の特徴のひとつになっている（cf. 間々田 2007, p.53-55）。

16 　外的とは「物事自身にではなく，外部に関わるさま」『大辞林（第二版）』。なお商品は目の外にあるモノの対象的な形態として現れるもので，感覚的であると同時に超感覚的である物，または社会的な物になる（Marx 1962, 邦訳 p.135），といったように，Marx（1962）はモノをひとつの現象として捉えようとしている。

17 　商品が孤立的に考慮された場合は，交換価値という形態は持たないが，異種の一商品に対する価値関係または交換関係の中で価値を持つものであり，商品の価値形態または価値表現は商品価値の本性から出てくるのであって，逆に価値や価値量がそれらの交換価値としての表現様式から出てくるのではない（Marx 1962, 邦訳 p.115）。つまり，商品の価値（としてのパワー）は商品そのものを形成する労働力

としての差から生じるものと考えられ，交換価値から生じるのではないとされてきた。その交換価値も新たな商品の種類が現れるごとに新たな価値表現の材料が増えるため，1つの価値等式が他の等式につながって作られる連鎖は，未完成で完結することはないとしている（Marx 1962, 邦訳 p. 121）。

18　ブランドをどのように定義するのか，という問題は大きなテーマであり研究者によってさまざまである。本書ではこれ以上定義について触れるつもりはないが，詳細な整理は梶原（2010）の付論Ⅲ-4（p. 309-339）を参照のこと。

19　青写真とは「ブルー・プリント，青焼きとも言われる図面の複製に用いる写真印画法。心に描いている将来の姿。未来図」『広辞苑（第五版）』。

20　「コード（code）」とは，文化の構造を成り立たせる規則であり，文化や文明の「様式（style）」を形成するものである（星野 1991, p. 156）。例えば，男らしさのコードとは，ジャケットを着る／タバコを吸う／酒を飲む／刈り上げたヘアスタイル，女らしさはおしゃれ着／ブレスレットや指輪をする／メイクアップ／髪を伸ばし，結い上げる，など。

21　ライフスタイルは消費者の成長，あるいは，環境の変化に伴って変化しうる達成変数的な概念と考えられている（和田 1984, p. 159）。

22　ディドロとは，フランスの啓蒙運動期の哲学者ドゥニス・ディドロのことである（McCracken 1988, 邦訳 p. 201）。ディドロ統一体としての文化的一貫性が促される要因は3つあり，(1) 特定の文化を持ったヒトによって消費財の補完的な組み合わせによるパターンが作り出されること（起源となる），(2) 広告やファッション・システムを通じて意味がモノに入り込む（コミュニケーション），(3) モノの意味は，同じ意義を伝えるモノの補完体に囲まれているときに最もよく伝えられる（性質），といった点である（McCracken 1988, 邦訳 p. 207）。

23　馬場（1989, p. 85-87）は，ゲシュタルト心理学者によって，多くの知覚の場の特性に関する法則を見出したとしている。閉合（互いに閉じ合うものは，閉じ合わないものよりまとまって知覚される），類同（同じ種類の形や色，類似した形や色のもの），近接（距離の近いもの），連続，共通運命（共に変化したり，共に動いたり，共に止まったりするもの），良い形（左右対称，意味のあるもの）などは，まとまって知覚されるという。他にも客観的調整の法則，経験の法則，などがあり，全体として最も簡潔な良い形にまとまる傾向にある。これは知覚だけではなく記憶や他の領域にも認められるため「プレグナンツの法則」（Gesetz der Pragnanz）と名づけられている。また，図（意味のある形）と地（背景）の関係，文脈によって同じ対象でも意味が異なる，といった法則もある。

3節　消費者行動研究のアプローチ

1　古典的研究の系譜

　清水（1999）による歴史的展開を中心に整理すれば，理論的・概念的な消費者行動研究の始まりはミクロ経済学の消費者選好理論に端を発した1930年代頃であったという（中西 1998；清水 1999）。ここで仮定された消費者とは経済予算制約の下での効用最大化を行う経済人であり（村田 1969, p.54），経済心理学を基礎とする流れにある。消費者需要の予測，家計の予算制約，必需品と贅沢品の割合などの市場把握を中心とした研究であり，第二次世界大戦後も研究が続いていった（清水 1999, p.19）[1]。

　第二次世界大戦後，米国ではより豊かな自由消費の時代が訪れると，必需品の消費を説明する経済学の理論だけでは消費行動を説明できなくなった。そこで，それを埋める形で他の学問領域の理論を借用する考え方が提唱されるようになり，心理学や社会学を取り込みながら研究が進んできた（清水 1999, p.20-21）。主な研究には「社会階層」「準拠集団」[2]「対人的影響」の研究がある。社会階層の研究はその後，デモグラフィック研究へ，準拠集団の研究は住んでいる地域や家族の影響の研究へと発展した。対人的影響の研究は，後にオピニオンリーダーや口コミの研究へと発展していった（清水 1999, p.20-21）。

　1950年代後半になると，精神分析学に依拠するパーソナリティ研究とその手法としての量的な尺度による分析的アプローチ，モチベーション・リサーチ研究[3]とその手法としての深層心理法や投影法といった質的アプローチの研究が深まったことで，両者を組み合わせたライフスタイル分析が盛んに行われるようになり，セグメンテーションを中心とした軸の発見に注力された（cf. 清水 1999, p.22）。

　これらの研究を経て，1960年代からマーケティング論の中で消費者行動研

究が本格的に始まることとなった（青木 1992, p. 129；阿部 2001, p. 2）[4]。1960年代以降の本格的な消費者行動研究における主流は，行動修正（behevior modification）アプローチ，情報処理（information processing）アプローチ，解釈（interpretive）主義アプローチの3つである[5]（阿部 2001, p. 1）。

2 行動修正アプローチ

1960年代の代表的なアプローチは，行動修正アプローチであった。その主な研究の特徴は，マルコフ行列モデルや線形学習モデルといった素朴な確率論的銘柄選択行動モデルによって行動を予測することを目的とした研究（中西 1998；阿部 2001），消費者の包括的概念モデル（ハワード=シェス・モデル，ニコシアモデル，EKBモデル[6]など）がある。

行動修正アプローチの基本的な枠組は，人間（＝消費者）の行動を，刺激（広告，価格など）とそれに対する顕示的反応（銘柄や店舗の選択，購買）とする「刺激―反応（stumulus-responce: S-R）」[7]，および，その両者をつなぐ媒介的反応（態度や意図）を生体（organism）とし，それを解明する形で3つの側面で捉えようとする「刺激―生体―反応（stumulus-organism-responce: S-O-R）」[8]といった，いわゆる「刺激―反応パラダイム」と呼ばれるものである[9]。このアプローチは行動主義心理学や新行動主義心理学を中心とした領域であり，論理実証主義に最も近いものである[10]（青木 1992；清水 1999；阿部 2001）。

行動修正アプローチによって消費者行動研究は包括的概念を通じた分析枠組の形成に貢献した[11]。また，予測を主目的としたことでマーケティングの視点からの実用性が高く，特に広告の分野で広く用いられてきた（青木 1992；清水 1999；阿部 2001）。しかし，分析モデルに消費者の異質性を取り込むことの困難さ，企業が遷移行列データを定常的に確保することの困難さといった問題，刺激としての広告への露出回数とその反応において必ずしも両者に一意的な関係を見出せないことなどが露呈してきた（青木 1992；中西 1998；清水 1999）。

そのため，「刺激―生体―反応」の「生体」の部分により焦点が当たる

形で，1960年代後半から1970年代前半にかけて「態度形成（attitude formation）」や「態度変容（attitude change）」といった概念を中心とした研究へと入り，「多属性態度モデル（multi-attribute attitude model）」に始まる一連の態度形成（ないし意思決定ルール）の研究，および，「コミュニケーション効果の階層性（hierarchy of effect model）」を中心とした一連の広告効果などの研究が盛んになった（青木 1992）。

これらの研究を通じて発見されてきた点は，(1) 選択ルールには多様性が存在すること，(2) 消費者の情報処理能力には限界が存在することであり，これらの発見は行動修正アプローチの限界を露呈することとなった。そのため，行動修正アプローチは次第に下火となり，1970年代の中頃以降，より消費者の内的・心理的プロセスに強く照射した情報処理アプローチへと切り替わっていった（青木 1992；中西 1998；阿部 2001）。

3　情報処理アプローチ

情報処理アプローチは情報処理心理学あるいは認知心理学を基礎としており（青木 1992；中西 1998；阿部 2001），論理経験主義[12]，批判的合理主義[13]，科学的実在論[14]に基づく「行動の説明」を主な目的としている（阿部 2001, p.5-7）。このアプローチの特徴は大きく3つある。

第一の特徴は，基本的に消費者は所与としての目標や目的[15]を最適に満たす合理的行動が仮定されている点である（青木 1992, p.133-134；石井 1993, p.182；清水 1999, p.99；Huffman 2000）。能動的に問題解決行動を取るために環境に対して積極的に働きかける Newell-Simon 流の「人間の問題解決行動モデル」をベースにしたモデルであるとも言われている（青木 1992, p.133；青木 1993, p.1-2；清水 1999, p.79-80）。

そのため，おのずと研究領域の中心は「購買を通じた問題解決」であり，問題認識→情報探索→代替製品の評価→購買決定→購買後の行動といった「購買（意思）決定プロセス」（Kotler and Keller 2006, 邦訳 p.238-252）を解明することであった。とりわけ，どのブランドを，なぜ，いかにして選択したのかという購買までを主として分析してきたのである（cf. 杉本 1993,

p. 24）。情報処理アプローチが購買意思決定に焦点を当ててきたことで，企業のマーケティング活動の影響領域が明確になったことがこのアプローチの貢献でもあり，その領域とは，(1) 選択集合の大きさに与える影響，(2) 商品の特性に関する消費者の知覚（または信念）に与える影響，(3) 選択の際の評価方式に与える影響，(4) 購買後の評価に与える影響，などである（中西 1998, p. 15）。

第二の特徴は，情報処理能力には限界があることと情報の認知・分解・統合が行われることを示してきたことである（青木 1992, p. 134；清水 1999, p. 79）。人間（＝消費者）の能力には限界があり（有限能力），適応すべき環境について不完全な形でしか情報を持ちえない（不完全情報）（青木 1992, p. 134）。そのため，問題解決行動の結果には不確実性がつきまとい，その不確実性を最小限にするために能動的環境適応として，情報を「探索（search）」「取得（acquisition）」し，内容を「解釈（interpretation）」する。そして，既存情報との「統合（integration）」と「貯蔵（storage）」といった，一連の「情報処理（information processing）」を必要とした行動を取るのである（青木 1992, p. 134）。なお，ここで扱われる情報とは外部情報と（知識を含む）内部情報の2種類があり，外部情報が取り込まれ，内部情報との相互作用によって行動判断が下される認知過程を理解することが研究の目的となっている。そのため，行動の結果の違いは，消費者の関与や知識といった異質性，あるいは，同一個人であっても状況による違いを是としたものであった（cf. 青木 1992, p. 134）。

第三の特徴は，満足化行動に従うということである。上述の情報処理能力の限界から積極的に環境に適応しようとしても保有可能な情報は不完全なものである。そのため，人間（＝消費者）は目的達成のために常に最適な選択をするのではなく（そのような選択はきわめて困難である），ある「限られた合理性（bounded rationality）[16]」の下に満足化原理（satisfying principle）に従って意思決定を行っている（青木 1992, p. 135）と考えられている。その結果，評価の段階で満足できる代替案ならどれでもよいという選択状況が多くなる（中西 1998, p. 11），あるいは，意思決定の簡略化が起こることもある[17]。

このように，情報処理アプローチはモノの獲得，ブランド選択といった目

標階層における下位の目標・目的レベルに集中した研究であり（杉本 1993, p.22），問題を解決するために消費者は製品属性を認知，分解，統合していくことを前提とした効用モデルである。つまり，消費者を情報処理主体，効用追求主体として考えており，最終的には態度形成[18]，購買に至るきわめて分析的であり効用追求的なアプローチである（cf. 和田 2002, p.28-31）。

　ではなぜ，情報処理アプローチはその研究対象を「購買」に焦点を当ててきたのだろうか。その理由のひとつは，消費者研究が経営実践に寄与することを研究の役割としてきたことである（桑原 2006, p.211）[19]。そのため，おのずと企業の売上やマーケットシェアに関わる購買までが研究の中心となり，購買後のプロセスにあまり焦点を当ててこなかったのである（堀内 1997, p.73；桑原 2001, p.120；桑原 2006, p.211）。

　しかし1980年頃から，Holbrook and Hirschman（1982），Hirschman and Holbrook（1982）などの代表的な研究によって，「選択は使用といった消費体験（consumption experience）や快楽的消費に依存している」「購買は消費によっている」と考えられるようになり，解釈主義（体験主義）的なアプローチが拡大していくようになった（cf. 石井 1993；桑原 2006, p.212；堀越 2007, p.98）。

　この流れに伴い，情報処理アプローチの主目的である「行動の説明」ができるのであろうかといった疑念からいくつかの指摘がなされてきた。例えば，(1) 娯楽・芸術・レジャーといった快楽的消費は効用モデルでは説明できないこと（和田 2002；阿部 2001, p.9），(2) 低関与状況下の消費者の情報処理はきわめて限定されており，高関与な消費者という存在は限られているという批判があること（青木 1992, p.149）[20]，それゆえに，(3) 消費者の多くは製品やブランドを属性の束，あるいは，便益の束として認識していないにもかかわらず，認知的側面がすべてに先行するという想定への批判（青木 1992, p.149；和田 1998），(4) 理論によって説明し残される部分が相対的に大きく，説明力の低さは予測力の低さにつながっていること（阿部 2001, p.5），などである。このような点から情報処理アプローチの限界がここに見えてきたのである。

　しかし，ポストモダン消費が拡大してきたとしても依然として合理的な消

費も存在している（間々田 2007）ことから，情報処理アプローチが説明できる領域もある。特に（1）高関与な消費者および高関与製品においては，ある程度の説明力を保持していること，また（2）カテゴリーベースでの適合（matching）といった「類比的（analogical）」な情報処理なども検討されてきていることから，情報処理アプローチの研究はまだ発展する余地があると考えられている（cf. 青木 1992, p. 152；新倉 2005）。

このような変遷から，現在の主流は情報処理アプローチと解釈主義アプローチが併存する形でそれぞれが発展してきている。そこで次に，この2つのアプローチの比較を通じて解釈主義（体験主義）的アプローチの特徴を述べていくことにする。

4 解釈主義（体験主義）的アプローチの台頭

解釈主義（体験主義）的アプローチ（以下：解釈主義的アプローチ）[21]は，消費者の意味を解釈することで消費行動を理解しようとするものであり，相対主義的哲学観に基づいている[22]（村山 2009, p. 50）。

解釈主義は，現実が本質的に心理的に認識されるものと考えるため，ひとつの世界が存在することを否定する。人は，理論，フレームワーク，カテゴリーなどを通じて世界を認識し，構成すると考えるのである。異なる人が存在し，また異なる世界が構成されるため，複数の現実が存在し，またそれは変化し続けると考える。そして解釈主義は世界を部分の総計ではなく，ホリスティック[23]にみる。また世界を構成要素に分解してその普遍的な要素間関係をみるという考え方は否定され，人はコンテクストの中で個々の行動を意味づけるために，そのコンテクストを理解することを重視する。必然的に，自然の複雑なコンテクストから構成要素を抜き出す研究方法は認められず，参与観察法に代表されるライブ感覚が不可欠であると考えられている。また，認知理論における合理的情報処理人に対して，解釈主義的アプローチでは，人間の自発的性格を重視する。人は，外部の情報を処理するだけでなく，その外部情報を含んだ環境・世界を構成するため

に積極的に行動し相互作用を行うととらえるのである（村山 2009, p. 51-52）。

このように，解釈主義アプローチは研究者自体を含み，包括的な視点でコンテクストに対応するダイナミックな変化と，多様な世界が存在することを是とするものである。そのため，情報処理アプローチと解釈主義的アプローチは全く異なっており，両者は「認知的 対 感情的」とも「多属性認知構造的 対 感情的ホーリスティック＆ゲシュタルト的」である（和田 1998, p. 81）とも考えられている。

両アプローチを対比したのが図表1-7である。情報処理アプローチが従来の財やサービスを対象に経済学的なマネジリアルの成果を求めることから，そこで扱われる消費者は問題解決を行うために，認知的な情報探索と信念・態度・意図（購買意思）・選択の過程を通じた情報処理的行動によって，機能的に目標達成する「合理的情報処理人」が想定されていた。そして自発的な行動の結果から満足度や行動の強化を通じ再購買へと至る，と考えられてきた（Belk 1995；Holbrook and Hirschman 1982；Hirschman and Holbrook 1982；阿部 2001；和田 1998；2002；松井 2004；村山 2009）。

それに対し，相対主義的な解釈主義的アプローチは，娯楽・芸術・レジャーといったサービス財が中心であり，主観的特徴や象徴的意味を探索するために，実際の体験や非言語刺激，五感に訴える刺激を通じ，情動や消費体験を媒介にした快楽的志向や時間消費を対象としてきたのである。そして行動の結果，表象（イメージ）や夢，ファンタジーといった連想が拡大していくことになる（Belk 1995；Holbrook and Hirschman 1982；Hirschman and Holbrook 1982；阿部 2001；和田 1998；2002；松井 2004；村山 2009）。

この解釈主義的アプローチが拡大してきた背景のひとつには，米国やわが国が消費社会へと変化してきたことも関係している。1960年代から1970年代にかけてのモノの獲得によって豊かさを享受してきた問題解決型の消費から，1980年以降の消費のプロセスや消費自体を楽しむ快楽的消費への変化に対応する形で，消費者行動研究もその研究領域を拡大してきたと考えるべきである。

図表 1-7　情報処理アプローチと解釈主義アプローチの比較

	情報処理アプローチ	解釈主義アプローチ
主義	論理経験主義（logical empiricism） 批判的合理主義（critical rationalism） 科学的実在論（scientific realism）	相対主義（relativism）
対象	従来の財・サービス （goods, services） 客観的特性に基づく，功利的機能に注目 （objective features, tangible benefits）	娯楽・芸術・レジャー （entertainment, arts, leisure） 主観的特徴の象徴的意味を探索 （subjective features, symbolic benefits）
焦点領域	経済学（economic） 心理学（psychological） ミクロ(micro)，マネジリアル(managerial) アメリカ中心（american）	社会学（sociological） 文化人類学（anthropological） マクロ（macro），文化的（cultural） 文化の多様性（multicultural）
手法	定量的研究（quantitative） 　－実験（experiments） 　－サーベイ（surveys） 　－先見的理論（a priori theory）	定性的研究（qualitative） 　－参与観察法（observations） 　－エスノグラフィー（ethnographies） 　－創発的理論（emergent theory）
タスク	問題解決志向（problem solving）	快楽的消費志向（hedonic response）
資源	お金（money）	時間（time）
個性	デモグラフィック（demographics） 社会経済学的なライフスタイル （socioeconomics life-style）	パーソナリティ（personality） 感覚的探索（sensation seeking） 創造性（creativity）など
刺激特性	製品属性の評価（product attributes evaluation） 言語刺激（verbal），語意（semantic） （多属性態度モデル）	実際の体験（actual experiences） 非言語刺激（nonverval），文章的（syntactic） 五感に訴える刺激（multisensory）
媒介反応	認知的視点の強調 （emphasis on cognitions） 　－認知的反応（cognitive responces） 　－情報獲得（information acquisition） 　－知識構造（knowledge structure） 　－信念（beliefs） 　－態度（attitudes） 　－選好（preferences） 　－購買意思決定（purchase decision） 　－選択（choices）	感情的視点の強調 （emphasis on emotions） 　－方向認識(orientation reaction)，覚醒(arousal) 　－探索的行動（exploratory behavior） 　－表象（imagery） 　－ファンタジー（fantasies），夢（dreams） 　－情動・感情（emotion, affect） 　－フィーリング（feeling） 　－消費体験（consumption experience） 　－活動（activities）
結果	機能（function） 目的達成（result / purpose）	楽しみ（fun） 喜び（enjoyment）・快楽（pleasure）
学習	自発的（operant） 満足（satisfaction） 強化（reinforcement）	応答（respondent） 連想（association） 接触（contiguity）

（出所）Belk（1995），Holbrook and Hirschman（1982），阿部（2001），和田（1998；2002），松井（2004），村山（2009）を参考に筆者作成。

とりわけ，現代のわが国の経済は産業構造のソフト化が進み，物質的な財の品揃えにおいてはすでに飽和状態にあることから，多くの財は生活の豊かさを演出する部分へとその競争が移ってきている (cf. 和田 1998, p.81)。また消費者もいつ，どこで，時間とお金を使うか，といった消費のプロセスに投じる時間がもたらす経験価値の側面が重要となってきており，自分像に合ったものを買うようになってきている (Gilmore and Pine II 2007, 邦訳 p.1-12；青木 2010b, p.129)。そのため，従来の解釈主義的アプローチがその対象を娯楽・芸術・レジャーとしてきたが，コモディティ商品分野においても差別化のひとつの方向として，情動や消費体験を通じた解釈主義的アプローチが（すべてとはいわないまでも）多くの消費次元において主流のアプローチとなりつつある（和田 2002, p.31）と考えられる。

そのため，近年の消費者行動を把握するためには情報処理アプローチだけでなく，実際の体験や接触，感覚的視点を擁する解釈主義的アプローチの要素を包含することが必要になると考える。

5 小括

本節では，消費者行動研究の主だったアプローチにおける変遷とその経緯について概略を整理してきた。古典的な行動修正アプローチだけでは消費者を理解することは難しくなりつつあり，近年においては情報処理アプローチと並行する形で，解釈主義的アプローチが台頭してきている。この2つのアプローチは焦点を置く領域が異なるため，用いられる研究手法，および，明らかにされる消費者像（タスク，資源，個性，刺激特性，媒介反応，結果，学習）は異なる。どちらが正しいというものではなく，より合理主義的な消費，あるいは，高関与な状態を前提とした属性に基づく問題解決型の情報処理アプローチによって説明できる消費もあれば，消費者の主観的な快楽，あるいは，体験を通じた消費自体のプロセスを楽しむ消費もある。これらの違いに影響するのは前提となるタスクの違いであり，負やマイナスの状態，ニーズを充足するといった，何らかの欠乏状態を満たすことが主なタスクとなる場合，ブランドやサービスの獲得を通じた問題解決がより重要となる。

一方，問題を充足するというより，消費自体が主なタスクとなる場合，そのプロセスが重要となる。これらのタスクの違いによって用いられるアプローチも当然異なる。

近年，多くの製品カテゴリーにおいてその競争の軸は実際の消費体験や消費そのものを楽しむ解釈主義的アプローチの視点へと変わりつつある。そのため，ブランドは自らを問題解決のためのブランドとして機能性を強調するのか，あるいは，プロセスを楽しむためのブランドとして位置づけるのかによって，同じ製品カテゴリーであってもその戦略は異なってくるだろう。

なお，本書の目的であるカテゴリー構造を理解する場合もこのアプローチの違いが関連してくる。カテゴリー構造には消費者の購買後の使用体験や経験を通じて得た情報や知識が大きく影響する。そのため，カテゴリー構造を検討する際には，情報処理アプローチの分析的視点を基礎としながらも，これまでの情報処理アプローチであまり重視してこなかった使用状況や文脈などの包括的な視点を，理念や価値観に基づく認知世界の領域内に限定しつつ検討していく必要があろう。[24]

この消費者行動研究の変遷に対応する形でブランド論もその議論の中心が変わりつつある。上述のように，多くの市場が製品やブランドで溢れ，多くの製品カテゴリーにおいてもコモディティ化が進みつつあるため，新しいブランドをより多く投入する戦略から，既存ブランドを育成するブランド・マネジメントの重要性が高まってきている。Schmitt（1999）によれば，ブランドとの接点を如何に構築するのか，消費を通じた経験（価値）を如何に作り上げていくのかに焦点を当て，消費を全体的な経験（価値）として扱い，理性（分析的）支配による消費，情緒支配による消費の両方を認めるべきだと主張する。そして，この接点のあり方が顧客満足とブランド・ロイヤルティの重要な決定要因になってきており，競争の次元を変えてきているという。このような状況を鑑み，ブランド論についても議論の中心の変遷と位置づけを整理しておく必要がある。

[注]

1　この研究の考え方は後に多くの国で採用され，わが国でも経済企画庁の発表する消費動向調査（暮らし向き，家計収入，物価動向，雇用環境，耐久財の買い時判断，レジャー時間，株式・土地などの資産価値増減の 7 つ）や日経産業研究所が四半期ごとに調査する CFI（日経消費予測指数）などがある（cf. 清水 1999, p. 35）。
2　自分の所属している集団（帰属集団），自分が属したいと思う集団（期待集団），などがある（清水 2006a, p. 21）。
3　「人はなぜモノを買うのか」という「購買」の理由に対して回答してこようとした研究であり，精神分析学的な手法を用い，潜在意識ないし深層心理への接近が試みられてきたものの，方法論上の問題からアカデミックな消費者行動研究においては姿を消しつつある（青木 2010b）。
4　1960 年代に入り，心理学や社会心理学の分野の援用を受け，フェスティンガー（L. Festinger）による「認知的不協和」(cognitive dissonance)，カッツ（E. Katz）とラザースフェルト（P. F. Lazarsfeld）の「パーソナル・インフルエンス」(personal influence)，バウアー（R. A. Bauer）の「知覚リスク」(percieved risk)，といった概念が消費者行動研究に投入されてきた（青木 1992, p. 130）。
5　この代表的な 3 つのアプローチ以前のアプローチは，マーケティング論における消費者行動研究の中での影響力は比較的小さい（阿部 2001, p. 1-2）。なお，ここでいうアプローチとは，研究目的，現象の認識の仕方，データ収集の方法，理論の立て方，テストの行い方，などについて複数の研究者によって共有される基本的な考え方である（阿部 2001, p. 1-2）。
6　エンゲル，コラット，ブラックウェルの 3 人の頭文字を取っている。のちに消費者意思決定過程モデル（CDP モデル）として発展していった（田中 2008, p. 12）。
7　「刺激−反応」モデルは行動主義心理学を主とする流れに立つ（阿部 2001, p. 2-3）。
8　「刺激−生体−反応」モデルは新行動主義心理学を主とする流れに立つ（阿部 2001, p. 2-3）。
9　ここでは青木（1992）に従い，消費者の行動を刺激に対する反応として捉えているという意味で，S−R 理論と S−O−R 理論を一括して「刺激−反応パラダイム」とする。
10　観察証拠が科学的知識のための唯一の源泉，つまり，言明できることだけが科学であり，言明できないことは非科学であるという境界である。形而上学的な言明は検証テストの可能性を持たないため，科学的知識の領域から排除される（川又 2009, p. 5）。
11　例えば，対象となる製品のライフ・サイクルごとに包括的問題解決，限定的問題解決，日常反応的問題解決といった意思決定プロセスが異なるという仮定の下，意思決定の簡略化の説明，製品の関与水準によって意思決定プロセスが異なることなどを可能にした（清水 1999, p. 75）。
12　取り上げた理論やモデルから仮説を設定し，経験的テストを行う仮説検証型のアプローチであり，理論の妥当性は異なる条件下でのさらなる実験の繰り返しを通じた一般化が必要となる（cf. 阿部 2001, p. 6）

13 科学的知識の真ではなく偽，つまり「反証が成立するならば，その命題は正しくない」ことを実証することで，検証や確証の概念に代わる暫定的解でよしとする「験証」(corroboration) である（阿部 2001, p. 7；川又 2009, p. 8-9）。
14 研究者が想定する現象は実在すると捉えるものである。例えば，構成概念としての「知識」や「態度」の実在や，それらの因果関係を想定することも可能であり，概念間の関係が指標を通して測定できることを是とするアプローチである（阿部 2001, p. 7）。科学者が操作や介入できるものは存在するといった「介入実在論」などもある（川又 2009, p. 18）。
15 目標や目的は手段目的連鎖や関与によって一部は説明可能であるが，目標設定メカニズムや動機づけの発生メカニズムは未解決のままであり，その起源とともにまだ十分明らかにされていない（杉本 1993；新倉 2005, p. 101）。
16 経済学者 H. サイモンの提唱（中西 1998, p. 11）。
17 例えば，意思決定ヒューリスティックスがある。これは，意思決定プロセスにおける経験則またはメンタルな近道のことであり，(1) 利用可能性ヒューリスティックス（消費者は，ある特定の事例が心に浮かぶ早さと容易さをもとに予測を行う），(2) 代表性ヒューリスティックス（消費者は，結果が他の事例をどれだけ代表するものか，あるいは，類似しているかをもとに予測を行う），(3) 係留と調整によるヒューリスティックス（消費者はまず，最初の判断に到達し，その後，追加情報に基づいて最初の印象を調整していく），などがある（Kotler and Keller 2006, 邦訳 p. 252）。
18 本書における態度とは，ブランド全体についての評価的判断を示すものであり，「好き─嫌い」「良い─悪い」といった好意度に関する方向性を持つもの（新倉 2005, p. 164）とする。
19 この背景にはマネジリアル・マーケティングの視点としての Alderson (1957) の OBS (organized behavior system) 概念が関連していると考える。OBS とは組織化された行動体系のことであり，常に存続と成長を目指して関連要因を対内，対外的に調整していくことで，マーケティング活動の分析を可能としてきたものである。これは，機能主義的なアプローチであり，集団（目的や好意を持つ）を前提とした社会科学としての人間行動の科学として扱うもので，消費者を問題解決者として位置づけることで（6章），マーケティングの究極目標はその消費者への「適合 (fit)」であるとしてきた（7章）。市場への適合と拡大のために，価格の切り下げ，および，非価格的手段としての製品変化や革新，広告・プロモーションがあり，消費者需要のプロセスには普及理論が関連することが論じられてきた（9章）。需給の適合（流通）については，市場取引を通して実現され，取引能率の向上を通じて進化するものとされ，生産側は造形と修正，流通では分類取揃え（分類，集積，配分，取揃え）が重要とされる（8, 10章）。このような視点でマーケティングが論じられた背景があり，如何に消費者に購買させるかという点に重点が置かれたのは自然な流れであるといえる。
20 その反論として，情報処理アプローチが低関与下の状況においても説明可能であることを示した例として「精緻化見込モデル」(elaboration likelihood model:

ELM）(Petty *et al.* 1983；Petty and Cacioppo 1986) がある。これは同じ態度形成であっても2つのルートがあるとするもので，動機があり，処理能力を保持している高関与の状態では，製品関連の情報や広告メッセージ内容に対してより注意を向ける中心的態度変化（中心的ルート）となり，逆に動機がなく，処理能力がなければ低関与状態であり，メッセージと直接関係のない，色や送り手の信頼度などによる周辺的態度変化（周辺的ルート）で処理される。なお，どちらのルートを通じて処理されたかにより，その後の行動も異なる可能性を示している（Peter and Olson 2005；清水 1999, p. 88-89)。

21　人文主義的（humanistic）アプローチ，記号論的アプローチ，自然主義的（naturalistic）アプローチ，実存現象学的（existential-phenomenology）アプローチ，などが解釈主義的アプローチを採用した代表的研究例である（村山 2009, p. 50)。

22　研究者の主観や視点の紛れ込むことを是とするもので，研究者の視点によって異なった解釈を生み出すという立場である（cf. 阿部 2001, p. 8)。

23　ここでは「ホーリスティック」に統一せず，原文のまま「ホリスティック」とした。

24　本書はあくまでも消費者情報処理アプローチの認知的視点に依拠した研究である。そのためブランドを文脈における包括的（ホーリスティック）な存在として理解する場合の意味も消費者の認知の枠内での議論にとどめるものである。

4節 ブランド論の変遷とブランド・マネジメント

1 ブランド論の変遷

消費のあり方，および，それにまつわる消費者行動研究アプローチの変遷に伴い，近年のブランド論の中心は「ブランド・ロイヤルティ」「ブランド・エクイティ」「ブランド・アイデンティティ」を経て，経験的価値としての「ブランド・エクスペリエンス」へと変遷しつつある。そのブランド論は図表1-8のような時代区分で主に議論されてきた（cf. 青木 1995；1999；2006；和田 2002）。そこで本章では，ブランド論の変遷とそれぞれの概念の位置づけを整理しながら，その後の研究を含め検討していくものである。

図表1-8 ブランド論の変遷

時代区分	1984-1990年	1991-1995年	1996-1999年	2000年-
主たるブランド概念	ブランド・ロイヤルティ	ブランド・エクイティ	ブランド・アイデンティティ	ブランド・エクスペリエンス
ブランドの位置づけ・基本認識	マーケティングの手段	マーケティングの結果 無形資産的価値	マーケティングの起点 ブランドのあるべき姿	マーケティングの仕掛け ブランドの経験価値

（出所）青木（2006）に和田（2002）の議論を加筆して引用。

2 ブランド・ロイヤルティ

2-1 ブランド・ロイヤルティ・マネジメント

「ブランド・ロイヤルティ・マネジメント」（和田 1984）とは，ブランド選択を確率論的に捉えていくものであり，ブランドをマーケティングの手段

として管理することを可能としてきたものである。このブランド・ロイヤルティ（忠誠）[1]という概念の研究は古く，長年，行動ベースの結果（購買行動）として捉えられてきていた。

ロイヤルティを構築する企業側の利点は，(1) 離反防止や再購買確率の向上，(2) ブランド拡張やライン拡張の容易さ，(3) 自社ブランドやサービスを利用する際，他の関連商品や同じ店に置いてあるものを買ってもらえるクロスセルの効果，(4) プレミアム価格販売が可能となり，価格競争が回避できる[2]，(5) ロイヤルティの高い顧客の声（ニーズ）を商品に反映させ，次のヒット商品へとつなぐ，(6) 良い口コミを利用した新規顧客開拓，(7) 上述した利点に伴う，顧客維持・獲得といったマーケティング・コストの削減やキャッシュフローの増大，などの効果が見込めることである（cf. Aaker 1991；Reichheld 1996, 邦訳 p.89；小野 2002；内田 2004, p.272-275）。そのため，ロイヤルティの強弱をセグメンテーションに用いることも多い[3]（Aaker 1996；Rossiter and Percy 1997）。

しかし，ブランド・ロイヤルティは，単に購買努力を削減し，意思決定の単純化を図ろうとする消費者のニーズを反映している場合もある（青木 2004）。例えば，その継続購入が偶然である場合や購買に便利であるという理由で選好が形成される場合，あるいは，お目当てのブランドが欠品の場合の代替品として購買されている状況などにおいて，本当にロイヤルティが形成されているのかどうかがわかりにくくなる。実際，誰もが知っているようなブランドの顧客であっても，その80%はノン・ロイヤル（non-loyal）な顧客であるという（e.g. Hallberg 1995）。彼らの多くはブランドの利益や売上のほんのわずかな部分を占めるだけであり，実際には10%から15%ほどの購入者が80%の売上を占めることも多い[4]。そのため，「真のブランド・ロイヤルティ」を把握するためには，行動的側面だけでロイヤルティを捉えるのではなく，信念，感情，態度をも包含した，心理的側面を含めたロイヤルティの検討が重要となりつつある（cf. Fournier 1998；Oliver 1999）。

この心理的側面をロイヤルティに含めることとなった大きな契機は，Jacoby and Chestnut（1978）がロイヤルティを「結果よりも約束（promise）的な心理的なエリアがある」（同, p.199）と考えたことであった[5]。その後の

研究でも,「行動的側面と心理的側面の双方からロイヤルティを捉える」ことで共通してきており,現在も主流のアプローチのひとつである (e.g. 和田 1984；Dick and Basu 1994；恩蔵 1995；Fournier 1998；Oliver 1999；陶山 2002；小野 2002；Reichheld 2003；山本 2009)。図表1-9は主なブランド・ロイヤルティの定義とその視点である。

図表1-9 ブランド・ロイヤルティの定義と視点

著者	視点
Jacoby and Chestnut(1978)	「ブランド・ロイヤルティは,(1)(ランダムではない)偏りのある発生的なもので,(2)購買などの行動の反応を伴い,(3)時間を超えて表現される,(4)特定の意思決定の単位を伴う,(5)ブランド集合全体の中から,ある1つの関心のあるブランド,あるいは,複数の代替的ブランドに対する,(6)(意思決定や評価といった)心理的プロセスの関数,これらが存在したものである」(p.81)
和田 (1984)	「ブランド・ロイヤルティを有意義に活用するためには,消費者のブランド選択という行動と,ブランドに対する選好という心理的側面との両方を見なければ片手落ちである」(p.32) とし,Jacoby and Chestnut (1978) の考えを支持している。
Dick and Basu (1994)	「存在(ブランド,サービス,店,卸)に対する相対的な態度と反復購買との関連の強さ」(p.100) とし,相対的態度とは,他ブランドと比較し,それよりも評価が高い場合において識別されるものであるとする。
恩蔵 (1995)	「ある特定のブランドに対する,過去の利用や経験に基づく好ましい態度(コミットメント)であり,そのブランドを反復的に購買する行動である」(p.52)
Oliver (1999)	「スイッチング行動を引き起こす可能性のあるマーケティング活動が存在するにもかかわらず,将来も継続的に製品やサービスを好んで再購入,再利用(ひいき)するような深いコミットメントを伴い,反復的に同じブランドまたは同じブランド集合の購入を引き起こすもの」(p.34)
陶山 (2002)	「特定の製品やブランドに対する消費者のコミットメントないしこだわりを表す」(p.63) もので,「特定のブランドに対する反復的な購買行動であるかぎりにおいて企業と顧客との間のリレーションシップ=関係概念であり,消費者が企業の製品やシンボルに対してもつリレーションシップの主要尺度」としている (p.64)。
小野 (2002)	顧客満足がもたらす結果要因としてのブランド・ロイヤルティを「単一のブランドもしくはブランド選択に対する顧客の認知的,感情的,動能的,そして行動的なコミットメント」(p.62) としている。
Reichheld (2003)	「ロイヤルティとは,顧客や社員などが金銭的もしくは個人的な犠牲を払ってまでも,企業とのリレーションシップを強化したいと望むこと(同邦訳 p.63)」であり,繰り返し購買,利用するだけに留まるものではなく,愛着を持ってもらうことを含めている (同邦訳 p.64)。

(出所) 筆者作成。

両側面を含めたロイヤルティとしてよく整理されたものとして，Oliver (1999) の枠組がある。この枠組の特長は，研究対象をサービス財だけでなく消費財にも適用していること，経験や体験消費の視点を含んでいる点である。Oliver (1999) のいうロイヤルティ形成とは，信念・態度（感情）・意図という伝統的な態度構造に準拠した「認知的ロイヤルティ」「感情的ロイヤルティ」「意欲的ロイヤルティ」「行動的ロイヤルティ」の各段階においてロイヤルになるとし，すべての段階を踏まえた状態が真のロイヤルティとなるとしている（図表1-10）。この4つのロイヤルティを1つずつ確認していこう。

　認知的ロイヤルティとは，事前知識や経験を通じて得たブランドの信念（例えば価格や特徴など）が他の代替案よりも「好ましい」と認知していればこの段階にある。そして，満足という感情が発生した場合，消費者の経験の一部として感情的な要素を帯び始める状態である。次の感情的ロイヤルティとは，使用状況（オケージョン）における満足の累積が基本となって，ブランドへの好ましさや態度によって快感情を形成し，「好きだから買う」という段階である。ブランドへの感情（好意）の程度で示され，認知的ロイヤルティよりもスイッチしにくい状態にある。[6] 意欲的ロイヤルティとは，ブランドへの快感情による反復的なエピソードによって特定ブランドの再購買を望む，「それを買うことにコミットしている」段階にある。これはブランドを再購買するという意図に対するコミットメントであり，動機づけに近いものである。ただし，コミットしていたとしても実行されない場合もあるため，次の「行動的ロイヤルティ」が重要となる。行動的ロイヤルティとは，意欲的ロイヤルティの意図を妨げる要因を克服する欲求や強い意図が伴うことで「行動慣性（action inertia）」が発達し，再購買を促進する段階である。

図表1-10　Oliver (1999) のブランド・ロイヤルティ

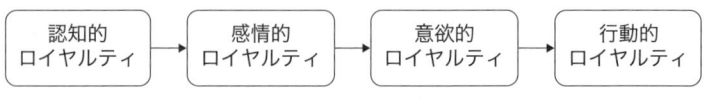

認知的ロイヤルティ → 感情的ロイヤルティ → 意欲的ロイヤルティ → 行動的ロイヤルティ

（出所）　Oliver (1999) に基づき筆者作成。

この4つの段階を踏まえることで真のロイヤルティとなる。このブランド・ロイヤルティは購買後の消費のプロセスにも大きく影響する。

他にもよく引用されるものに Dick and Basu (1994) の顧客ロイヤルティがある。この枠組では顧客ロイヤルティに影響するものとして，認知的側面と感情的側面，動機的側面の3つが相対的な態度 (relative attitude) に影響し，社会的な規範や状況における影響（例えば店頭に目当てのブランドが無い場合など）の影響を受けながら，繰り返し購買されるひいき（repeat patronage）な状況としてのロイヤルティを形成する。その結果として，他のブランドを探索する動機（search motivation）を持たず，ブランドに対する否定的な言動に対して庇う（resistance to counter persuasion），良い口コミ（word-of-mouth）をするようになる，などの行動が引き起こされるとしている（図表1-11）。

Aaker (1991) も，ロイヤルティの形成に影響する変数として，行動の測度（再購入比率，購買比率，購入されたブランド数など），スイッチング・コスト，満足度，好意度，コミットメントなどがあるとしている（同邦訳 p.58-62）。特にブランド・ロイヤルティのすべての水準の鍵となるものは

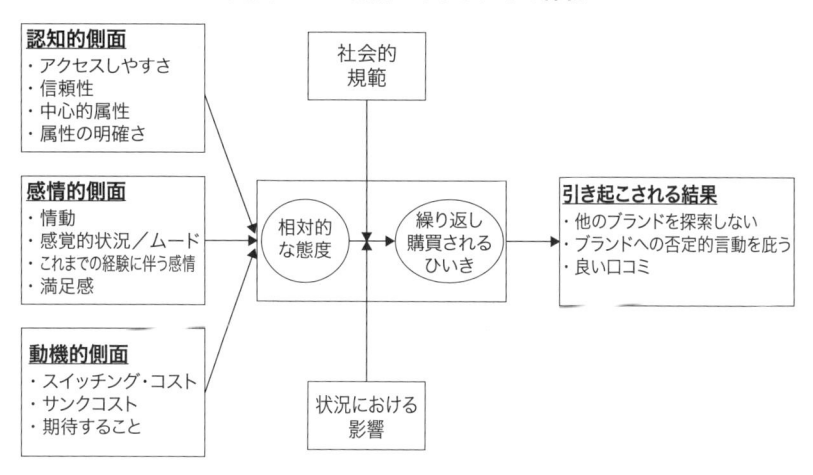

図表1-11 顧客ロイヤルティの枠組

（出所）　Dick and Basu（1994, p.100）より引用。

満足度であること（同 p.61）[7]，「他者への口コミ」といった推奨，「使用するのにきわめて便利で楽しいか」といった快楽消費（同 p.62）も関係するという。

ここまでいくつかのロイヤルティの枠組について確認してきたが，感情（満足や快楽）や態度（好意）などの心理的側面を包含した概念が重要であり，心理的側面は行動的側面を強化し，行動的側面は心理的側面を強化するものである。そして，この心理的側面は，「同じブランドを買いつづける消費者のこだわり」（和田 2002, p.152）のことであり，ブランドと消費者との関係性の「絆（emotional bonding）」を深め，行動を伴うリレーションシップを形成すると考えられている（e.g. Duncan and Moriarty 1997；田中 1997；Fournier 1998；和田 1998；2002；陶山 2002；青木 2004；Park et al. 2008；Keller 2007）。

なお，リレーションシップと言った場合，そこには「長期的志向で友好的な関係を実現し，交換の効果や効率を高めようとするもの」（久保田・井上 2004, p.12）が含まれている必要がある。ブランドの視点における「効果的で効率的な交換」は行動の結果としての購入の程度，すなわち最近の購入（recency），購入頻度（purchase frequency），購入金額（monetary）といったRFM分析の視点によってカスタマー・リレーションシップ・マネジメント（CRM）の実現度として捉えることを可能としてきた[8]。そこで，本書では心理的側面について次に整理していく。

2-2 ロイヤルティの心理的側面

先行研究において，心理的側面を含めたロイヤルティはその高次の心理的状態において，コミットメント[9]，アタッチメント（attachment）（Park et al. 2008）といった概念による研究が進んでいる。

本書におけるコミットメントとはある特定の対象物に向けられる関与（対象特定的関与）であり，ブランド選好とブランド・ロイヤルティのより強い状態に位置する「情動的あるいは心理的な愛着を経た上での態度」であるとする（Aaker 1991；Keller 1998, 邦訳 p.88-89；青木 2004）。

Aaker（1991, 邦訳 p.52-56）は，ブランド・ロイヤルティは使用経験と

密接な関係を持っているとしており、ブランド・ロイヤルティを5つの水準に区分した場合、トップに来る水準がブランドに対してコミットしている買い手（顧客）であるとしている（図表1-12）。ここで議論されている点は、そのブランドを発見したり、ブランドユーザーであることにプライドを持ち、そのブランドは自己を表現するものであり、他人に推奨するほどの自信を持つ。そして、このような行動は他人や市場に影響を与える存在になるという。

つまり、心理的側面においてロイヤルである消費者は高いコミットメントを示すということであり、コミットメントは（1）認知的動機と感情的動機をベースにした「多様性」を前提として形成されていくということ、（2）より高次のロイヤルティの状態であることから、ブランドに対してコミットしている消費者はスイッチしないと考えられる。

特に近年では、コミットメント概念の次元性や測定尺度（e.g. 井上 2003；久保田・井上 2004）、リレーションシップにおける中心的媒介変数としてのコミットメント（久保田 2003；2006b）などの研究がある。これまでコミットメント概念はスイッチング・コストなどの損得的次元（cf. 井上 2009）と

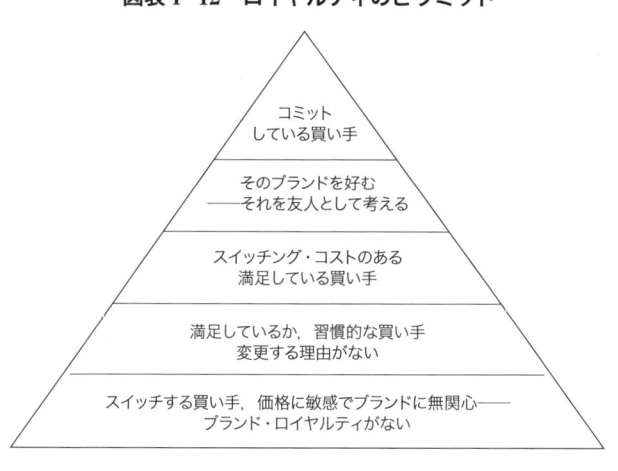

図表1-12 ロイヤルティのピラミッド

（出所）　Aaker（1991, p. 40）より引用。

図表1-13　3次元によるコミットメント尺度

構成概念	質問項目
陶酔的コミットメント	自分にとってはこのブランドしか考えられない このブランドだったら多少ほかのブランドより高くても買う このブランドは自分にぴったり合っている
感情的コミットメント	このブランドを信頼している このブランドに対して愛着や親しみを抱いている
計算的コミットメント	ほかのブランドを検討するのは面倒である ほかのブランドを買って失敗したくない あまり深く考えていない，なんとなくこのブランドになる

(出所)　井上（2009, p.11）より引用。

しての「計算的コミットメント」，信頼や愛着といった感情的な次元（cf. 井上 2009）としての「感情的コミットメント」を中心に研究されてきたが[10]，最近ではこの2次元以上の多次元性が存在するという示唆もあり[11]，信頼や愛着といった一般的な感情以上の，排他的で強い思い入れの次元（井上 2009）としての「陶酔的コミットメント」（井上 2009）を含めたコミットメント研究の測定が進んでいる（図表1-13）。

コミットメントといった心理的側面を考慮することの利点として，清水（2007；2008b）の研究がある。頻繁に販売促進活動が行われている総合量販店やドラッグストアなどで反復購買した消費者が真のロイヤルティを保持しているかどうかは疑わしいことから，時系列データを用いた検証を行っている。その結果，(1) ロングセラー・ブランドの支持者層は感情的コミットメントが高く，プロモーション時の購入は特に多くないのに対し，シェア上位ブランドの支持者層は，エンド陳列やチラシ，特売といったプロモーションでの購買割合が高く，感情的コミットメント[12]は有意な差として抽出されなかった。このことからロングセラー・ブランドとなるにはコミットメントの高い層に支持される必要があること，(2) プロモーションの負の影響は，内的参照価格を下げるだけでなく，値引きで反復購買した消費者の感情的コミットメントを下げるため，ブランド価値を下げていること[13]，などが明らかにされている。「コミットメントしている消費者は，行動面でも当該ブランドに対してロイヤルであることが予想されるが，必ずしも逆は真でない」（青

木 2004, p. 105) という指摘もあるように，コミットメントを理解することがブランドのロングセラー化，すなわちブランド構築に重要であるということが理解できる[14]。

一方，アタッチメントとは，愛着のことであり，長期にわたる使用経験を通じて，もはやそのブランドなしでは生活できないほどに，消費者が当該ブランドに対して思い入れたような状態を指している（青木 1999, p. 37）。このアタッチメントは「消費者とブランドとの認知的，感情的なつながりのつよさ」のことであり，これを形成するには，戦略的ブランド・エグゼンプラー（strategic brand exemplar）になる必要があることをPark et al. (2008, p. 5) は主張している。ここで言うエグゼンプラーとは，カテゴリーを代表し他の模範となる具体的なブランドを示すものであり（髙橋 2009a），この具体性がブランドへの愛着を高めるために必要になるという。詳細は後述の2章でまた触れていくが，彼らの言う戦略的ブランド・エグゼンプラーには3つのタイプがあり，自己を満足させてくれるような（gratifying the self）タイプ，自己に可能性をもたらすような（enabling the self）タイプ，自己を充実させてくれるような（enriching the self）タイプである。また，戦略的ブランド・エグゼンプラーとなるためには典型的で（typicality），鮮明で（vividness），感情的なつながり（affect）を持ち合わせ，記憶からの連想（memory association）が容易に実行できるブランドとなることが必要であると提唱する。このエグゼンプラー的なブランドとしてのポジショニング戦略を通じて，「ブランド・アタッチメント」が形成され，それがブランド・エクイティを強化する行動へとつながるものであるとしている（Park et al. 2008）（図表1-14）。

Park et al. (2008) が示すブランド・アタッチメントとは，リレーションシップを創出することに影響し，ブランド・エクイティ関連行動への強い形成を含める感情的エネルギーを伴うものであり，スイッチング・コスト（計算的コミットメント）や明示的・暗黙的にリレーションシップを誓うといった契約的なものとは異なる概念であると考えており，感情的コミットメント[15]，および，陶酔的コミットメントに近い概念であると考えられる[16]。

ここまでの議論をまとめると，ブランド・ロイヤルティを把握するために

図表 1-14　ブランド・アタッチメント概念

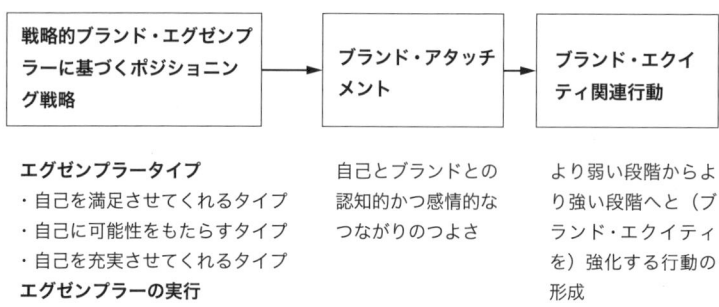

```
┌─────────────────┐     ┌─────────────┐     ┌─────────────┐
│戦略的ブランド・エグゼンプ│ →  │ブランド・アタッチ│ →  │ブランド・エクイ│
│ラーに基づくポジショニン│    │メント       │    │ティ関連行動 │
│グ戦略           │    │             │    │             │
└─────────────────┘     └─────────────┘     └─────────────┘
```

エグゼンプラータイプ
・自己を満足させてくれるタイプ
・自己に可能性をもたらすタイプ
・自己を充実させてくれるタイプ
エグゼンプラーの実行
・典型的
・鮮明な
・感情的なつながり
・記憶からの連想

自己とブランドとの認知的かつ感情的なつながりのつよさ

より弱い段階からより強い段階へと（ブランド・エクイティを）強化する行動の形成

（出所）　Park *et al.*（2008, p.5）より引用。

は，行動的側面だけではなく心理的側面をも捉えていくことが研究の主流となってきている。とりわけ，ブランドを通じた関係性の「絆」が重要となり，これがリレーションシップを形成していく。この「絆」とはコミットメントやアタッチメントといった高次のロイヤルティのことであり，これらがリレーションシップの中核的な媒介変数としての心理的側面として注目されてきている。

　そして，この「絆」を通じた継続的な関係性（コミュニケーション）がブランドへの支持の累積となり，ブランド・エクイティが構築されるのである（cf. Duncan and Moriarty 1997；Park *et al.* 2008）。換言すれば，ロイヤルティはブランド・エクイティの核となる（Aaker 1991, 邦訳 p.52）[17]ものであり，コミットメントやアタッチメントといった絆を通じた関係が継続することで，消費者の記憶におけるブランド知識や信念が強化されていき，消費者によって「ブランドは育成され，ロングライフ・ブランドとなる」（和田 2002, p.152）のである。では，ブランド・エクイティは企業においてどのように役立ち，消費者の知識や記憶にどのように形成されているのだろうか。次にこれを見ていくことにする。

3 ブランド・エクイティ

ロイヤルティ論の流れと並行する形で，Aaker (1991), Keller (1991) がブランド・エクイティ概念を提唱したことで，1991年から1995年の議論の中心はマーケティングの「結果」としてのブランドとなった[18]。

Aaker (1991) のブランド・エクイティとは,「ブランド, その名前やシンボルと結びついたブランドの資産と負債の集合である」(Aaker 1991, 邦訳 p. 20-21) と定義され, エクイティとは, 企業または企業の顧客への製品やサービスの価値を増やすか, 減少させる存在であると考えられている[19]。このエクイティは, (1) ブランド・ロイヤルティ, (2) 名前の認知[20], (3) 知覚された品質[21], (4) ブランドの連想[22], (5) 他の所有権のあるブランド資産[23], の5つから影響を受けることを示している (図表1-15)。このモデルで示された中で消費者行動研究と関連する点はいくつかある。まず, ブランド・ロイヤルティが製品ではなくブランドに帰属するものであるという前提 (Aaker 1991, 邦訳 p. 57) を置いており, ロイヤルティはブランドの使用経験によって形成されること, および, ロイヤルティがブランド認知を作り出す起点になるという点である。つまり, ブランド・ロイヤルティは購買後の使用経験や消費を通じて形成されていくものであり, ブランドの購買後の使用状況が想起に関連するという点である。次に, ブランドの認知が高まるほどその認知が他のブランド連想とのアンカー (錨：いかり) となり, 親密性 (familiarity) や好意度 (liking) が高まることで検討されやすくなるという点である。さらに, 知覚品質が高まるほど, また, ブランド連想が広がるほど, 他とは違うと認識され独自のポジショニングが可能となり, それが好意的な態度を形成することで, 価格に対する理解と購入する理由が高まるという点である。これらの結果, 高い付加価値とその価値の提供によって他ブランドよりも高価格で販売することを可能とし, 顧客と企業に価値を与え, 企業に競争上の優位性を確立していくことを議論の中心としている (e.g. Aaker 1991; Yoo *et al.* 2000, p. 195)。

なお, このブランド・エクイティは, 広告の支出, 営業力, 調査への支出, 市場への参入順位, 製品ポートフォリオ, ブランド年齢や広告シェア

図表1-15 ブランド・エクイティ

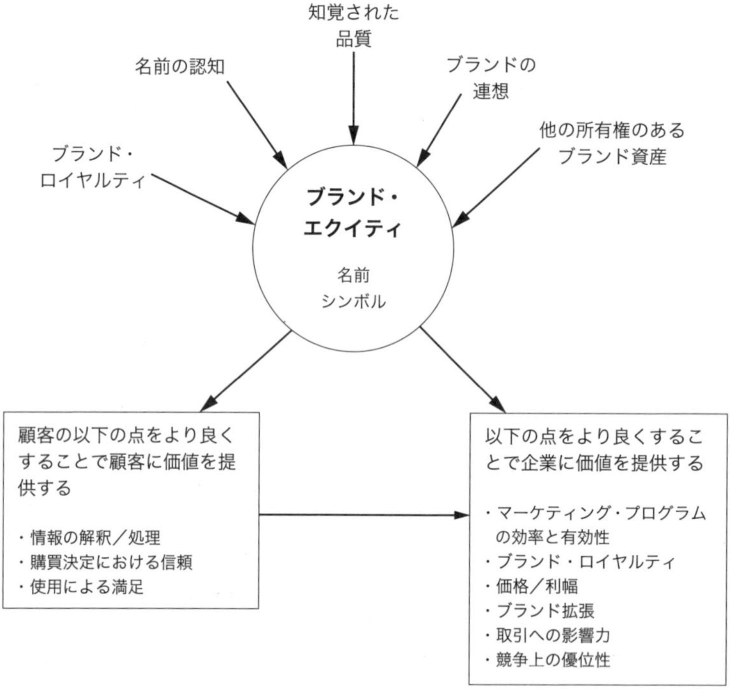

```
        名前の認知   知覚された   ブランドの
                    品質          連想
  ブランド・                              他の所有権のある
  ロイヤルティ                            ブランド資産
              ↘   ↓   ↓   ↙
              ブランド・
              エクイティ
               名前
               シンボル
              ↙        ↘
```

顧客の以下の点をより良くすることで顧客に価値を提供する	以下の点をより良くすることで企業に価値を提供する
・情報の解釈/処理 ・購買決定における信頼 ・使用による満足	・マーケティング・プログラムの効率と有効性 ・ブランド・ロイヤルティ ・価格/利幅 ・ブランド拡張 ・取引への影響力 ・競争上の優位性

(出所) Aaker (1991, p.17) より引用。

(Simon and Sullivan 1993)，といった投資の程度や市場環境によっても大きく異なる。

　ただし，Aaker (1991) のような資産ベースのモデルはあくまでも企業側の管理指標的な視点としてのブランド・エクイティであり，マーケティング活動を通じて蓄積された資産的価値である。コカ・コーラ社などが高い資産価値を保有しているとされる理由のひとつは，過去や現在のファイナンス的価値ではなく，企業が今後どのくらい投資について資源を用意しているかどうかである (Kapferer 2001) とも言われており，結局ここで言う資産（エクイティ）とは投資した分，どれくらい高い利益を得ることが出来るのかという議論にとどまる。なお，Aaker (1991) のモデルはブランド・エクイティ

を構成する要素が相互にどのように関連するのかを十分に示していない点においても限界があり，消費者行動研究におけるブランド・エクイティ研究はKeller（1998）によって花開いていくこととなった。

　Keller（1998）のブランド・エクイティは消費者側の視点であり，その定義は，「あるブランドのマーケティングに対応する消費者の反応に，ブランド知識が及ぼす効果の違い」（Keller 1998, p. 45）である[24]。Keller（1998）のユニークな点は，様々なマーケティング活動の結果として，ブランドという「器」の中に蓄積されていく無形の資産的価値に着目し，その維持・強化と活用を提唱したことである（青木 2006, p. 26）。本書におけるブランド・エクイティは主にこのKeller（1998）の定義と理論に基づき展開する。

　Keller（1998）のブランド・エクイティで重要な点は，当該カテゴリーのブランド間に意味のある差異が存在していることを確信させること（Keller 1998, 邦訳 p. 83）である。つまり，他のブランドよりも好意的な態度を高めるために，記憶に形成されるブランド・ネームやロゴなどに基づくブランド知識をマーケティング活動によって強化する活動である。換言すれば，他ブランドとの競争において，自社ブランドの選択につながるブランド知識を如何に消費者の頭の中に作り出すかが重要となる（青木 2009, p. 52）。

　なお，様々な企業のコミュニケーション活動によって消費者がブランドに対して保有するブランド・イメージ[25]はブランド認知とともにブランド知識に包含されている（Keller 1998）（図表1-16）。このような，ブランド知識の広がりは一つひとつの情報（ノード：node）がつながる（リンク：link）形で保持される「連想ネットワーク型記憶モデル」で表現されるもので，Keller（1998）がこれをより体系的にブランド知識として整理したことは大きな貢献である[26]。

　このように，ブランド・エクイティと記憶や知識との関連は強く，エクイティは消費者の記憶に蓄積されており[27]，記憶から取り出される情報の束としての知識がエクイティとしてのブランド知識となる（cf. Peter and Olson 2005）と考えられている。ブランド知識の源泉は，(1)ブランド再生やブランド再認といったブランド認知の強さと，(2)ブランド・イメージとしての連想である。この連想されるものには3つあり，属性と便益(ベネフィット)

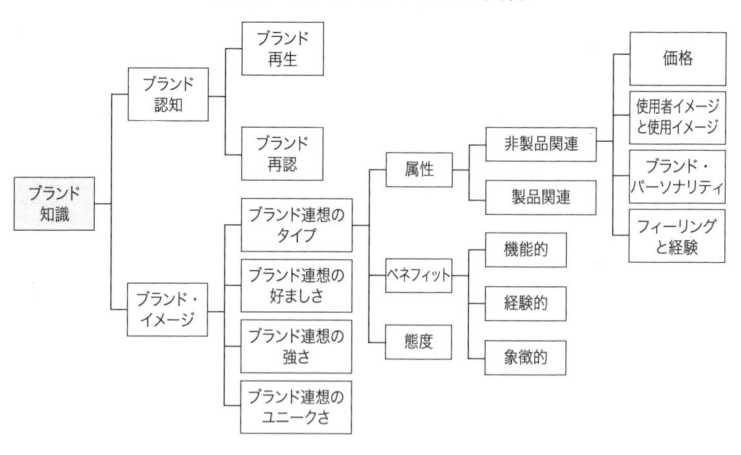

図表1-16 ブランド知識の要約

```
ブランド知識 ─┬─ ブランド認知 ─┬─ ブランド再生
              │                └─ ブランド再認
              └─ ブランド・イメージ ─┬─ ブランド連想のタイプ ─┬─ 属性 ─┬─ 非製品関連 ─┬─ 価格
                                    │                        │       │              ├─ 使用者イメージと使用イメージ
                                    │                        │       │              ├─ ブランド・パーソナリティ
                                    │                        │       │              └─ フィーリングと経験
                                    │                        │       └─ 製品関連
                                    │                        ├─ ベネフィット ─┬─ 機能的
                                    │                        │                ├─ 経験的
                                    │                        │                └─ 象徴的
                                    │                        └─ 態度
                                    ├─ ブランド連想の好ましさ
                                    ├─ ブランド連想の強さ
                                    └─ ブランド連想のユニークさ
```

(出所) Keller (1998, p.94) より引用。

と態度である。製品やサービスを特徴づける属性には製品関連と非製品関連があり，特性に基づく機能的便益，五感を通じた感覚的な喜びなどの経験的便益，使用イメージや使用場面と対応する象徴的便益を通じて態度が形成されていく。つまり，Keller (1998) が提唱するブランド・エクイティの構築とはブランド認知を高め，次にブランド・イメージの連想を広げていく過程で属性や便益によって好意的な態度を強化していくことであるといえる。この流れでブランド・エクイティを構築することの重要性をもう少し検討していこう。

　ブランドの認知が高いほど検討されやすくなり，選択される確率は高まる。この認知に関するブランド再生[28]とは何らかの手がかりが提示されなくてもそのブランドを記憶内から検索できることであり，購買以前における銘柄（ブランド）選択において重要となる（Rossiter and Percy 1997）。ブランド再認とは，手がかりとしてブランドが提示された上での認知であり，特に購買時点（店頭）における比較・選択において重要となる（Rossiter and Percy 1997）。例えば，店頭にある商品を見た際，その認知とともに過去のTVCMや広告，使用経験に伴う連想が想起されていくものである。

このようなブランド認知は「深さ」と「幅」によっても説明される（Keller 1998, p. 84）。深さとはブランドの再生あるいは再認されやすさと関係し，幅とはブランドが思い浮かべられる購買状況や消費状況の多様さと関連するもので，多様であるほど様々なシーンが手がかりとなり想起が促されることになる。そのため，ブランド認知を高めるということは，ブランド・ネームを強化することであり，視覚的なブランド・ロゴ，シンボル，キャラクター，パッケージ，言語的なジングルやスローガンを様々なコミュニケーション手段（広告，プロモーション，スポンサーシップ，PR など）を通じて反復的に露出し，露出の頻度を高めることよって記憶にアクセスしやすくすることで，ブランドの再生あるいは再認されやすさとしての認知を深めることである。また多様なシーンで想起されるように仕向けることで記憶内のブランド・ノードを強化，拡張していくことが重要になる。

　ブランド認知が高まれば，次にブランド・イメージの連想を強化していく必要がある。連想にはタイプおよび連想の次元（強さ・好ましさ・ユニークさ）がある。

　上述したように Keller (1998) はブランドの連想のタイプを属性，便益（ベネフィット），態度の３つに分類している。これらは抽象度の次元が異なるものであり，個々の属性の連想は具体的であるため抽象度は低く，「好き－嫌い」といった態度の連想ほど抽象度は高くなるが長期間記憶にとどまる。

　なお，製品関連と非製品関連の連想は関与とも関連している。高関与ほど製品に直接関連した認知的な思考や経験的便益を経由する中心ルート，理性的ルートとしての態度形成がなされる。非製品関連の連想とは，製品の色，パッケージの外観，メーカー（名）あるいは使用者イメージやブランド・パーソナリティといった象徴的なシンボル，フィーリングや経験，価格に基づいた周辺的なルートあるいは感情的ルートによる態度形成がなされる（cf. 新倉 2005, p. 165-167；Kotler and Keller 2006, p. 262-263）。

　連想の次元には強さ，好ましさ，ユニークさがあり，強さは直接的な経験や口コミなどのコミュニケーションによって信念が強化されるもので，その内容のうち望ましいものや納得できるものを好ましいと感じ，さらにそれが他とは違うユニークさを持たなければならない。そのため特に重要な点は，

連想がこの「順番」で保持されることである（Keller 1998, 邦訳 p.140）。つまり，ブランド連想がいかにユニークであっても，好ましくなければ意味がない。あるいはブランド連想がいかに好ましく，望ましいものであっても，消費者が実際に再生できるだけの強さを持っていなければ無意味である。同時に，強い連想のすべてが好意的なわけではなく，好意的な連想のすべてがユニークであるわけでもない。つまり，満たすべき信念は「強さと好ましさを備えたユニークさでなければならない」ということである。

特に，このユニークさは，他との違いを認識させる「ポイント・オブ・ディファレンス（point of difference：POD）」（Keller et al. 2002）とも呼ばれ，ポイント・オブ・ディファレンスを維持することでブランドは独自のポジショニングを確保することが可能となる（競争優位性の維持）。この POD も連想であることから，ブランドそのものやタレントイメージなどの非製品関連を通じたユニークさもあれば，信念や属性，便益（ベネフィット）といった面での独自性や弁別性などもあると考えられ，様々な次元で存在すると考えても問題ないだろう。一方で，カテゴリーメンバーとしての必要条件は，カテゴリーにふさわしく信頼できる製品だと消費者が認める「カテゴリー類似点連想」（Keller 1998, 邦訳 p.157）を保持することであり，これは「ポイント・オブ・パリティ（point of parity：POP）」（Keller et al. 2002）と呼ばれている[33]。

強くて好ましくてユニークなブランド連想やカテゴリー類似点連想を踏まえていくことで肯定的で気さくな反応（態度）を強め，同調していると感じる程度としてのレゾナンスが形成されることで，より強固なエクイティが構築される（図表1-17）[34]。このレゾナンスは，パフォーマンスやジャッジメントといった製品の特性や属性に基づく分析的・理性的な反応と，イメージやフィーリングといった使用者のイメージや購買・使用状況のイメージとその経験などに基づく感情的・情動的な反応の両側面を併せ持つ。その結果，顧客とブランドとの心理的な絆の強さを含めた行動としてのロイヤルティを形成するのである（Kotler and Keller 2006, p.262-263）。つまり，レゾナンスを形成するまでには，企業のマーケティング活動によるブランドの認知と連想を通じたブランド・エクイティを構築することが重要となるのである。で

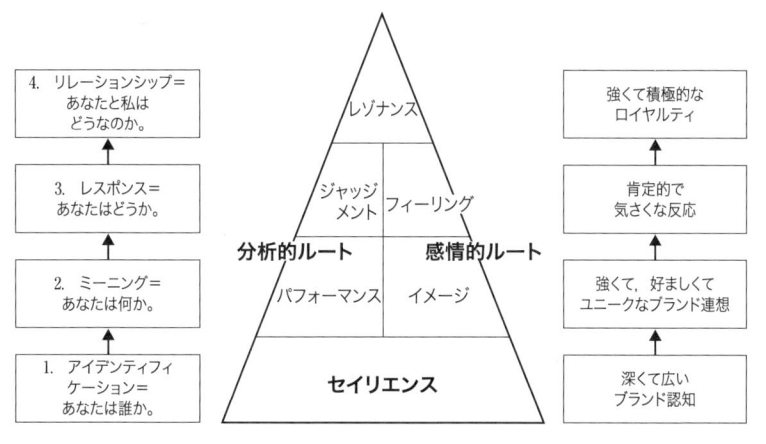

図表 1-17　ブランド・レゾナンス・ピラミッド

1. アイデンティフィケーション＝あなたは誰か。
2. ミーニング＝あなたは何か。
3. レスポンス＝あなたはどうか。
4. リレーションシップ＝あなたと私はどうなのか。

ピラミッド（下から上へ）：
- セイリエンス
- パフォーマンス（分析的ルート）／イメージ（感情的ルート）
- ジャッジメント／フィーリング
- レゾナンス

右側：
- 深くて広いブランド認知
- 強くて、好ましくてユニークなブランド連想
- 肯定的で気さくな反応
- 強くて積極的なロイヤルティ

（出所）　Kotler and Keller（2006, p. 263）に加筆して引用。

は，企業はどのようなブランドの認知や連想を高め，競争優位性を維持しようとするのだろうか。それが企業の戦略と関連するブランド・アイデンティティの研究を発展させていったのである。

4　ブランド・アイデンティティ

　Aaker（1996）によってブランドのあるべき姿としての「ブランド・アイデンティティ」概念が提唱されるようになり，強いブランドを構築するために，組織の中で明確化し共有化することが必須条件であるという点が強調されてきた。そのため，1996年から1999年はマーケティングの「起点」としてのブランド論の登場となる（青木 2006, p. 26）。ブランド・アイデンティティは「ブランド戦略策定者が創造したり維持したいと思うブランド連想のユニークな集合である。この連想はブランドが何を表しているのかを示し，また，組織の構成員が顧客に与える約束を意味する」（Aaker 1996, 邦訳 p. 86）と定義されているものであり，すべてのブランド構築活動のための基本となる。ブランド・アイデンティティを設定する場合，まず，消費者，競合，自社

（ブランド）といった3C（customer, competitor, company）の分析を通じて，①企業が提供できるもの，②顧客の期待，③競合との明確な差別化，がその視点として必要となる（Aaker 1996；阿久津・石田 2002, p. 137）。

次に，現状把握を踏まえつつ，ブランドが保有すべきアイデンティティとは何かを検討する必要がある。その場合，ブランドの提供する価値の深さとしての便益とブランドがもたらす連想の豊かさの両方を包含したものでなければならない。その核となる部分がAaker（1996）のモデルにおけるコア・アイデンティティであり，これは時代を超えターゲットに対してブランドの価値とユニークさを包含した要素で形成されるもので，価値提案や信頼性の元になる部分であり（Aaker 1996, 邦訳 p. 111），無くなってしまうとブランドが成立しえないような属性（Kapferer 2004, 邦訳 p. 65）とされているものである。そして，このコア・アイデンティティを詳細に表現していくために必要とされるものが，拡張されたアイデンティティである。ブランドは時代とともに適応すべき点と変えてはいけない点があるといわれるのはこの2つのアイデンティティと関連しており，拡張されたアイデンティティは時代とともに適応すべき点であり，コア・アイデンティティが変えてはいけない部分である。例えば，マクドナルドで言えば，フード商品の品質，サービス，クリンリネス（清潔さ），利用者，などがコア・アイデンティティであり，利便性や玩具，キャラクター，サブ・ブランドの商品，などが拡張されたアイデンティティであろう。

Aaker（1996）では，これらのアイデンティティは異なる4つの視点でまとめられており，（1）製品としてのブランド，（2）組織としてのブランド，（3）人としてのブランド，（4）シンボルとしてのブランド，が含まれる必要があるとしている（図表1-18）。

ただし，あくまでもブランド・アイデンティティはブランドのあるべき姿を決めていくだけであり，消費者が必ずしもアイデンティティをきちんと理解しているわけではない。そのため，ブランド・アイデンティティに求められる点は，広告をはじめとするメディアでの一貫性を維持しつつ，ブランドの機能的便益，情緒的便益あるいは自己表現的便益を含めた3つの便益を結合した価値提案（value proposition）によって効率的かつ効果的に消費者に

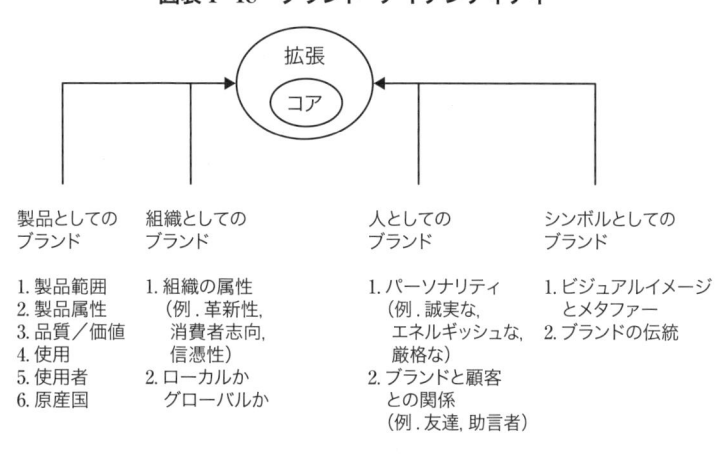

4節　ブランド論の変遷とブランド・マネジメント　81

図表1-18　ブランド・アイデンティティ

```
        ┌──────拡張──────┐
        │    ┌─コア─┐    │
        │    │      │    │
        │    └──────┘    │
        └────────────────┘
```

製品としての ブランド	組織としての ブランド	人としての ブランド	シンボルとしての ブランド
1. 製品範囲 2. 製品属性 3. 品質／価値 4. 使用 5. 使用者 6. 原産国	1. 組織の属性 　（例．革新性， 　消費者志向， 　信憑性） 2. ローカルか 　グローバルか	1. パーソナリティ 　（例．誠実な， 　エネルギッシュな， 　厳格な） 2. ブランドと顧客 　との関係 　（例．友達，助言者）	1. ビジュアルイメージ 　とメタファー 2. ブランドの伝統

（出所）　Aaker（1996, p. 79）より引用。

伝達，提案していくことで，信頼性（credibility[40]）を高め，他ブランドに対する優位性（ブランド・ポジション）[41]を持ち，顧客との関係性を構築していくことが重要となる（Aaker 1996, p. 68；Aaker and Joachimsthaler 2000, 邦訳 p. 7)[42]。

しかし，コミュニケーション「戦略」とコミュニケーション「活動」とのズレ，および，競合のコミュニケーション戦略による様々なバイアスによって，実際に消費者が描くブランド・イメージはその影響を受けたものとなり，「真のブランド・アイデンティティ」[43]とはかけ離れたものとなることも多い（cf. 新倉 2005, p. 186-188）。

このように，ブランド・アイデンティティとブランド・イメージは必ずしも一致していないこと，また消費者のブランド・イメージは競合や社会といった様々なコンテクストの影響を受け，絶えず日々変化している（cf. 新倉 2005, 阿久津・石田 2002）。そのため，製品の多様化が進む多くの製品カテゴリーにおいて，ブランド・コミュニケーションを通じ，企業と消費者の間でブランド知識やコンテクストを共有することが近年，ますます重要となってきたのである（cf. 阿久津・石田 2002）[44]。つまり，「いかにしてブラン

ドのエクイティを高めるか」「いかにして強いブランドを構築するか」といった実践論，具体論へと議論が移行していき，2000年頃から Schmitt（1999），Pine II and Gilmore（1999），Schmitt（2003），Lindstrom（2005）などによって，ブランドそのものを通じた経験を構築する接点づくりが重視されるようになった。これが「ブランド・エクスペリエンス」の視点であり，時代はマーケティングの「仕掛け」へと変遷してきたのである（青木 2006, p.26-27）。

5　ブランド・エクスペリエンス

　ブランド論の中心が，エクイティやアイデンティティからエクスペリエンスへと至った背景には3つの要因があると考える。

　第一の要因は，消費者行動研究の視点である。上述したように，これまでの消費者行動研究は購入後のプロセスにあまり焦点を当ててこなかった。しかし，消費のプロセスにおけるブランドとの関係構築（体験や経験），あるいはメディアやコミュニケーションを通じた接点といった消費の文脈が現代の消費にはより重要となりつつあるため，その接点の持ち方が問われるようになってきたのである。

　第二の要因は，伝統的なマネジリアル・マーケティングは機能的特性（functional）と便益（benefit）の「F&Bマーケティング」（Schmitt 1999）であるとし，情報処理アプローチを中心とした実証主義的なアプローチだけでは消費者を捉えきれなくなってきたという点である（Schmitt 1999）。上述の Aaker（1991）や Keller（1998）を中心とした議論も「コミュニケーションを通して顧客に訴求していく（あるいは，その結果としてイメージや知識として残していくべき）製品・サービスそれ自体の価値（便益）の次元であった」（青木 2006, p.31）こと，Aaker（1996）[45]のブランド・アイデンティティも人としてのブランドやシンボルとしてのブランドといった議論はあるものの，機能的便益，情緒的便益，自己表現的便益という次元の異なる3つの便益による価値提案でしかないことから，1990年代までのブランド論は便益の枠組を前提にしており，Schmitt（1999）の言う「機能的特性と便益（F&B）」が中心であったと考えられる。

Schmitt（2003, p. 41）でも，1990年代までのブランドの捉え方は，「アイデンティファイア，アイデンティティとしての所有者と品質保証を示す印であり，記憶に残り価値のあるブランド経験から生じる感覚的，情緒的，認知的連想を見落としている」としている。

　第三の要因はコモディティ化の問題である。上述したように，これまでのマネジリアル・マーケティングが主に購買までに焦点を当て，消費の多様化に対応するために製品名やブランド名を変えて次々と販売していくF&B型のリセット型マーケティングの方法を取ってきたことで，コモディティ化が促され，ブランドはその価値を失っているためである。

　コモディティ化を回避するには，ブランドが経験を演出していくことで消費者により高い付加価値を提供することが重要となる（cf. Pine Ⅱ and Gilmore 1999）。図表1-19を参照してほしい。これは経済システムの発展と経済価値の進化を示したものである。経済価値においてモノがコモディティ品である場合，代替可能物として扱われるため[46]，カスタム化は不可能であるが，製造を通じて製品となることで差別化が可能となる。しかし，製品間の競争が激化することで差異は次第になくなる。そのため，製品が競合品と差別性を拡大していくには提供方法をカスタム化することでサービス価値へと競争のステージを変えていくことが必要となる。さらに，サービスを演出するカスタム化によって，消費者は経験を享受する（Pine Ⅱ and Gilmore 1999）。この図表1-19には，さらに続きがあり，経験がカスタム化されることで消費者を変革へと誘導していく（Pine Ⅱ and Gilmore 1999；Gilmore and Pine Ⅱ 2007）[47]。上位の経済価値を満たしていくほど消費者の個別ニーズへの適合度は高まるため，差別性は大きくなり，より独自性を強めた競争優位性を構築することが可能となる。

　近年，経済価値が経験を通じた（自己）変革価値へと変化しつつあることから，ブランドそのものが自己にどのような経験をもたらしてくれるのか，どのような変革へと導いてくれるのかといった消費者とブランドそのものとの関係（接点）のあり方がより重要となってきているのである。そのため，議論の中心も，体験消費（和田 2002），消費経験（石井 2006a）といった消費者行動研究の新しい潮流に基づきながら，ブランドとの共創（和田 2002）

84 第1章 問題設定

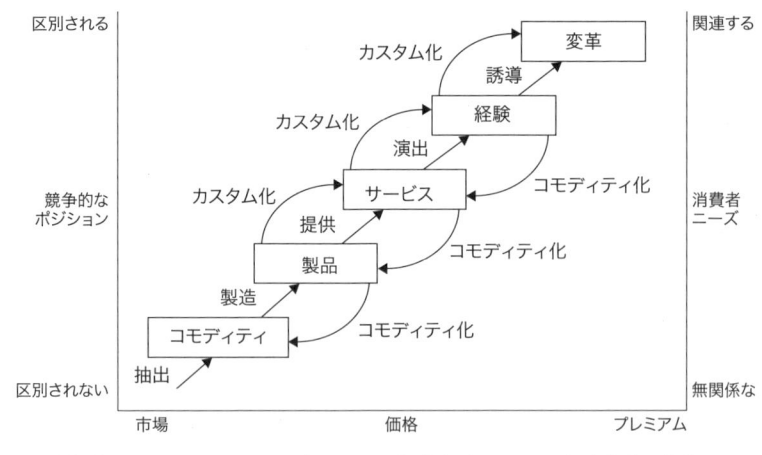

図表1-19 経済システムの発展と経済価値の進化

```
区別される                                    変革        関連する
                            カスタム化    誘導
                   カスタム化       経験
                              演出
           カスタム化    サービス      コモディティ化
競争的な       提供                            消費者
ポジション        製品      コモディティ化         ニーズ
       製造
   コモディティ    コモディティ化
区別されない  抽出                         無関係な
      市場           価格        プレミアム
```

（出所） Pine II and Gilmore（1999, p. 166），青木（2009, p. 111）を参考に作成。

やブランド・マネジメント（石井 2006a）による関係性マーケティングを基軸としたブランド・エクスペリエンスの議論を拡大させていったのである[48]。

ブランド・エクスペリエンスを代表する「経験的マーケティング」（Schmitt 1999）は，感覚（sence），感情（heart），精神（mind）への刺激によって引き起こされる経験に焦点を当てた「プロセス志向」[49]であり，購買後や消費している間に生まれる経験にこそ真の意味での顧客満足やロイヤルティが生まれると主張している（Schmitt 1999 ; 2003）。

そして，経験は唯一無二であるため，マーケターは顧客に経験をもたらす「提供者」として日々自問し，目新しさを提供しなければならない[50]（Schmitt 2008）。その実践のためのアプローチとしての「顧客経験マネジメント（customer experience management : CEM）」[51]が重要となる。ただし，Schmitt（1999）は伝統的な F&B マーケティングを全面的に否定しているわけではなく，目標設定，市場細分化，戦略的ポジショニングといった基本的な戦略的概念については必要性を示している。そのため，経験的マーケティングは，ただ1つの方法論的イデオロギーにしばられたものではなく，消費者の経験に焦点を当て，消費を包括的な経験として扱い，理性(分析的)

図表1-20　顧客経験マネジメント・フレームワークの5段階

第一段階	顧客の経験的世界を分析する
第二段階	経験的プラットフォームを構築する
第三段階	ブランドの経験をデザインする
第四段階	顧客インターフェイスを構築する
第五段階	継続的なイノベーションに取り組む

（出所）　Schmitt（2003, p. 25）より引用。

と感情的な消費の両方を認めているのだという（Schmitt 1999, p.30）。この考え方に基づく顧客経験マネジメントのステップは，図表1-20の5段階で構成されている。

　第一段階は，顧客の経験的世界を分析する段階である。顧客の「日常的な環境」で定性調査や観察を行い，顧客が行動を起こす社会文化的な意味やライフスタイルを分析し，インサイトを発見することで経験の対象を理解することである[52]。

　第二段階は，経験的プラットフォームを構築する段階であり，これは，上述のブランド・アイデンティティを顧客経験マネジメントの視点で考えていこうというものである（Schmitt 1999, p. 30-31）。具体的には五感に訴える多くの次元からなる描写によって，即座にそのブランドが何者なのかを具体的に理解させる「経験的ポジショニング（experiential positioning）」，顧客が製品に期待できる特別な価値，あるいは顧客がブランドを通じた経験から獲得するものとしての「経験的価値プロミス（experiential value promise：EVP）」，それらをまとめたメッセージのスタイルと内容である「全体としての実現テーマ（overall implementation theme）」を設定していくことである。この経験的価値プロミスは，(1) SENSE（感覚的経験）[53]，(2) FEEL（情緒的経験）[54]，(3) THINK（創造的・認知的経験）[55]，(4) ACT（肉体的経験とライフスタイル全般）[56]，(5) RELATE（準拠集団や文化との関連付け）[57]といった5つの戦略経験的ユニット（strategic experiential modules：SEMs）を検討することで得られる。

第三段階は，ブランドの経験をデザインする段階である。ブランド要素であるロゴやサイン・ブローシャー・パッケージ・広告などの「ルック＆フィール」，および，デザイン・カラー・形状に関わる審美的な要素の設計を行うものである。

　第四段階は，顧客インターフェイスを構築する段階である。顧客と企業との間で発生する情報やサービスの具体的なやりとりとコミュニケーションの場の設計である。上述の5つの戦略経験的ユニットと経験プロバイダーと名づけられた仕掛け（コミュニケーション，アイデンティティ，製品，コ・ブランディング，環境，ウェブサイト，人々）を組み合わせたマトリックス状の「経験的グリッド」によって価値提供（実践）していくものである[58]（図表1-21）。

　最後の第五段階は，継続的なイノベーションに取り組む段階である。競争に遅れを取らないように，常に経験価値を高めなければならない。ここで示すイノベーションとは，あらゆる顧客接点において重要となるすべての製品やサービス，コミュニケーションを改良していくことであり，より良い経験価値を提供するための製品開発やマーケティングにその改良点を組み込むことである。

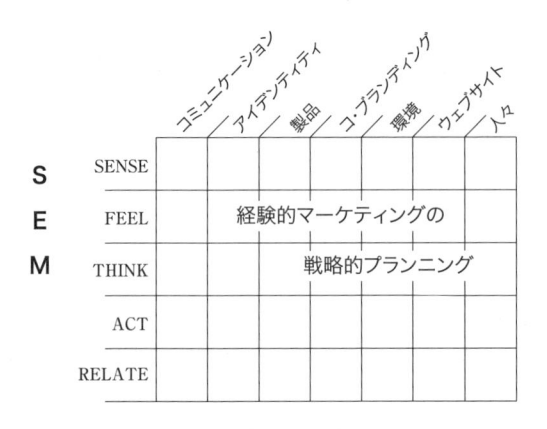

図表1-21　経験的グリッド

	コミュニケーション	アイデンティティ	製品	コ・ブランディング	環境	ウェブサイト	人々
S SENSE							
E FEEL	経験的マーケティングの						
M THINK	戦略的プランニング						
ACT							
RELATE							

（出所）　Schmitt（1999, p.74）より引用。

このような段階を通じ，顧客との経験をマネジメントしていくことで，経験価値をベースとした情動的な絆（emotional bonding）が形成され，それが永続的な関係性形成の基盤となり（青木 2006, p. 29），ブランド・ロイヤルティの形成と，その結果として記憶の中に知識としてのブランド・エクイティが蓄積されていくことになるのである。

このように，ブランド論の議論の中心がブランド・エクスペリエンスへと変化してきたことで，「ブランドの価値」についても新しい解釈がなされるようになってきた。従来のブランド論であれば，基本属性や便益などの基本的要素にも価値があるとされてきたが，和田（2002）によれば，消費者との強い絆を形成するブランドに必要とされる価値[59]は，感動を生み出す「感覚価値」や「観念価値」だけであり，製品カテゴリーとして当然満たすべき「基本価値」や，便利に楽しくたやすく使えるといった「便宜価値」などの効用に基づく価値にブランドの価値は無いとしている（図表1-22）[60]。

あくまでもブランド価値[61]は企業の目標と競争条件との適合度によって決まること（青木 1995, p. 12-13），また，ブランドのコモディティ化や低価格化しつつある現状を鑑みれば，競争のレベルはもはや下位の価値ではないことからも，この主張は理解できる。ただし，より上位の価値は主観的であることから万人受けしない（和田 2002）[62]。この点を考慮すると，ブランドの価値を認める消費者は限定され，その限定された消費者との深い信頼関係を構築することが重要になってくるということであろう。

6　小括

ここまでブランド論の変遷について議論してきたが，注意しておきたい点は，ブランド論の議論の中心が変遷してきただけであり，決してブランド・ロイヤルティやブランド・エクイティの概念が消滅したわけではない。むしろ，ブランドに関する様々な概念がそれぞれの立ち位置において確立，発展してきていると考えるべきである。そこで最後に各ブランド概念の立ち位置を整理しておく。

図表1-22　ブランド価値の内容と構成

ブランド価値＼側面	ブランドの価値内容	ブランド価値構成
基本価値	製品の品質そのもの	・品質信頼度 ・品質優良性評価度
便宜価値	製品の購買・消費にかかわる内容	・製品入手容易度 ・製品使用容易度
感覚価値	製品およびパッケージ，広告物，販促物に感じる楽しさ，美しさ，可愛らしさ，心地よさ，目ざわり，耳ざわりのよさ，新鮮さなど	・魅力度 ・好感度
観念価値	ブランド名およびブランド・コミュニケーションが発信するノスタルジー，ファンタジー，ドラマツルギー，ヒストリー	・ブランド・コミュニケーションに対する共感度 ・自らのライフスタイルとの共感度

（出所）　和田（2002, p.66）より引用。

　ブランド・ロイヤルティはブランドと消費者との「関係（絆）の強さ」について議論しているものであり，ブランド・エクイティはマーケティング活動の結果として消費者の記憶に形成される知識との関係，ブランド・アイデンティティは「企業側」が構築したいと考えるブランドのあり方の議論，そしてブランド・エクスペリエンスは強いブランド・エクイティ構築のためのブランドそのものと消費者との「具体的な接点構築」を議論したものであるということである（図表1-23）。

　このように様々なブランド概念の視点を用いながら，起点としてのブランド（ブランド・アイデンティティ）を目に見えるものにしていくプロセス（可視化のプロセス）がブランド構築（青木 2006, p.35）である。その仕掛けとしてのブランド・エクスペリエンスという具体的な接点を通じ，生活者の生活シーンと頭の中に確固としたポジションを獲得していく。その接点を通じた具体的な経験は消費者の肯定的な感情（態度）を醸成する。経験を通じた知識が結果的にブランド・エクイティとして消費者の記憶に蓄積されていく

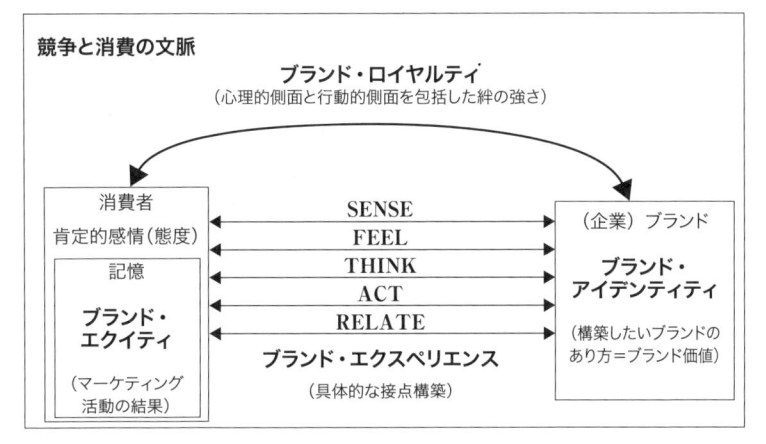

図表1-23 各ブランド概念の位置づけ

```
競争と消費の文脈
                    ブランド・ロイヤルティ
              (心理的側面と行動的側面を包括した絆の強さ)

  消費者                                      (企業) ブランド
  肯定的感情(態度)    SENSE
                    FEEL
  記憶              THINK                    ブランド・
                    ACT                      アイデンティティ
  ブランド・         RELATE
  エクイティ     ブランド・エクスペリエンス
                                             (構築したいブランドの
  (マーケティング   (具体的な接点構築)         あり方=ブランド価値)
  活動の結果)
```

(出所) 筆者作成。

　ほど肯定的な感情と相まって，ますますブランドと消費者との絆（ロイヤルティ）が強固になっていく。その絆の強さが強まるほどより明確な共創相手[64]となり，ブランドはコモディティ化へと向かう競争から抜け出すことが出来るのである（cf. 和田 2002；Schmitt 2003；石井 2010）。

　ここまでの議論から，本書で取り扱うブランド論は上記の整理に従う。ブランド・エクイティは記憶に貯蔵されているブランド知識であり，そのブランド・エクイティの形成とそれに関連するカテゴリー構造の形成要因との関係は第2章4節の記憶システムで詳細に議論していく。ブランドがライフスタイルに入り込むためにはカテゴリーの構造に沿ったブランド・ロイヤルティを形成することが必要となるため，その検証には心理的側面と行動的側面を包括したロイヤルティを用いる。なお，そこで検討するロイヤルティ醸成の方法論は，Schmitt（1999）に従い，分析的な視点と包括的な視点の両面から捉えていくことにする。

[注]

1 これまでにもロイヤルティの研究は数多くなされており，その定義も様々である。
2 自社ブランドのマーケットシェアが十分高いか，あるいは，現在の顧客数をこれ以上増やす必要がない場合には，顧客ロイヤルティは価格の維持あるいは向上に活用すべきである（内田 2004, p. 273）。
3 ブランド・ロイヤルティの測定に関する研究は寺本（2005）も参照のこと。
4 例えば，ダイエットコークの場合，購入者の3分の1で年間売上高の84％を占めている（Hallberg 1995）。
5 それ以前にも Bennett and Kassarjian（1972）がブランド・ロイヤルティを「感情的あるいは認知的な次元のものであり，行動はそのひとつの結果として伴うもの」として述べている（同邦訳 p.77）。しかし，Jacoby and Chestnut（1978）が本格的な契機であるとされたのは，その当時までに行われて来た300以上のロイヤルティ研究を（1）購買行動面，（2）ブランド選好やブランドへの態度，（3）購買行動と心理的側面の両方，の3つのタイプに分類しているためである。併せて和田（1984）も参照のこと。なお，小野（2002, p.60）によれば，これまでの（1）の購買行動面は，購買割合（proportion of purchase），購買継起（sequence of purchase），購買確率（probability of purchase）の3つに分けられるとしている。
6 しかし，店頭における競合品の大量陳列や安売り，ブランドの欠品などにより，ブランドに対する強い選好とは別の理由でスイッチする場合がある（cf. Dick and Basu 1994 ; Keller 1998 ; Oliver1999）。
7 満足度はブランド・ロイヤルティの一要因となりうるが（Oliver 1999），必ずしも両者間は線形の関係ではない（小野 2002 ; 藤村 2006, p. 133）。顧客満足がある水準を超えた場合に，ロイヤルティは急速に向上するが，満足水準がそれ以下の水準にある場合には，満足水準の変化はロイヤルティに影響を及ぼさないということが先行研究からわかってきているという（藤村 2006, p. 35）。
8 主に顧客履歴データベースを用いたデータ・マイニングの分野において利用されている。
9 本書のコミットメントは，特定ブランドに対する関与の一形態である「ブランド・コミットメント」を議論の対象とする。コミットメントの先行研究は組織や特定の交換相手を想定したリレーションシップ・コミットメントの研究が多い（井上 2003）。このリレーションシップ・コミットメントは，特定の交換相手との関係に対して深く関わり合おうとする当事者の心理的状態を示すものであり，相手に対する結びつきの感覚，傾斜といった心理的状態，あるいは当該関係に対する重要性の認識によって特徴づけられるもので（久保田 2006a, p. 115-118 ; 2008, p. 34），「ある交換相手に対する結びつきの意識と，その相手との関係に対する重要性の意識によって特徴づけられる比較的安定した肯定的態度」（久保田 2006b, p. 64）と定義されている。本書では，リレーションシップ・コミットメントとブランド・コミットメントは別の概念として考えるが，久保田（2008, p. 34）にあるように，リレーションシップ・コミットメントとブランド・コミットメントは「知識構造に対するのめ

10　ただし，コミットメントの次元に関する表記や捉え方には相違が見られ，ブランド・コミットメントの構造についての研究はいまだ途上にある（井上 2009, p.6）という。

11　清水（2007）の指摘も参照のこと。

12　感情的コミットメントには，他の商品よりも高くても購入，この商品が店頭にない場合他で買う，値引きをされていなくても購入，友人や知人に勧める，といった項目を用いて分析している。

13　過去の研究では，参照価格が下がると消費者の心理的要因がどう変化するのかまでは言及されていなかったという（清水 2008b, p.15）。

14　とりわけ，継続的な関係性（リレーションシップ）を前提とした場合，反復購買やサービスの反復利用が行われていることから，消費・購買は循環しているのであり，ロイヤルティとコミットメントのどちらが先にあるかといった前後関係（あるいは因果関係）をここではあまり重視しない。むしろ，両概念は購買や消費の反復の中で形成されるため，本書ではロイヤルティの枠組におけるより高次の状態としてコミットメントの概念を位置づけるにとどめる。

15　消費者が自己とブランドを個人的に重要なつながりとして受け入れるのは，(1) ブランドが感情的，快楽的あるいは美的な喜び，また，苦痛を取り除いてくれたことによる喜びと安らぎを感じさせてくれるとき，(2) 安心と安全の提供によって，心理的に自己が快適になるときである。ブランドはその表象によって消費者の自己を豊かにし，自己欲求や活動の定義や表現となることで，多くの経験を通じ，消費者の個人的目標の達成を手助けする（Park *et al.* 2008, p.8）。

16　青木（2004, p.105-106）によれば，顧客と特定ブランドとの間の絆（bond）をブランド・コミットメントという態度的な概念として捉えた場合，その源泉を感情的な源泉／認知的な源泉に類型している。感情的な源泉にはここで取り上げたようなアタッチメントや情動的なフィーリングが該当し，属性といった視点よりもブランドの全体的な判断からもたらされるものであり，他ブランドへの代替を低減させる傾向があるという。一方の認知的な源泉には知覚リスクや競合ブランド間での品質・性能に関する知覚差異による認知的コミットメント（あるいは「計算的コミットメント」）が該当する。この認知的コミットメントは特定ブランドの反復的・継続的購買という関係に対するコミットメントであり，「スイッチング・コスト」という構成概念とかなりの程度に重複している。本書もこの視点に従い，アタッチメントを感情的な源泉として検討したものである。

17　Aaker（1991, 邦訳 p.23）によれば，ブランド・ロイヤルティはブランド・エクイティの次元のひとつであると同時に，その影響を受ける存在であることを示している。つまり，ブランド・ロイヤルティはブランド・エクイティの原因にも結果にもなるということで，両概念は強い相関関係にあると言え，双方にとって重要であることは間違いない。

18　なお，ブランド・エクイティの概念については1980年半ば頃から既に議論がなされており，1988年にはマーケティング・サイエンス協会での統一テーマとなって

19　価値を増やす要因がブランドにとっては資産であり，価値を減少させる要因は負債になるということだと考える。
20　認知率が高いほど安心感を得るため，そのブランドを購入する割合が高まる（Aaker 1991）。なお，認知には再認と再生，トップ・オブ・マインド（最初に想起されるブランド），支配的ブランド（想起される唯一のブランド）まで幅があり，再認や再生はブランドを単に記憶しているという以上のシグナルである（Aaker 1996, 邦訳 p.12）。ただし，これらの記憶からの想起は市場の寡占状況や競争構造によって異なると考えられる。
21　（正確な知覚ではなくても消費者が）知覚する品質が高いほど，プレミアム価格を維持でき，購買決定やブランド・ロイヤルティに影響を与える。また，この知覚された品質はブランド拡張の基礎となるものであり，ブランドがある状況で評価されれば，関連する状況で高い品質であると推測されるものである（Aaker 1996, 邦訳 p.26）。
22　例えば，使用状況や所有，経験に基づいたブランド連想はブランドへの正の態度や感情を引き起こすことで，それが購入理由につながる。そのため，競争業者にとっては障壁になり得るものである（Aaker 1996, 邦訳 p.27-28）。
23　パテント，トレードマーク，チャネル関係のような，顧客との接点以外の所有権のある資産を指す（Aaker 1996, 邦訳 p.28-29）。
24　ブランド・エクイティの概念はマーケティング戦略におけるブランドの重要性を引き上げ，マネジメント上の関心を高めるとともに，研究者の注目を集めることとなった。しかし一方で，ブランド・エクイティは明確に定義されておらず，研究者によって異なるという（Keller 1998）。ただし共通点は，(1) ブランド要素（ブランド・ロゴ，ネーム，イメージなど）に結びついたマーケティング効果という視点での定義であること，(2) 過去の投資の結果，製品に付与された価値，(3) エクイティの創造や測定，活用法は多様であるが，価値の評価の公分母としてエクイティが使えること，などがある（同邦訳 p.76-78 参照）。なお，各研究者の定義は同邦訳の p.77 に提示されているもの以外に，「ブランドの客観的なベネフィット信念へのブランド名，パッケージ，ロゴの積算された貢献」（Rossiter and Percy 1997, 邦訳 p.264）などがある。
25　ブランド名（あるいはロゴマークなど）といった情報要素の下に，当該ブランドに関する属性情報や便益情報が集約され，ひとつのチャンクとなった知識形態である（青木 2009, p.53-54）。なお，阿久津・石田（2002）では文脈（コンテクスト）を前提に議論しているため，Keller（1998）とは異なり，ブランド・イメージはブランド知識より広い概念として捉えられている。そこではブランド・イメージに広がりがある方が良いとしており，その理由はブランド・イメージの広がりの中に連想品質の良いものがブランド・ロイヤルティにつながるケースが多いためである（阿久津・石田 2002, p.184）としている。そして，このブランド・イメージを把握する目的は，新しいブランド知識を創造したり，新たなコンテクストを機能させたりする可能性を探索することで，最終的には「理想的なブランド・イメージ」を作

26　Aaker（1991）におけるブランドの連想，名前の認知，知覚された品質といったブランド・エクイティの指標となるいくつかの視点は，Keller（1998）によって消費者側からのブランド知識として捉えられている。とりわけ，ブランドの連想に該当するブランド・イメージは非常に幅広いイメージの広がりを持つことが述べられている。

27　「ブランド・エクイティがまさにエクイティ（資産／価値）として蓄積されているのは企業の中ではなく，消費者の中それも記憶というメカニズムの中」（田中・丸岡 1995, p.23）である。

28　ブランド再生を純粋想起，ブランド再認を助成想起ともいう。

29　反復や頻度が高まれば，なじみ度が高まるため，ブランド再生よりもブランド再認に効果がある（Keller 1998, 邦訳 p.84）。

30　ブランド名が提示されると，ブランド名，カテゴリー，ロゴやパッケージ，音楽などのアイデンティファイアが検索に用いられ，同定（アイデンティファイ）が行われると仮定すれば，検索されやすいブランド記憶構造と記憶内容を持つことは「強いブランド」の条件であり（田中・丸岡 1995, p.31），思い出しやすさ（salience）やアクセスしやすさ（accessibility）も記憶との関係に強く依存している（Keller 1991）。広告や店頭，他人の使用を見た場合などではシンボルマークやロゴタイプ，キャラクターといったものが接点となるが，個々人にとっての「ブランドアイデンティファイア」は，様々である（田中・丸岡 1995, p.31）。

31　態度は行動の基盤となるものであり，好き嫌いや良い悪いといった「方向性」，同じ否定的な方向性でも「死んでも嫌」といったり「なるべくなら避けたい」といったりするように，「強さ」に違いがある。また，態度の成分には，2つの考え方があり，態度とは対象への感情であるという単一要素モデル，態度とは認知的成分，感情的成分，行動的成分の3要素で形成されるモデルがある（中谷内 1997, p.149）。複数の要素で形成されている態度の例として，阿久津・石田（2002, p.165）があり，「良い・悪い」という品質や性能に関わる態度，「好き・嫌い」という好ましさに関わる態度，自分の価値観やライフスタイルに「合う・合わない」という適合性に関わる態度の3つと，それらが統合された結果生まれる「欲しい・欲しくない」という欲求に関わる態度で分けている。そして，これらの態度は「買う・買わない」という行動の意図につながるとしている。

32　精緻化見込みモデル（elaboration likelihood model：ELM）は（Petty and Cacioppo 1986）を参照のこと。

33　POP には2つあり，必要点（当該製品カテゴリーに最低限求められる必要部分）と競合点（競合ブランドの相違点を相殺する部分）である。ブランドの競争はこのような便益間で起こりやすいと Keller（1998）は主張する。

34　レゾナンスは分析的ルートと感情的ルートを踏まえていることから，上述のアタッチメントに近いロイヤルティであると考えられる。ただし，レゾナンス，コミットメント，アタッチメントといった概念間の整理は十分に行われておらず，このあたりの概念整理とその研究を深めていく必要があると考える。

35 ブランド・アイデンティティの定義には他にも,「企業が望むブランドのあるべき姿であり, 顧客や社会にブランドをこのように受け止めてもらいたい, こうした連想をしてもらいたいと思う姿を表したものである」(阿久津・石田 2002, p.116) などがある。

36 製品に関連した連想を指すものであり, (1) 製品範囲 (カテゴリー) との関連の強さ, (2) 製品属性 (使用や購買に直接関連する属性であり, 機能的便益や情緒的便益などを提供するもの), (3) 品質および価値 (知覚される品質の良さ), (4) 用途 (他ブランドと異なる特定の用途を持つ場合, 競合より優位に立てることがある), (5) ユーザー (使用者像などの連想であり, 人としてのブランドとも関連する), (6) 原産国 (生産された国とブランドの結びつきがブランドに信頼性を付加する), といった点が挙げられている (Aaker 1996)。

37 組織属性が該当する。例えば, 革新, 品質へのこだわり, 環境への関心, ローカルかグローバル志向か, といった組織文化や価値などの企業方針や思想である (Aaker 1996)。

38 人と同じようにブランドもパーソナリティを持つと考えられており, このパーソナリティがブランドと顧客との関係の基礎となる考え方である (Aaker 1996)。

39 強いシンボルはアイデンティティにまとまりと構造を与え, 再生と再認を容易にする。とりわけ, ビジュアルイメージとしてのロゴやシンボルがメタファー (隠喩) を伴った便益を表す場合にはより重要となる。また, 鮮明で意味のあるブランドの伝統もブランドの本質を表現することができる (Aaker 1996)。

40 岡山 (2010) では, 信頼性の概念を3つ (reliability, trust, credibility) に区分し, これらの総体によって信頼関係が成立するという前提を置いている。reliability は企業の提供する機能的な品質や便益の側面における信頼であり, trust は企業やブランドに対する顧客のイメージの知覚側面の信頼の一部を表現し, これらは企業やブランドの能力 (expertise) と信憑性 (trustworthiness) から形成される概念としている。credibility は信頼性の上位概念として企業の感情的な絆や関係性を示す信頼関係における側面を表現している。

41 ブランド・ポジションは Aaker (1996, 邦訳 p.90) を参照。石井 (1999) もブランド・ポジショニングを競合との関係において設定されるものであると考えている点で共通している。

42 さらに近年, 多くの企業の管理領域が単一ブランドから製品カテゴリーへとその管理の対象を拡大しつつある。とりわけ, 複数の製品カテゴリーやビジネス・ユニット内にある複数のブランドを協調させ, ブランド群としてのインパクトや強いシナジーを生むための統合的ブランド・マネジメント体系として「ブランド・リーダーシップ」が提唱されてきた。これは企業がその資産としてのブランドを構築することを目標としたものであり, 企業側の管理指標的な視点としてのブランド・エクイティ (Aaker 1991) とブランド・アイデンティティ (Aaker 1996) の両概念を包含している (Aaker and Joachimsthaler 2000)。

43 「理想的状態としての現在のブランド・アイデンティティを超えた次元に存在すると仮定すべきもの」(新倉 2005, p.187), 普遍的統一性を持ったブランド価値 (石

井 1999, p. 97），ブランドの価値の源泉，ブランドの（他に変わりうるものがない）「絶対的な本来の価値（意味）」（石井 1999, p. 112）であり，企業組織内で形成された「本当の意味で提案したい」ブランド・アイデンティティであると考える。ブランド・アイデンティティの根底にある，ブランドのフィロソフィーをベースにした「ブランドの世界観」（阿久津・石田 2002, p. 117）とも言える。

44　コミュニケーションという双方向の対話を通じ，企業と消費者間で同じ知識を共有し，コンテクストとして機能するようなダイナミックな流れを作っていく「コンテクスト・ブランディング」であり，接点構築のあり方が重要であるとしている（阿久津・石田 2002）。特に重要とされているのが，ブランド・コミュニケーションの構造である「メディア」（どのような手段や方法で伝えるのか）と「メッセージ」（だれが，何を，どんなストーリーで伝えるのか）である（阿久津・石田 2002）。

45　ここまで見てきたように，Aaker (1991；1996)，Aaker and Joachimsthaler (2000) では機能的便益，情緒的便益，自己表現的便益，Keller (1998) では属性と便益（機能的，象徴的，経験的）と態度がその中心であった。

46　真のコモディティは代替可能であり，物質的に変換できないためカスタマイズは不可能である（Pine II and Gilmore 1999, 邦訳 p. 117）。

47　Gilmore and Pine II（2007, 邦訳 p. 82-136）によれば，経験価値の経済へと進化してきたことにより，消費者は自分像に合致する「ほんもの」を買うようになってきているという。この「ほんもの」と見なされるものは，5つの経験価値のそれぞれに対応させて適用できるとしている。(1) コモディティは自然であること，(2) 製品はオリジナルであること，(3) サービスは例外的であること，(4) 経験は人間の歴史，我々が共有している思い出や願望（時代・場所など）を参照したものであること，(5) 変革は消費者を高い目標へと導くことや望ましい手段を通じて，他者の存在に影響を与えるものである。

48　本書の依拠する関係性マーケティングのパラダイムは，「『はじめに関係ありき』の世界が出現して，長期継続化する関係を交換に先だってつくりあげてしまう——これをマーケティングの中心的な課題だと考える」（石井他 2004, p. 393）こととする。本書は主に消費財を対象にしていることから，顧客との関係性を創造し，維持する役割を担うのがブランドであり，ブランドを主軸とした活用やブランドの育成としてのブランド・マネジメント（石井他 2004, p. 446-447）が議論の中心となる。

49　満足の概念は結果志向（あるいは結果のひとつ）であり，経験はプロセス志向である。ショッピング経験は単に欲しいものを手に入れる以上のことがあるように，顧客の経験に注意を払えば，満足は自然に生まれる（Schmitt 2003, p. 14-15）。

50　Schmitt (2003) では企業と何らかの接点を持つ特定の消費者を顧客として論じていることから，本書の4節におけるブランド・エクスペリエンスでは顧客に統一して議論する。

51　いくつかのブランディングの課題はブランドのロゴ，シンボル，広告が問題ではなく，ほとんどがブランドを通じた顧客の経験の問題である（Schmitt 2003, p. 35）。

52　製品やブランドの経験は製品カテゴリーから影響され，製品カテゴリーは使用や消費状況に影響される。そして，消費は社会文化的な背景を持つため，消費者は4

つの層すべてから経験価値を導き出す刺激を受けている（Schmitt 2003, p. 62-65）。さらに顧客は競合が提供する経験価値との相対比較によって捉えるため，競合のベンチマークも重要となる。

経験価値世界の4層

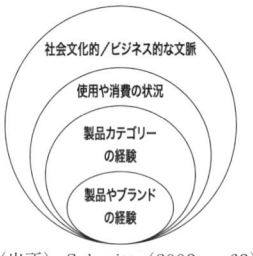

社会文化的／ビジネス的な文脈
使用や消費の状況
製品カテゴリーの経験
製品やブランドの経験

（出所）Schmitt（2003, p. 63）より引用。

53　視覚，聴覚，触覚，味覚，そして嗅覚を通じて感覚的経験を生み出すために感覚に訴えるものであり，顧客に対する感覚的インパクトを引き起こすことが必要となる（Schmitt 1999, p. 64）。

54　ブランドと結びついたポジティブな気分から喜びや誇りといった強い感情までの情緒的経験を生み出すために，顧客の内面にあるフィーリングや感情に訴えるもので，消費の最中に発生する。ある種の感情やものの見方を確立したり共感したりする消費者の意欲を引き出すための理解が重要となる（Schmitt 1999, p. 66）。

55　顧客の創造力を引き出すような，創造的認知，問題解決的経験を通して顧客の知性に訴えるものである。驚き，陰謀（興味をそそる），挑発などの感覚を利用して，売り手側の主張や問題解決を提案する収束的思考と連想を広げる発散的思考がある（Schmitt 1999, p. 67, 144-146）。

56　肉体的な経験，ライフスタイル，他人との相互作用に訴えることを目的としている。顧客の身体的な経験（身体を使った体験など）を強化したり，これまでにはない新しいやり方を用いて顧客に経験を提供したり，今までとは違うライフスタイルや他の人々との相互作用を取り上げることにより，顧客の生活を豊かにすることを目的とする（Schmitt 1999, p. 68）。

57　他のSENSE, FEEL, THINK, ACTとも重複する側面を持つ。しかし，RELATEマーケティングは個人の私的なフィーリングを対象にするだけでなく，自分の理想像や他の人，あるいは特定の文化やグループに所属しているという感覚を個人に持ってもらうものである。自己実現への欲望，他者に好意的に受け入れられたいという欲求に訴えるものや，社会システム（サブカルチャーや国家）を通じた強いブランド・リレーションやブランド・コミュニティが構築されるものである（Schmitt 1999, p. 68）。

58　戦略的経験価値モジュール（Schmitt 1999）とも呼ばれるものである。

59　ブランド価値構造を基本価値，便宜価値，感覚価値，観念価値の4つで定義している。基本価値とは製品カテゴリーそのものに存在するためになくてはならない価値である。便宜価値とは消費者が当該製品を便利に，たやすく購買し消費しうる価値である。感覚価値とは製品サービスの購買や消費にあたって，消費者に楽しさを与える価値であったり，消費者の五感に訴求する価値であったり，きわめて主観的である。観念価値とは意味論や解釈論の世界での製品価値である。ただし，生活基盤形成部分の製品カテゴリーの場合，基本価値と便宜価値から構成される「信頼」が圧倒的に重要である（和田 2002, p. 19-27, 68）。

60 　ただし，基本価値と便宜価値を満たさないブランドが購入対象になる可能性は低いことから，必要条件としてこれらの価値を満たすことが前提となろう（cf. 秋山 1997, 青木 2010a, p. 394）。

61 　青木（1995）によれば，「ブランド（競争）力」と「ブランド価値」を別の概念とした場合，ブランド力とは当該ブランドの競争上の（差別的，持続的，潜在的）優位性を差しており，ブランド価値は当該企業の目標やシナジーを持つ資源や競争条件との適合度によって決まっていくという。このように考えると，ブランド力とは，「他からの差異性」（石井 1999）をどの程度保有しているかであり，ブランド価値とは，ブランド力の「他からの差異性」に加え，時間と空間を横断してなお変わらぬ「包括性」を持ち合わせながら目指すべきブランド・アイデンティティと重なっていくものでなければならない（cf. 石井 1999, p. 91）。ただし，ブランド価値は新たな世界（新しい製品カテゴリー，新しい製品コンセプトや広告テーマ，あるいは市場領域，新しい消費者）をその領分の中に包摂するごとに新しい価値が同時的に構成され（あるいは古い価値が失われ），ダイナミックに変化していくものである（cf. 石井 1999, p. 160）。そのため，企業は常にブランド・アイデンティティを考慮しながら，ブランド価値の維持と構築に注力しなければならないのである。

62 　新倉（2005, p. 19-20）も，特性や属性ほど解釈のバラツキや自由度は小さく，製品やブランドレベルになるほど，その解釈のバラツキや自由度は大きくなる可能性があるとしている。

63 　石井（2010）では，ファブリーズのコマーシャル・イノベーション「布の臭いを取ることで，部屋の臭いを取る」というメッセージの工夫，キットカットと「きっと勝つ」の語呂合わせを間接的にアピールした受験生向けの縁起商品としたことなどを事例に挙げている。なお，ファブリーズにおける強いブランド構築については，音部（2008）も参照のこと。

64 　関係性を構築する相手がより明確になることから，「共創」（cf. 和田 2002）としている。

5節　本書におけるカテゴリー概念の位置づけ

　ここまでの議論を整理する。現代はモノの獲得を主な目的とする消費から消費自体を楽しむ消費社会へと向かいつつあるものの，その消費のスタイルは合理的消費と非合理的消費，画一的と多様化が混在しており，従来の市場類型を目的としたライフスタイル・アプローチを通じた消費者像の把握には限界がある。

　一方，消費の多様性への対応とリセット型マーケティングを繰り返すことで多様な製品を投入してきた企業によって，市場には製品が氾濫している。その結果，カテゴリー・ニーズやブランドのポジショニングは不明瞭なものとなっている。さらには小売業独自のPB商品の急速な増加によりコモディティ化が一気に加速し，多くの市場は混沌とした状態に陥っている。この状況においてブランド連鎖やブランドつながりを通じた消費者像の理解も一般化の問題により限界がある。

　このような混沌とした現実世界を理解するひとつのアプローチがカテゴリーである。ブランドはカテゴリーに存在し，そのカテゴリーは関与を通じてライフスタイルとつながる存在である。ブランドは文化というレンズを通じて認知され，カテゴリーに配置されていく。これらのカテゴリーは理念と価値観によってまとめられ，ひとつの群として関連づけられていく。本書で扱うカテゴリーとは消費者が認知世界として認識するものであり，ブランドを分析的にも包括的にも捉えることが可能となる。そのため，消費者が等価的に配置する方略には属性や便益に基づく分析的な配列（モノのシステム）としても，消費経験や体験に基づく文脈や競争環境における包括的な違い，イメージや視覚による配列（システムとしての文化カテゴリー）も可能となると考える。そして，このカテゴリー群の中から自分の理想とする青写真を社会生活において実現しようと試みるために，ブランドを購買・所有・消費していくことで独自のライフスタイルとしてのパターンを形成していく（図

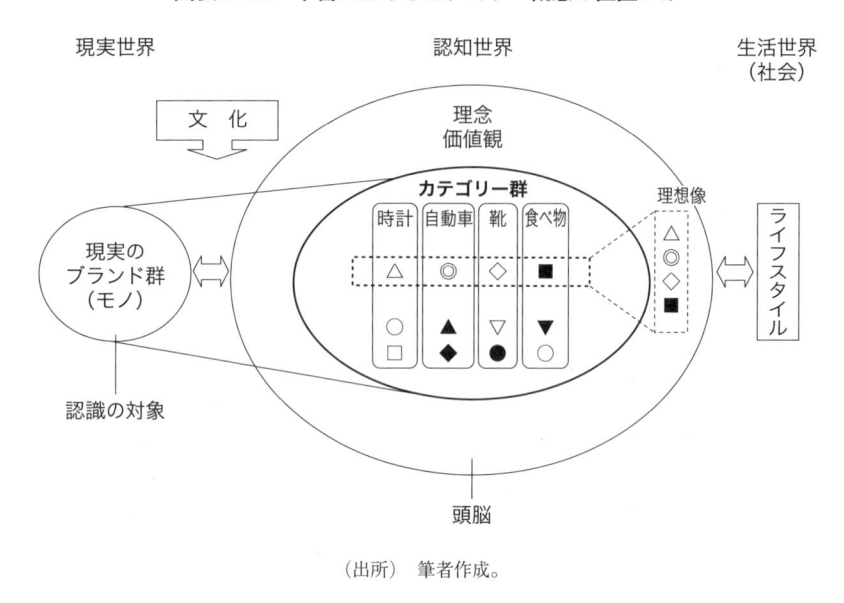

図表 1-24　本書におけるカテゴリー概念の位置づけ

現実世界　　　　認知世界　　　　　生活世界
　　　　　　　　　　　　　　　　　（社会）

文化／理念・価値観／カテゴリー群（時計・自動車・靴・食べ物）／現実のブランド群（モノ）／理想像／ライフスタイル／認識の対象／頭脳

（出所）筆者作成。

表1-24)。

　ただし，上述したカテゴリー構造とその配置のあり方，ライフスタイルとの関連は理論上の仮説でしかないことから，本書の主な目的は先行研究を通じてカテゴリーの役割を検討しつつ，この構造を実証分析にて解明していくものである。

　本書の研究の位置づけをここで明確にしておくと，消費のあり方の変化に伴い，ブランドが保有すべき属性や便益に基づく使用価値としての役割に加え，消費体験や経験といった文脈におけるブランドそのものの位置づけや存在といった包括的な視点を加味しながら検討するものである。それに伴い，ブランド論も記憶に蓄積されているブランド知識としての属性や便益に関連するブランド・エクイティの視点に加え，ブランドとの包括的かつ具体的な接点構築といった視点でブランド・エクスペリエンスを扱う。ブランドがカテゴリーを通じてライフスタイルに入るということは，そのブランドがロイヤルティを形成しているということであり，このロイヤルティは心理的側面

と行動的側面を含めた構造にて検証していく。つまり，消費のあり方，消費者行動研究，ブランド論のこれまでの主張をその前提に置きつつ，近年の主張と議論をその研究領域に含有しながらカテゴリー概念を研究するのが本書の位置づけである。その理由はカテゴリーが消費経験や体験に基づく記憶や知識と関連するためであり，これらの記憶や知識が購買にも影響すると考えているためである。なお，これまでカテゴリーの視点でライフスタイルやブランドとの関係を研究した研究はきわめて少ないことから，カテゴリーを通じて消費者を理解することが消費者行動研究の発展において最も重要な研究であると考える。

　まず，次の章では，先行研究の課題を抽出しながらカテゴリー概念の役割について検討していく。

第 **2** 章

カテゴリー概念についての研究

1節 カテゴリーの定義と系譜

1 知覚とカテゴリー化

　意識的か無意識的かにかかわらず，我々消費者は常に何かを知覚し，識別，分類しながら世の中の製品やブランドを理解し，生活している。[1]「分かる」ということは「分ける」や「分かつ」ことと関係している（酒井 2006），また，「分けることは分かることだ」（池田・村田 1991）とも言われており，人が物事を分類する過程を「カテゴリー化」（categorization）という。カテゴリー化とは，「既成の範疇や分類枠に対象を出し入れする行為だけでなく，消費者が自由に創造的にカテゴリーを設け，それに意味を付けて，自らの世界を解釈する情報処理行為」（新倉 2005, p. 87）と定義される。

　では，ブランドは消費者からどのように見られており，どのようにカテゴリー化されていくのだろうか。

　見えるという知覚は環境が持つ意味と関連している（佐々木 1994）。店頭やメディア，使用状況などを通じて，ブランドはそのゲシュタルト的な形や色・デザインといった表層的な側面や，訴求されている要素とともに，その文脈において見出される包括的な意味も認識されている（cf. Polanyi 1966；村山 1990；鈴木 1996）[2]。つまり，ブランドの認識はどのような環境や状況で存在しているのかという文脈によってその位置づけが変わってくるのである（cf. Baudrillard 1970；Gibson 1979；佐々木 1994；石井 1993）[3]。これらの認識を経て，関与や知識，目的などの消費者の内部要因の影響を受けながら，ブランドは属性や便益（ベネフィット）といった分析的な視点に分解されていく。

　人は一時に包括的な視点と分析的な視点で同時に見ることはできないため（cf. 西川 1988, p. 78），消費者は常に，ブランドが置かれている環境と状況に依存しながらゲシュタルト的に，あるいは包括的な視点と分析的な視点を

織り交ぜながらカテゴリー化していくことで[4]，自分の価値観に基づきブランドをひとまとまりの群（カテゴリー）として何らかの関係づけ[5]を行っていく。

なお，カテゴリー化の利点は3つある。第一の利点は，認知的努力を最小にして，最大価値の情報を獲得しようとする認知的経済性である（Rosch 1978）[6]。例えば，消費者が未知のブランドに遭遇した際，既存のカテゴリーとの類似性を比較すれば分類が容易になる。また，カテゴリー化によって一度，習得されてしまえば，それ以上の学習なしに使うことが可能となることから（Bruner et al. 1956），消費者は複雑な環境を単純化することができるのである。

第二の利点は，情報を構造化することにより，「構造化された情報」として世界を受け入れ，提供できるようにすることである（Rosch 1978）。世の中にはブランドや製品が無数にあり，日々，消費者はこれらと接している。カテゴリー化していくことで，カテゴリーの構造が豊富化し，知識も増大する。その結果，世の中の構造を受け入れやすくし，理解を促進する（Rosch 1978）。

第三の利点は，消費者間のコミュニケーションを円滑にすることである。消費者相互の共通事項となるカテゴリーが創造され，連鎖的に別の消費者との間で共有されるに伴い，カテゴリーが社会性を持ち始めていくと考えられている（新倉 2005）。

このようにカテゴリー化の利点は外部情報を分類によって容易に理解し，世界を構造化することで，他人との情報共有やコミュニケーションを円滑にする[7]。もし仮にカテゴリー化が出来なければ我々は日々の行動に大きな情報処理の負担を課せられ，秩序立った世界として理解することもままならず，混沌とした状況で日々の生活を過ごすことになってしまうのである。

2　知識としてのカテゴリー

カテゴリー化を通じて得た経験や知識は，同じ意味をもつひとかたまりとしてのカテゴリーを形成しながら世の中の変化に対応していく（cf. 佐伯 1990；鈴木 1996；Loken et al. 2008）。このカテゴリーには個々の具体的なブ

ランドや製品の表象（representation），かつ，その集合について知っている情報の集合（知識）の両者が含まれており，消費者の記憶に貯蔵されているものである[8]。本書ではこれらを総称して「カテゴリー」と定義する。そして，消費者はこのカテゴリーを事前知識としながら，日々，新しいブランドをカテゴリー化によって取り込んでいくことで相互に関係づけ，解釈を深めていくのである（cf. 村山 1990）[9]。これはまさに使える知識のためにカテゴリー化を通じて学習の仕方を学習することであるとも言える（cf. Alderson 1965）。

このカテゴリーは，同じ商品，同じブランドを見ていても，消費者の処理能力や個人特性，時間的制約などの違い（清水 1999），あるいは文脈によって認知する内容は異なる（池田・村田 1991）。また，いったん分類がなされても，直接的な個人の使用経験（direct personal use experience），タレントや他人の使用を観察した場合などの代行的な使用経験（vicarious products experience），メディアを通じた製品関連情報の解釈の仕方（interpret product-related information），などの影響を受けて変化する。そのため，カテゴリーの構造は消費者ごとに異なったものとなる。

カテゴリーに関する先行研究は，カテゴリーで表象されるものとカテゴリーからの推論（新しい刺激をどのように分類するのか）の2つの領域を中心に進められてきており（Loken *et al.* 2008），近年のカテゴリーに関する研究は，製品やブランドとしての研究から，消費者の目的やコンテクスト，および，社会的な存在との関わりの中での研究へと移行している（Loken *et al.* 2008）。

本書は，主にカテゴリーで表象されるものを形成する「要因」に焦点を当てて研究するものであり，これまで新倉（2001a；2005）で研究されてきた「分類学的なカテゴリー」「グレード化されたカテゴリー」「目的に導かれるカテゴリー」を中心に議論を進めるものである。

3　古典的アプローチから経験基盤主義へ

カテゴリー研究の歴史は古く，アリストテレスの時代における哲学的考察

から生まれたものとされている（Lakoff 1987）。その古典的なアプローチの流れを受けて1950年代頃から認知心理学の分野において実証研究がなされるようになった。

　Bruner *et al.* (1956) の研究がその代表であり、カテゴリーメンバーは属性（ルール）によって等価に分類することが可能な「well-define」[10]としてのカテゴリーが考えられていた。これは、客観主義的なアプローチ[11]とも呼ばれている（Lakoff 1987）。

　しかしこの等価的な分類の研究は、実験室的実験であり生態学的妥当性（ecological validity）が欠如していること、実験に用いる手がかりに制限があること、また、現実世界は全様を俯瞰できない、などのリアリティの問題があった（Roth and Frisby 1986）。

　このwell-defineとしての古典理論に対する欠点に最初に気付いたのは一般的にWittgenstein (1953) とされている。黒崎の訳と解読を元にすれば、彼は「ゲーム」に含まれるものは盤ゲーム、カードゲーム、ボールゲーム、格闘ゲーム等々、様々であり、これらのメンバーは共通した1つの属性では成立せず、相互に重なり合い、交差し合う種々の類似性で成り立っていることを示し、このような類似性を家族的類似性（family resemblance）と呼んだ。つまり、「家族一人ひとりの顔は少しずつ違うがなんとなく似ている」といったように、それぞれのモノは異なる存在であるが、いくつかの類似した属性が重なり合い、交差し合うことによって1つのカテゴリーという分類が形成されるという考え方である。そのため、このような「ゲーム」は、1つのルールで分類できないぼやけた境界を持った概念であるとし、古典的な枠組では収まりきらないことを示した。

　この影響を受け、1970年頃から、カテゴリーメンバーの違いを前提にした研究が進んできた。これらは、古典的アプローチの「well-define」に対して、うまく定義できない存在を許容する「ill-define」、あるいは経験基盤主義的アプローチと呼ばれている。主にE. Roschを中心としたメンバーによって多くの研究がなされ、カテゴリーの構造が明らかにされてきた。その主な功績は、(1) カテゴリーメンバー間のグレード（階層）構造を示したこと、(2) グレードには2種類あり、抽象度に基づく垂直的構造（分類学的

なカテゴリー），典型性を中心とする水平的構造（グレード化されたカテゴリー）があること，そして，(3) 垂直的構造の基本レベルカテゴリーの重要性，水平的構造におけるカテゴリーらしさを代表するプロトタイプの存在を明らかにしてきたことである（Rosch 1978）。これらのカテゴリー概念について次の節で説明していく。

[注]

1 　Lakoff（1987）によると，大方のカテゴリー化は自然で意識されないもので，もし多少なりとも意識することがあれば，それは何らかの問題を抱えている場合である。自動的なカテゴリー化が行われている場合は，「そこに何があるのかわかる」といったカテゴリーモードとしてのカテゴリー化の処理（新倉 2005）であり，自動的なカテゴリー化が行われない場合は，記憶に保有している既存知識と何らかの不一致がある場合である。

2 　ブランドの部分的要素の積み上げで全体像を把握することは出来ない。

3 　おのずとそこに見えてくるものは「アフォーダンス」と言われており，行為と環境，図と地（対象が図で環境が地）として捉えられる。

4 　ブランドを理解するということは，その対象独自の客観的性質だけでも，消費者の主観だけでも決まるわけではなく，ブランドが消費者に誘発（アフォード）される状況（文脈）との関連を解明していく必要がある（cf. 佐伯 1990, p. 12）。

5 　カテゴリーの凝集性と言われるものであり，ひとまとめにされたもの同士の間に，何か緊密な関係が存在していたときに，初めて私たちはそれをカテゴリーと見なすことができる（村山 1990）。

6 　E. Rosch を中心としたカテゴリー研究は 1970 年代を中心に非常に数多くの研究が行われてきたが，一方で E. Rosch のプロトタイプ理論はいくつかの指摘を受け，年代とともにその概念が変化している（Lakoff 1987）。そこで本書は，多くの研究の中でも 1970 年代後半にまとめられている Rosch（1978）を中心にレビューし，それまでの E. Rosch の研究で補足する。

7 　カテゴリーは（物理的）物体だけではなく，出来事，行動，感情，空間的関係，社会関係といった抽象的事物もその対象とする（Lakoff 1987）。

8 　抽象的な知識を総称して概念と呼ぶことも多く，その意味においてカテゴリーと概念はほぼ同意とも言えるが（cf. 藤原 1998；中島他 1999），本書では表象とその集合の議論も含めることから統一してカテゴリーとする。

9 　世の中を単に受け入れるだけではなく，解釈していくという背景には知識が関係している（村山 1990）。そして我々は日々，新たな情報を獲得し，それを知識として蓄え，過去の知識を修正したり，洗練したりしている（鈴木 1996, p. 6）。

10 Bruner (1956) は「範疇化することは，はっきりと異なる事物を等価物となすこと，われわれの周囲の事物，出来事，人々をクラスに群化すること，そしてそれらに対してそれらの独自性よりもむしろそれらのクラスの構成要素の見地から応答することである」（同邦訳 p.13-14）としており，図形パターンの全配列を対象者に提示し，属性（ルール）から導かれる概念の獲得を実験したものがある。

11 他の呼び方として概念獲得方略，特徴モデルなどがある（Lakoff 1987）。

2節 　分類学的なカテゴリー

　「分類学的なカテゴリー」は日々の受動的かつ自動的であまり意識されないカテゴリー化であり，抽象度に基づく垂直的なカテゴリー構造を持ち[1]，上位カテゴリー（superordinate categories），基本レベルカテゴリー（basic-level categories），下位カテゴリー（subordinate categories）といった階層を保有する（Rosch et al. 1976；Rosch 1978）。以下の図表2-1は分類学的なカテゴリーの例であり，下位レベルにおいて同一のカテゴリーにあるブランドほど類似の特性や連想を保有し，上位になるほど下位を包含し抽象的になる。特に基本レベルが重要であり，最も一般的かつカテゴリーを認識する際の手がかり，意思疎通のレベルとしても用いられる。子供が最初に覚えるのもこの基本レベルであり，カテゴリー・ニーズ（例えば，ソフトドリンクならば「喉の渇きを爽快にうるおしたい」というニーズ）も基本レベルで想起されるものである（Rossiter and Percy 1997, 邦訳 p.219）。また，知識の欠如を補填する際，あるいは，未知の事例やブランドを認知する際も，自身と関連する重要な特性から理解したり，文脈に基づいたりしながらも，まずは基本レベルで認知され，その後，上位，下位へと知識を豊富化していく[2]。上位カテゴリーは，多くの事例を含むが，事例間の共通性は低くなってしまうため，現象の認識としては基本レベルが最も程よい抽象度となる（e.g. Rosch et al. 1976；Rosch 1978）。カテゴリーに関する抽象化された一般的知識である「カテゴリー・スキーマ」[3]もこの基本レベルの知識から最も容易に活性化され，多くの事例に適用される（cf. 池田・村田 1991）。

　この分類学的なカテゴリーは，メーカーや流通業者などの売り手の枠組としても利用されるものであり，店頭の品揃えなどの消費者の選択に制約を与える外的要因が存在する場合，このカテゴリーの影響が強くなる。例えば，小売業における陳列レイアウト（棚割）やインターネットサイトの階層や分類として用いられる（Hoyer and MacInnis 2007, p.106）。

112　第2章　カテゴリー概念についての研究

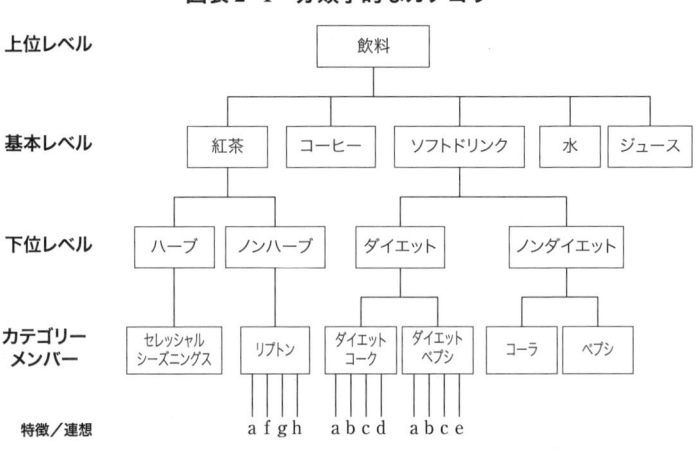

図表 2-1　分類学的なカテゴリー

```
上位レベル              飲料
                         │
基本レベル      ┌────┬────┼────┬────┐
             紅茶  コーヒー ソフトドリンク 水  ジュース
              │           │
下位レベル   ┌─┴─┐     ┌──┴──┐
           ハーブ ノンハーブ ダイエット ノンダイエット
            │    │     │     │
カテゴリー セレッシャル リプトン ダイエット ダイエット コーラ ペプシ
メンバー   シーズニングス     コーク  ペプシ

特徴／連想    a f g h  a b c d  a b c e
```

（出所）　Hoyer and MacInnis（2007, p. 103）を一部修正して引用。

ただし，消費者はこのように明確な属性間比較によって常にカテゴリー化を行うわけではない。主な分類の仕方には「包括的（holistic）な分類処理」と「分析的（analytic）な分類処理」があり，分類の違いによって選択が異なることもある（Alba and Hutchinson 1987）。例えば，「静かさ」という属性でベンツとフォードを比較する場合は分析的なアプローチであり，「豪華な雰囲気」としてベンツとフォードを比較する場合は包括的な分類である。一般に，知識や経験が増加するほど分析的な分類が可能になり，包括的な分析は減少する。知識や経験が浅い場合，あるいは情報に限りがあるときは包括的，非分析的なやり方でカテゴリー化し（Alba and Hutchinson 1987；Cohen and Basu 1987），目的と属性が明確な場合においては分析的になるが，それ以外は視覚的な違いで分類がなされる（Hutchinson and Alba 1991）。

特に分類の仕方と大きく関係するのが関与の強さ（高関与・低関与）とタイプ（認知的関与・感情的関与）の違いであり，関与は図表2-2のように分類される（清水 1998, p. 6）。高関与で認知的関与の場合であれば，外部情報や外部刺激に対し，対象物の持つ属性にまで踏み込んだ分析的な情報収集がなされる。一方，低関与，あるいは高関与であっても感情的関与を持つ場

合，対象物の持つイメージや感覚的側面を探ることになる。そして，認知的関与が強い場合は，商品属性に基づくカテゴリー化となり（図表2-3），感情的関与が強い場合はイメージなどでカテゴリー化されていく（図表2-4）。

図表2-2　関与の類型

	認知的関与	感情的関与
高関与	深い情報収集	イメージ・感覚
低関与	イメージ・感覚	イメージ・感覚

（出所）　清水（1998, p. 6）より引用。

図表2-3　認知的関与でのカテゴリー化

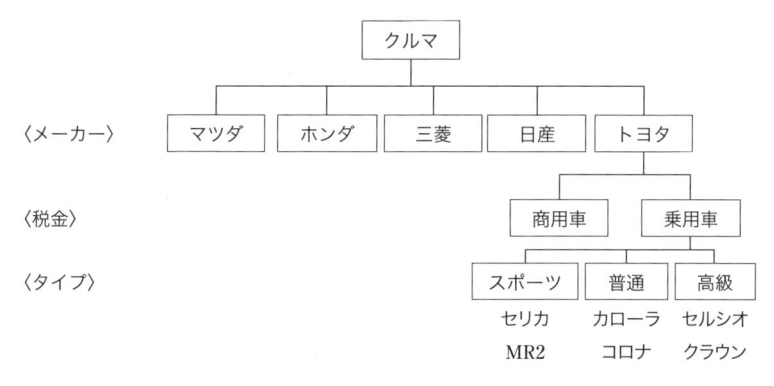

```
                         クルマ
          ┌──────┬──────┬──────┬──────┐
〈メーカー〉 マツダ  ホンダ   三菱    日産   トヨタ
                                           │
                                      ┌────┴────┐
〈税金〉                              商用車   乗用車
                                              │
                                      ┌───┬───┐
〈タイプ〉                          スポーツ 普通  高級
                                     セリカ カローラ セルシオ
                                     MR2   コロナ  クラウン
```

（出所）　清水（1999, p. 112）より引用。

図表2-4　感情的関与でのカテゴリー化

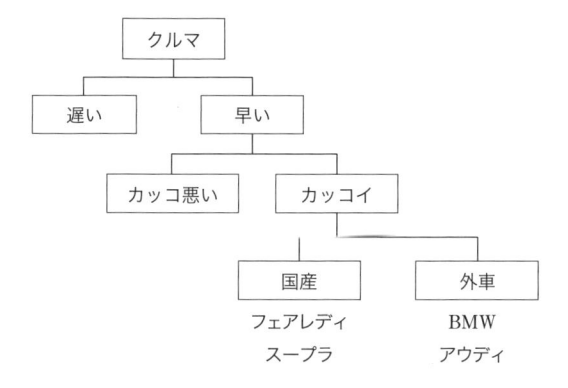

```
             クルマ
          ┌────┴────┐
         遅い       早い
                    │
                ┌───┴───┐
             カッコ悪い  カッコイイ
                         │
                     ┌───┴───┐
                    国産      外車
                   フェアレディ  BMW
                   スープラ    アウディ
```

（出所）　清水（1999, p. 112）より引用。

この構造を実際のデータによって実証したのが清水（2004）の研究である。これはスナック菓子を対象に，インターネット調査と購買履歴データを用いながら，消費者の知識カテゴリー構造を明らかにしている。とりわけ，購買頻度に基づき，ヘビーユーザーを名目上の高関与な消費者，ライトユーザーを低関与な消費者として比較した結果，高関与な消費者は経験に基づく認知的な属性がそのカテゴリーを構成する分類軸となっているのに対し，低関与な消費者は「新製品」や「ロングセラー」といった，経験しなくても得られる感覚的・感情的な情報が分類軸となって構成されることを示し，これまで理論として考えられてきた図2-3や図2-4のような構造を明らかにした。
　このように消費者の多くが常に認知的な関与を行い行動しているとは考えにくいことや（cf. 和田 2002），属性や便益といった分類だけでなくイメージや感覚といった，主観的な構造が分類にも関連してくる。
　とりわけ，近年の市場は非常に多様なブランドがひしめいているため，消費者の限られた処理能力ではすべてのブランドを精緻に分類することは不可能である。そのため高関与で分析的な消費者あるいは高関与な状況でない限り，包括的な知覚やコンテクストを通じて得た経験を踏まえて，カテゴリーを代表するブランドから順に感覚的，相対的に位置づけることで，カテゴリー化の処理を軽減しているはずである。そして，そのカテゴリー構造は個人の異質性（処理能力の違い）から，消費者ごとに大きく異なると考えられる。
　そのため，このような消費者の認知構造をより反映している「グレード化されたカテゴリー」の概念が，この複雑な市場環境を把握する局面において非常に重要となってくる。

[注]

1　これらの垂直的な構造に至る研究にはCollins and Quillian（1969）などがある。Collins and Quillian（1969）の研究は，文章を提示し，反応速度の違いによって分類の構造を確認したものである。反応時間が早いものほど同じ階層，反応時間がかかるものほど上位概念の階層とし，認知的経済性（情報貯蔵の経済性）を仮定した意味ネットワークを研究した。意味ネットワークの研究はその後も継続的に行われ

ており，いくつかの問題点を改良した「活性化拡散モデル」，集合論を基礎とした「特性比較モデル」などがあるが，統一的な見解は得られていない。

2 　形の類似性（similarity in shapes），イメージ（imagery），知覚（perception），発育（development），言語（language）なども基本レベルの習得が中心である。認知言語学でも，日常のカテゴリー化では，基本レベルカテゴリーがアクセスしやすさや習得の早さにおいて際立っていることが知られていること（大堀 2002），基本レベルのカテゴリーはそれ自体完結したものであり，カテゴリー化の最も早い時期の最も自然な形である（Lakoff 1987）とされている。

3 　スキーマ（schema）とは，「過去の経験から得られた，ある与えられた概念（コンセプト）についての，組織化・抽象的な知識のことを指す」（清水 1999, p. 113），枠組としての知識のことで，カテゴリー・スキーマは「個別の対象を抽象化してきた『カテゴリー』に関する知識」（池田・村田 1991, p. 45），などと考えられていることから，ここでは「カテゴリーに分類されている具体的な対象群の性質や特性の抽象化された知識のかたまりである」と定義しておく。具体的な事例（対象）である下位カテゴリーから，より上位の水準（＝基本レベル）までを含む抽象的な知識であり（cf. 池田・村田 1991, p. 46），安定した知識構造として捉えられている。つまり，具体的なブランドから抽出された共通度の高い属性や特性（図表2-1のダイエットコークとダイエットペプシに共通する特性／連想のaとbとc）に加え，個別のブランドが保有する属性や特性（同じく図表2-1のダイエットコークの特性／連想のdとダイエットペプシのe）も含めた多様な抽象度の情報を持つと考えられる（cf. Rumelhart and Ortony 1977；川崎 1995, p. 130）。特に，このカテゴリー・スキーマとしての知識が活用されるのは新しい情報や刺激を受けた際の推論である。新製品ブランドを評価する際，まず，見た目やパッケージ・デザインが知覚され，その表層的あるいは包括的な比較で判断できない場合，抽象的な特性や属性に基づく知識としてのカテゴリー・スキーマが用いられ，その知識との一致度が高ければ新商品の評価にカテゴリー・スキーマがそのまま付加され，不一致の程度によって中断あるいはピースミールな処理がなされる（Meyers-Levy and Tybout 1989；清水 1999, p. 113-115）。ただし，比較的安定した構造とされるカテゴリー・スキーマは状況や文脈によって多様に想起される柔軟性がない点が指摘されており（cf. Ratneshwar et al. 2001），カテゴリーをスキーマとして捉えるだけでは環境変化への対応に限界があると考える。そのため，本書では具体的なメンバーの表象やその集合もカテゴリーの概念に含めて議論することで，この限界を克服しようとするものである。

3節　グレード化されたカテゴリー

1　水平的な拡がりとしてのグレード構造

「グレード化されたカテゴリー（graded structure）」はカテゴリーを最も代表する存在を中心に置き，代表的ではない存在になるほど遠くに位置づけられている水平的に拡がるグレード（階層）を持つカテゴリー構造である。

古典的な研究としては，図形やパターンといった知覚表象的な研究（e.g. Posner and Keele 1968）や，色の典型性，自然カテゴリーなどの特性や属性による分類を中心とした非常に多くの Rosch *et al.* の研究があり，主に1970年代における研究を通じてこのグレード化された構造が明らかになってきたのである。

Rosch *et al.* の研究で明らかにされてきた点は，カテゴリーメンバーは，最も典型的なものからカテゴリーの中心に位置づけられ，最も非典型的なメンバーは典型性の次元の端に位置する。その際，メンバーは参照となるポイント（中心性）との類似性によって位置づけが決まるとされ（Rosch 1973；1975），E. Rosch はこの参照点となる，メンバーの共通属性を多く持つ典型的な存在を「プロトタイプ（prototype）」（Rosch 1973；1975）と定義した。また，最も典型的な存在は他のメンバーと共通した属性を多く持ち，別のカテゴリーとの共通属性が最も少ない「家族的類似性」で構成されること（Rosch and Mervis 1975），カテゴリーの属性と構造の形成に強い相関があること（Mervis and Rosch 1981）を明らかにしてきたのである。

図表2-5はこの構造を説明したものである。例えば，ビール・カテゴリー，低アルコール飲料カテゴリー，清涼飲料カテゴリーといった飲料に関するカテゴリーがあるとする。例えば，「ビール」といった場合，最も「ビールらしい」ものは黄色い色をしており白い泡が出て，すっきりした飲みごたえでアルコール成分が含まれていることであろう。プロトタイプの概念ではこのよ

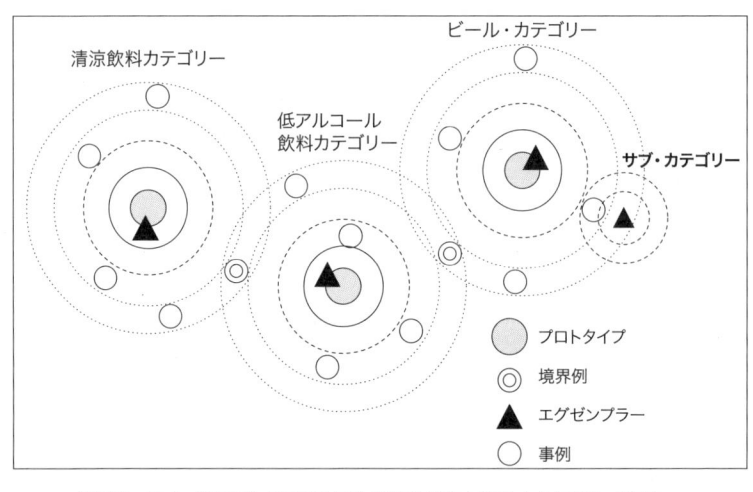

図表 2-5　グレード化されたカテゴリー

- 清涼飲料カテゴリー
- 低アルコール飲料カテゴリー
- ビール・カテゴリー
- サブ・カテゴリー
- プロトタイプ
- ◎ 境界例
- ▲ エグゼンプラー
- ○ 事例

（出所）　新倉（2001b）「消費者行動論特殊講義」資料より加筆して引用。

うなカテゴリーらしさの特徴や特性を通じて類似度を測定したり，典型的なビールといったものを特定したりすることが可能であると考えられてきた。つまり，「ビールらしさ」という典型性（prototypicality）[1]に基づくグレード（階層）があり，最も典型的な存在としてのプロトタイプを中心に認知的なグレード構造が形成されていくと考えられてきたのである。このように中心に向かう構造は中心化傾向（central tendency）と呼ばれており，その中心に存在するプロトタイプは他のメンバーの特性を最も多く持つ抽象的で漠然とした存在である（cf. Rosch 1978；Cohen and Basu 1987；池田・村田 1991；新倉 2005；Loken et al. 2008；髙橋 2009a；2009b；2009c）。

中心から遠くなるほど典型的ではなくなり，境界にはどちらのカテゴリーにも関連するような境界例が存在する。なお，他のカテゴリーとの境界があいまいで，明確に区切れる境界線がないことが水平的構造の特徴でもある（Rosch 1978；Mervis and Rosch 1981）。

市場に投入されるブランドは差別化により自ら境界線を超え，サブ・カテゴリーを作り出そうとする。あるいは，より高いブランド価値次元へと変換

していこうと試みる。[2] しかし，必ずしも明確なカテゴリー定義があるわけではなく，常にカテゴリーの境界はあいまいなため，構造も市場の成長とともにより複雑になっていく。例えば，第三のビールや発泡酒，キリンのフリーのようなノンアルコールビールなどの登場と，そのプロモーションによって構造は影響を受ける。発泡酒とビールを間違って認識する消費者も出てくるだろう。つまり，ビールの特徴のみからカテゴリーを認識しているわけではなく，関連するカテゴリーとの比較なども行いながら分類しているということになる。

そのため，近年の研究では，カテゴリーは定義的な特徴だけではなく，競争環境あるいは経験や消費体験などの文脈に依存しながら，他の模範となる「具体的なブランドそのもの」としての「エグゼンプラー」と呼ばれるものがカテゴリーを代表する中心的な存在になるという考え方である (e.g. Rosch 1978；Cohen and Basu 1987；新倉 2005；Loken et al. 2008；髙橋 2009a；2009b；2009c)。その具体性ゆえに，サブ・カテゴリーを作り出すブランドもエグゼンプラーとして存在することから，エグゼンプラーは複数存在することもありうる。

プロトタイプとエグゼンプラーのいずれを常に中心に置くかは消費者ごとに，また状況によっても異なる。しかし，いずれにしても消費者の認知するカテゴリーはカテゴリーらしさをその中心に置くグレード化された構造を持ち，その中心に向かう構造は，プロトタイプを形成する典型性の要因，あるいは，エグゼンプラーを形成する具体性の要因によって形成されていくと考えられる。

このグレード化されたカテゴリーは，消費者の経験や記憶，好みといった内的要因が大きく影響しているものの，新たな競合関係が生じるごとにカテゴリーの中心的存在が常に参照元となり（新倉 1997；2005），競争環境によって構造はダイナミックに変化する。

例えば，先発優位性や参入状況と中心化傾向の関連である。Ratneshwar and Shocker (1988) によれば，先に参入したブランドはカテゴリーを形成し，そのカテゴリーにおける典型的な存在になりやすいという。コカ・コーラのニューコークの失敗を例にすれば，発売当初から愛飲している多くの

人々にとって，クラッシックコークが最初の炭酸飲料であり，スタンダードであった。その後，勢力を増したペプシに対抗するために市場導入されたニューコークがクラッシックコークに置き換えられた。しかし，クラッシックコークの愛飲者にしてみればコーラと言えばクラッシックコークであり，愛飲していた経験と保有する知識の存在としてのクラッシックコークとニューコークが比較されてしまい，結果的に受容されなかったのである。

しかし一方で，参入のタイミングの違いや新規利用者にとっては，ペプシやニューコークが典型的な存在になることもある。つまり，先に参入していたとしても，結局は市場シェアや接触する頻度の方がカテゴリーの中心化傾向との関連は強く，出会う頻度が多くなることで事例として受け入れられ，エグゼンプラーやプロトタイプの要因となることもある。そして，競争の激化とともに競合が類似品を投入したり，「差別化された製品」が競合との違いを目立たせたりすることで，消費者は新しいモノの特性や特徴の違いに注意を向けることになり，新しいブランドがカテゴリーに取り込まれ，結果として当該カテゴリーの構造をダイナミックに変化させ，豊かにしていくことになる（Ratneshwar and Shocker 1988, p. 281）。このプロセスにおいて，他ブランドとの差別化に成功し，独自のポジショニングを形成することが可能となればサブ・カテゴリーのエグゼンプラーとなりうる。しかし，そのサブ・マーケットに多数のブランドが参入してくると，消費者はエグゼンプラーの要素をプロトタイプ的な存在へと変換する場合もあるため，エグゼンプラーが必ずしもサブ・カテゴリーに存在し続けるとは言いきれない。

なお，先行研究においてグレード化されたカテゴリーの構造について実際のデータで確かめたものは非常に少なく，プロトタイプをファジー集合として表現したViswanathan and Childers（1999）の属性統合モデル，Loken *et al.*（2002）のエグゼンプラーのあてはまりの良さと代表性の要因による「複合エグゼンプラー指標（multi exemplar index）」しかない。ただし，いずれも中心化傾向を形成する要因について述べていないことから，カテゴリー構造がどのような要因によって形成されるのかについてはまだ明らかになっていない。さらに，プロトタイプとエグゼンプラーのどちらが有力な説なのかは明確な結論に至っておらず，むしろ，近年においては，両者は補完的で

あるとさえ考えられつつある（cf. Punj and Moon 2002；京屋 2007）。このことからも，カテゴリーの中心化傾向に関する構造はプロトタイプをその構造の中心に位置づけていく典型性の要因，および，エグゼンプラーを中心的存在としていく具体性の要因の両視点を含めて検討されるべきであろう。

この構造の解明のために，次にプロトタイプ理論やエグゼンプラー理論に関する特性と典型性や具体性の形成要因について理解を深めていく。

2　プロトタイプ理論

2-1　プロトタイプの定義

上述の Rosch *et al.* によるプロトタイプを含めた実証研究は，まだ客観主義的なアプローチに寄っており，「各個人は初期値として明確な属性の知識を持ち，自動的に正しい判断が出来ること，また属性に分解する能力を有している」という前提を置いていた。しかし，人は必ずしもすべての属性を正確に把握することは出来ないといった「属性に対する前提の置き方の問題」が批判され（Ratneshwar and Shocker 1988），Rosch *et al.* のプロトタイプの定義は後年，概念が変更されている[3]（Roth and Frisby 1986）。

消費者行動におけるカテゴリー研究のきっかけとなった代表的な Cohen and Basu（1987）ではプロトタイプを，「独立した事例，または，特性に基づく価値の重心に計算的に位置づけられるような理想的カテゴリーメンバーの抽象的代表となりうるものである。あるいは，結局は特定のカテゴリーメンバーに連想される個性的な情報の欠落から起因するものとしての存在，単なる製品ごとの記憶の崩壊」（p. 459）などと説明している。また，最近の定義は Loken *et al.*（2008, p. 135）によると，カテゴリーの中心化傾向に基づく抽象的な混合物であり，カテゴリーの事例の最も持ちえそうな特性に基づいて構成され，いくつかのメンバーが他のカテゴリーメンバーよりも代表的，あるいは，典型的なグレード化された構造を持っていると考えられている。この 20 年ほどでプロトタイプの定義はあまり進展しておらず，また明確な結論に至っていないことから，本書におけるプロトタイプの定義を「カテゴリーの中心にある，典型的属性を持つ抽象的で代表的な存在」とする。

2-2 プロトタイプの特性

プロトタイプの特性を整理すると，3つ考えられる。

第一の特性は，他のメンバーとの共通属性を多く持つ最も典型的な存在ではあるが，必ずしもすべてを満たしていない「確率的な存在」という点である。一般的に，カテゴリーの共通性が重なり合うような重要な特性がカテゴリーメンバーの典型性を増加させると考えられているが（Loken et al. 2008），プロトタイプはカテゴリー属性を必要十分条件として備えている必要はなく，むしろ，他のカテゴリーメンバーとの相対的な関係においてより顕著な存在，あるいは確率的で感覚的な（probabilistic-sense）存在であるとも考えられている（Punj and Moon 2002）。

第二の特性は，プロトタイプの要素を持つ（典型性が高い）ものほど，選好との間に正の関係がある。例えば，典型性と選好（Nedungadi and Hutchinson 1985），典型性とブランド態度（Loken and Ward 1987），典型性とカテゴリーメンバーの理想属性（Barsalou 1985），などは正の相関関係を示す。

第三の特性は，プロトタイプが推論の手がかりとなる点である。新しい刺激であるブランドや製品は，プロトタイプとの類似性の程度によって分類され（Loken et al. 2008），プロトタイプが持つ典型的要素に一致する属性を多く持つほど，カテゴリーらしさが高まる。

なお，Cohen and Basu (1987) によればプロトタイプの形成過程は2つあると考えられている。1つは，カテゴリーらしさを定義するような属性やルールといった典型性の属性を併せ持つメンバーとして特定されていくものである。この場合，属性をすべて含む，あるいは，まったく含まないといった完全な分類ではなく，むしろ，確率的にカテゴリーの共通属性を多く保有する存在である。もう1つは，いくつかの仮想的かつ理想的なカテゴリーメンバーの包括的代表として決まるもので，すべての関連属性におけるカテゴリーの平均的な価値を保有する場合に決まると考えられている。この形成過程については，心理学の分野でも様々な計量的アプローチがあるものの，現在でも十分な解明には至っていないようである。

2-3 典型性に必要な要件

プロトタイプを形成する典型性の要因には，理想属性（ideals），多属性構造（multi-attribute structure），家族的類似性，代表性，カテゴリーメンバーとしての接触頻度，親密性（familiarity）などが考えられてきた（e.g. Barsalou 1985；Loken and Word 1990）。

理想属性とは，「カテゴリーが提供する目的」として連想される理想的な属性である。例えばダイエットフードの場合であれば，「低カロリー」が理想属性となる（Barsalou 1985）。多くのカテゴリーは少なくとも1つ以上の理想を持つが，理想を達成できるメンバーは限られており，ごくわずかなメンバーがあてはまるか，あるいは，まったくあてはまらないかのどちらかとなる（Barsalou 1985）。なお，この研究の後，Loken and Ward（1990）により，理想属性は1つでは説明しきれない点を指摘し，複数の信念によって構成される多属性構造(購入に影響する主要な属性の束)の必要性が提唱された。

多属性構造とは，購入に影響する主要な「信念」となる項目群のことを指しており，消費者にとって重要な信念だけで構成される点で「多属性態度モデル」とは異なる（Loken and Word 1990）。この多属性構造の視点により，グレード化されたカテゴリーも購買や消費の目的を満たす視点を含めた概念としての議論が可能となった。

家族的類似性とは，上述のWittgenstein（1953）に基づくものであり，典型的なメンバーは，カテゴリーメンバーとの類似度も高く，カテゴリーの中心に向かう必要がある[4]。とりわけブランドの場合，単なる類似性ではなく購買に向かう信念の束としての多属性構造を保有する必要がある。

代表性とは，消費者がイメージする中心的存在に対象のブランドがあてはまる度合いであり，中心には属性に基づく抽象的な存在があることを前提にしている。カテゴリーメンバーとしての接触頻度とは，広告や店頭の陳列棚で実際に露出している，あるいは，そのカテゴリーとして見かけたことのある程度である。親密性とは，見慣れた程度あるいは馴染みの程度であり，「単に知っているブランドだから，または有名であり皆が使っているブランドだからといった理由で消費者が当該ブランドを購入しているような状態を指す」（青木 1999, p.36）ものである。これらの程度が増加するほど抽象的

な属性に基づく存在が形成されると考えられてきた[5]。

 いずれにしても,典型性は複合的な要因で決まると考えるのが自然であり,統合的なモデルで検討していく必要があると考えられる。

2-4 プロトタイプ研究の限界

 認知心理学におけるプロトタイプの研究は図形やパターンなどの知覚表層的な対象の枠を超えていない点であり (Ratneshwar and Shocker 1988;坪井 2003),対象間の中心化傾向や平均的なものをプロトタイプと位置づけている。また自然カテゴリーなどの場合も,属性を「単純に」多く持つものをプロトタイプとしてきたものの,結局,測定しているものは常識力や理解力テストのようなものであり,消費者のカテゴリー化におけるプロトタイプを確認したわけではなかったのである (Roth and Frisby 1986)。さらに,カテゴリーとしてのまとまりは属性間(あるいは信念間)の相関が高まるほど典型性も高まるといった指摘もあり (Malt and Smith 1984),平均や単なる属性の数で決まるほど単純な構造ではないとされてきた。

 ただ,消費者が未知のブランドと出会った際に,包括的な認知とともに自分自身と関連する重要な特性から理解していくため,この点において先行研究のプロトタイプ的視点は評価される (Ratneshwar and Shocker 1988)。

 しかし,マーケティング競争構造は日々変化しており,変動する市場における消費者行動を前提とした場合,文脈も考慮に入れたカテゴリーの中心化傾向を理解しなければならない。実際,プロトタイプを中心としたカテゴリーだけではこのコンテクストへの対応に限界がある。例えば,Roth and Frisby (1986) によれば,プロトタイプとなる典型的なものが何かは理解できるが,コンテクストによって様々なカテゴリー化が可能であるため,プロトタイプだけではひとつの境界を定義づける明確な方法にならないこと,また,Homa and Vosburgh (1976) は学習の視点から,プロトタイプが習得の際に単に貯蔵されてしまっているだけなら新しい刺激はすでにプロトタイプと新刺激のテストパターンとの類似だけで事前に決まってしまうことになるが,実際にはそうはならないことを指摘している。

 そのため,プロトタイプに依存したカテゴリー化だけでは,人は経験や

事例を通じた学習はしないということになってしまう (Smith and Mindia 2000)。これらの限界から，経験や体験を通じた具体的で模範的なブランドそのものとしてのエグゼンプラーと呼ばれる概念が重視されるようになってきた。

3 エグゼンプラー理論

3-1 エグゼンプラーの定義

Smith and Medin (1981) によれば，概念の表象には模範的な事例（エグゼンプラー）がいくつか個別に存在しており，それぞれのエグゼンプラーがサブセット（サブ・カテゴリー）を形成する代表になることもあれば，事例そのものだけでカテゴリーが形成されるなど，いくつかのタイプを持つと考えている。そのため，この理論は抽象的な要約（プロトタイプ）が欠落していても，エグゼンプラーだけでカテゴリーが形成されることが可能であると主張し，抽象的な事例や情報が要約された事例も許容する。

消費者行動の分野では，「特定カテゴリーの模範的な事例が検索の手がかりとなり，ターゲットの事例（新しい刺激）がカテゴリー化される」(Cohen and Basu 1987, p. 460)，カテゴリーは各実例によって表現される (Higgins 1989)，カテゴリーは，「抽象的なプロトタイプよりも，特定の記憶されているカテゴリーの事例によって代表される」(Loken et al. 2008, p. 135)，などと考えられている。エグゼンプラー理論が提唱されてきた1980年以降，時代を経ても基本の考え方は変わっていないことから，本書ではエグゼンプラーを「カテゴリーを代表する具体的で模範的なブランドである[6]」と定義する。

このエグゼンプラー理論に基づけば，新しい刺激（例えば，MP3プレイヤーの広告）の推論は，記憶にある類似の代表的エグゼンプラー（例えば，iPod）が手がかりとなる。そして，この刺激（ブランド）は，記憶に残っている代表的なエグゼンプラーと最も近いカテゴリーメンバーとして分類される (Loken et al. 2008)。このような点を考察すると，カテゴリーに含まれるブランドは何らかの思い出しやすさや想起しやすさの要因とも関連してくる。この点について次に検討していく。

3-2 エグゼンプラー形成に影響する要因

エグゼンプラーはアクセスしやすい存在であるため，カテゴリー化のプロセスにおいて常に支配的な役割を持つと考えられてきた（Smith and Medin 1981）。

一般的にアクセスしやすさ（accessibility）が高い存在であるほど想起しやすくなり，新しい刺激を判断する際にも記憶からの反応と判断がより早くなることで（Loken et al. 2008），長期記憶からのカテゴリー・スキーマの活性化[7]（activation）も促すことになる（cf. 池田・村田 1991）。

このことから，エグゼンプラー形成に影響する要因は長期記憶からのアクセス可能性であり，アクセスしやすさの手がかりとなる要因は，Cohen and Basu（1987）によって4つ挙げられている。

第一の要因は，事例としての頻度（frequency）である。事例としての頻度は，事前に模範的な事例を経験することや，消費のシーンにおいて登場したり，使用したりするといった具体的な接触の程度であり，事例の出現頻度がその後のブランド認識に関係するものである（Barsalou 1985; Ratneshwar and Shocker 1988）。また Rosch（1978）によれば，提示された事例の処理の速さ（reaction time），分類の速さ，カテゴリー名から正確にすばやく想起されるもの，想起される順番などがカテゴリーの代表的な存在と関係することから，第一想起や想起率によって確認できる。

第二の要因は，新近性（recency）[8]である。新近性は感覚的な身近さの程度であり，カテゴリー（の表象）は，最近受けた刺激に多くの重みを割り当て（Duffy and Crawford 2008），ビジュアルとの関係が強い（Manning et al. 2007）と考えられている。例えば，ブランド名やロゴなどが手がかりとなりブランド再生に影響する（Hoyer and MacInnis 2007）。

第三の要因は，主要な目標や目的（salient goals）である。主要な目標や目的とは，具体的な文脈や使用状況における経験を通じて，特定の対象やブランドが連想されるものである（cf. Ratneshwar and Shocker 1988）。使用状況や文脈は選好や選択に説明できる要因としてはこれまでにも多くの研究があるものの，刺激に対する反応としての用いられ方でしかなく，文脈を知っているかどうかで認知プロセスと問題解決の違いを確認した研究はあま

り多くない（Warlop and Ratneshwar 1993）。この主要な目標や目的を実証分析に用いる場合には，文脈や使用状況を連想させる数や強さとの関係を確認していく必要があるだろう。

　第四の要因は，独自性や弁別性（distinctiveness）である。これはブランド「そのもの」が持つ特徴やユニークさであり，特徴的であるほどそれが手がかりとなって想起が促されるものであり，他のブランドとの違いの程度や特徴の思い浮かびやすさによって確認できる。これは属性や便益によるピースミールな分析的視点よりも先に認知されるものである。古典的なアプローチのBruner *et al.*（1956）においてでさえも，「われわれの洗練された弁別活動は，われわれが特に関係がある環境の部分のためにとっておかれる」（p. 14）とあるように，共通部分と共に独自性や弁別性を手がかりに記憶し，それが記憶からの再生の手がかりとなり，アクセスしやすさを高めると考えられる。

　なお，この独自性や弁別性は差別化の要因であり，差別化はブランド・ポジショニング戦略の基本（和田 2002）でもある。消費者の情報処理アプローチにおいて多属性態度モデルに代表される属性の評価と態度形成，および選択といった絞込みの段階において重視されてきたものである。そのため，カテゴリー化といった認知の初期段階における手がかりとしてはあまり議論されてきておらず，この点は購買を前提とする情報処理アプローチが見落としてきた点なのかもしれない。いずれにしても，カテゴリー化という同質化に向かう処理での包括的な異質性を把握することであり，実はカテゴリー化の段階で既にブランド・ポジショニングが決まっているとも考えられ，非常に興味深い。近年の行動経済学においても，消費者の判断は絶対的ではなく他のものとの相対的な優劣に着目して価値判断を行う（Ariely 2008）ことを前提に考えられていることからも，この認知の初期段階における相対的な競争優位性の視点は重要である。特に近年，コモディティ化の影響により，カテゴリー内の商品やブランド知覚差異は減少していることから，認知の初期段階で独自性や弁別性を強く持つブランドであれば，消費者の意思決定プロセスにおける絞込みの前段階で，すでに優位なポジショニングを得ているため，その後の選択まで残る確率は高まると考えられる。

3-3 エグゼンプラーに基づく推論

Cohen and Basu (1987) によれば，エグゼンプラーを通じた比較の過程は2つある。1つは，類似の側面ごとにマッチングするタイプである。マッチングする際に，どのようなメンバーを想起するかはコンテクストとも関係するため，コンテクストベースのモデルと考えられる。もう1つは，包括的な比較プロセスの場合である。記憶には特性レベルの情報とともにその存在自体も心理的な記憶として残る。そして，出会う頻度や接触頻度が高まることで，属性，便益や信念ベースの情報よりも早く反応することが出来る。この包括的な比較は，カテゴリーの事前知識との関係が強く，事前知識を保有していることで，処理のヒューリスティクスが形成され，形状や印象といったゲシュタルト的な知覚や類似性判断をすばやく，感覚的に行うことが可能となる。また，時間がなく，分類の作業がより複雑な状況になっているとき，人が指示を与えられていないときなどにおいて，分類的な方法よりも優位な処理であると考えられてきた。

4　モデルの限界と混合モデル

プロトタイプはブランドをまたいで各特徴が要約され，抽象的で実存しないカテゴリーの代表（山本 他 2001；京屋 2007），あるいは，カテゴリーの属性をより多く保有する最良となる抽象的で仮想的なブランドである（Punj and Moon 2002）という考えに対し，エグゼンプラーは個別のブランドの特徴は要約できないため実存するブランドを中心として構成されること（山本 他 2001；京屋 2007），また，実際のブランドが情報処理される（Punj and Moon 2002）という点で大きく異なる。そのため，いずれも片方では説明しきれない点がある。

エグゼンプラーは，ブランドによる判断のため集団の同質性が判断できるが，プロトタイプは抽象化した知識であるため同質性の判断ができない。一方，エグゼンプラーはブランドではないものは習得できないが，ブランドが記憶される際，いくつかの要素は忘却されることがあるため，詳細に記憶することには限界がある。その点，プロトタイプは属性や特性の習得

を通じて，直接的に学習が可能であり，一般化も可能となる（Homa and Vosburgh1976；山本 他 2001）。結局のところ，消費者は意識におけるカテゴリーの代表が，実在するブランドなのか，仮想的かということはあまり気にしておらず，明らかに消費者の記憶の中には両方のタイプが含まれており，エグゼンプラーの情報とプロトタイプとしての抽象的な属性情報は，消費者の記憶からより簡単に検索（retrieve）できる手がかりとして両方とも機能すると考えられる（Punj and Moon 2002）。

例えば，エグゼンプラーは，そのカテゴリーの経験が少ない場合に有効であり，一方で，継続的に経験する場合やブランド数が多い場合，競争が複雑になった場合などはプロトタイプが有効に機能する（cf. Homa, Sterling and Trepel 1981）。また，エグゼンプラーは不安定（構造があいまい）なカテゴリー化の状況において，より成果を示しやすいと考えられており（Smith and Medin 1981），日々新製品が導入され，変化の激しい市場において特に重要な視点であるとされている。これらの点から，消費者は両方のモデルを記憶に保持し，状況に応じて使い分けるため，プロトタイプとエグゼンプラーは補完的な存在であると考えられており（Punj and Moon 2002；京屋 2007），近年，認知心理学の分野でも両者を混合するモデルも出てきている（藤原 1998；山本 他 2001；京屋 2007）。

このように，グレード化されたカテゴリーの構造は不変的ではなく，文脈に依存して変化すると考えられているが，その柔軟な構造に影響する要因についてはまだ明確にされてきていない。とりわけ，消費者行動研究領域における先行研究では，カテゴリーの典型性に焦点が当てられてきており，エグゼンプラーや具体性の視点を組み込んだ実証研究は存在しない。そのため，典型性と具体性を包括したカテゴリー構造に関する実証研究，および，カテゴリーに所属しているブランドがロイヤルティを高めるためにどちらの要因をより強く保有する必要があるのか，といった実証研究がカテゴリーの構造を理解するために必要となってくる。

ただし，実証研究を進める前に，ブランドに関する知識や経験がどのように記憶に貯蔵されており，また，典型性や具体性とどのように関連するのかといった記憶システムに関する整理が必要である。そこで次に，カテゴリー

とブランド・エクイティとの関連を，記憶システムに基づき整理していく。

[注]

1　prototipicality の訳には原型性も含まれるが，先行研究では主に「典型性」という表現で訳されていることから，本書も典型性で統一する。
2　例えば，ブランド価値次元としての感覚価値や観念価値など。第1章4節を参照。
3　E. Rosch はプロトタイプについて様々な批判を受けたことで当初，主張していた「属性によるある種の合成物としての典型的な存在」を「人々の判断による良いカテゴリーメンバーとして，機能的に定義されたメンバーの詮索の際，最もクリアな事例」(Rosch 1978, p. 36) に変更している。
4　典型性の程度の違いを階層（グレード）として考えた場合，このグレード構造は，分類学的カテゴリー，目的に導かれるカテゴリー／アドホック・カテゴリー（第2章5節で述べる）といったカテゴリータイプに関係なく存在すると考えられている (Barsalou 1983)。なお Rosch and Mervis (1975) は自然カテゴリーにおける分類を中心とした研究であり，この場合の家族的類似性は物理的な類似性を測定していたことから典型性との関係が重要となっていたが，目的に導かれるカテゴリーにおいては，この家族的類似性のあてはまりが低いことを Barsalou (1985) が示している。これは，目的を達成するものであれば物理的な類似性は必ずしも必要とは限らないことを示している。ただし，分類学的カテゴリーは自然カテゴリーと同様に家族類似性が重要となる。この点が目的に導かれるカテゴリーとの違いである。
5　広告や口コミなどを通じて得たブランドに関する知識構造であるが，これまで漠然とした議論しかないことから，あまり明確な定義には至っていない (Marks and Olson 1981；Loken 1990)。
6　Smith and Medin (1981) も援用しながら定義すれば，消費者がサブ・カテゴリーの存在を認知している場合，その中心にもエグゼンプラーが存在すると考える。
7　カテゴリー・スキーマの活性化には内部要因が関係し，(1) 時間的に直近に用いられたスキーマ，(2) 日常頻繁に用いられるスキーマ，(3) 消費者の動機づけの状態，特に情報処理すべき目標がある場合，などにおいて活性化しやすい (cf. 池田・村田 1991, p. 35)。これらの要因は本書のアクセスしやすさの手がかりとなるエグゼンプラーの4要因 (Cohen and Basu 1987) と類似しており，スキーマの活性化とアクセスしやすさは関連している。
8　この和訳は，文部科学省，日本心理学会 (1986) で指定されている「新近性効果（recency effect）」を元にした。参照元 URL「http://sciterm.nii.ac.jp/cgi-bin/reference.cgi」。新近性効果とは系列的に呈示された情報の終末部が初頭あるいは中間部より記憶の再生が多いことを指す。

4節　カテゴリーとブランド・エクイティ
――記憶システムに基づきながら

1　カテゴリーとブランド・エクイティ

ブランドはマーケティング活動の対象であり，消費者は様々なマーケティング・コミュニケーションの影響を受け，ブランドの知識（ブランド・エクイティ）を記憶に蓄積していく。カテゴリーはブランド群によって構成されているブランド・キャンバスであることから，カテゴリーを理解するためにはブランドが消費者の記憶にどのように貯蔵されているのかを理解しなければならない。

第1章4節で述べたように，ブランド論において最もよく引用されるブランド・エクイティの定義は，「あるブランドのマーケティングに対応する消費者の反応に，ブランド知識が及ぼす効果の違い」である（Keller 1998, p. 45）。本節におけるブランド・エクイティはこの定義と理論に基づき展開する。

2　記憶システムについて

2-1　記憶研究の系譜

消費者は何らかの経験をすると，その経験を知識として記憶している（清水 2006b, p. 73）。この記憶とは，簡単に言えば「情報のインプットからアウトプットまでのプロセスを言う」（太田 2006, p. 5）。

ここでは記憶の研究の系譜を太田（2004, p. 31-33）に基づいて簡単に触れる。記憶の研究は1885年の記憶の忘却実験に始まり，今日まで100年余り続いている。1920年から1930年代は想起がスキーマによって再構成されるといった研究や，ゲシュタルト心理学の影響を受けた知覚表象における諸原則が記憶に適応された研究があった。その後，1950年代は行動修正アプローチの刺激—反応理論の適用，最初の情報処理モデルとしてのチャンク

（作業記憶において取り扱える情報の量の限界のことであり，人はおおよそ「7±2」程度の記憶容量しか持たないこと）が示され，そのチャンクが示された1956年が認知革命の年となった。1960年代には二重貯蔵モデルの原型（図2-6参照）や意味記憶ネットワークの研究，そして1970年代には複数記憶システム論と意味記憶とエピソード記憶が確認されたことや，短期記憶におけるワーキングメモリーの存在の研究，1980年代以降は意識の問題やシュミレーションモデルによる研究，1990年代はニューロイメージングによる研究などへの飛躍的な発展があった。今日のトレンドは，行動から認知へのアプローチが進み，実験室的研究から日常記憶や現実社会に対象が変わりつつあり，研究方法も他の領域や分野との融合が進んでいる。

2-2 記憶のプロセス

記憶のプロセスは，「符号化（encording）」「貯蔵（storage）」「検索（retrieval）」の3つに分けられる。

符号化とは，外部の刺激を頭の中に情報として取り入れるプロセスをいう。ただし，消費者は世の中のすべての情報に注意を向けるわけではなく，作業記憶への符号化の際は「選択的注意[1]」が関係する（新倉 2006, p.195）。消費者が情報に反応する要因には，(1) 現在の自身のニーズに関係する刺激，(2) 予測していた刺激，(3) 通常より刺激の強いもの，などがある（Kotler and Keller 2006, 邦訳 p.232）。また記憶容量の限界から「チャンキング（changing）」や「体制化」といわれるような，上位の概念で情報をまとめて効率的に記憶を維持するための符号化を行う。「知覚符号化」と呼ばれる，製品やサービスの客観的（物理的）特性から（主観的）属性への変換の過程（中西 1984, p.9-11）もこのプロセスに該当する。この知覚符号化[2]による主観的な解釈は必ずしも正しい処理が行われるとは限らず，誤差やバイアス[3]が介在するため，マーケターはこの符号化においてブランドを如何に意図通りに解釈させられるかどうかが重要となる。他にも，記憶を定着させるために語呂合わせに変換して覚えることや，ある出来事を自分の経験と置き換えて解釈することなども符号化のひとつであろう（太田 2006, p.5）。

貯蔵とは，検索の段階まで情報を知識として保持することである。このプ

ロセスは数十秒のこともあれば数十年のこともある。貯蔵期間が長いほど情報は変容，消失する可能性が大きいのだが，近年，10年以上保持されるような「超長期記憶」[4]の研究も進んでいる。

　検索とは，あることを思い出したり（再生），これは以前に見たことがあると思ったり（再認），考えていたりするときに，貯蔵している情報を使用する段階である。ここでは「手がかり」が大変重要な役割を果たす（太田 2006, p.6）。ブランドの知識や情報のまとまりであるブランド・イメージは，ブランド名という情報要素の下に当該ブランドにまつわる属性や便益がチャンクとしてまとめられて貯蔵されており（cf. 青木 2010b, p.170），検索という手続きを経て記憶から取り出されることになる。

　なお，符号化と検索のプロセスは意識的に行われる場合と無意識的（自動的）な場合があり，現状でもまだ十分解明されていない（太田 2006, p.6）。また，貯蔵情報も検索によって初めて意識されるものであり，普段は意識下にあると言われているものの（太田 1994, p.248-249），記憶からの検索しやすさ，取り出し（アクセス）しやすさという点がブランドにとって重要になることは間違いない。

　では，ブランドの知識や情報はどのように記憶に貯蔵されているのだろうか。記憶のシステムと併せて次に述べていく。

3　各記憶システムと測定やエクイティ要素との関連

3-1　複数記憶システム

　"記憶のシステム"それ自体の概念は，解明の途上にあり統一された見解は無いが（Tulving 1991, p.263；太田 1992, p.95），ここでは消費者行動でよく引用される記憶の二重貯蔵モデルと，長期記憶における複数記憶システムを中心に整理する（図表2-6）。

　五感を通じてインプットされた情報はまず「感覚記憶」に保持される。これは約1秒以内しか保持されない情報で，記憶にあがることなくほとんどの情報は消失する。単に感覚器官を刺激しているだけである。次に，短期貯蔵庫における作業記憶（ワーキングメモリー）で意識して情報を処理する。こ

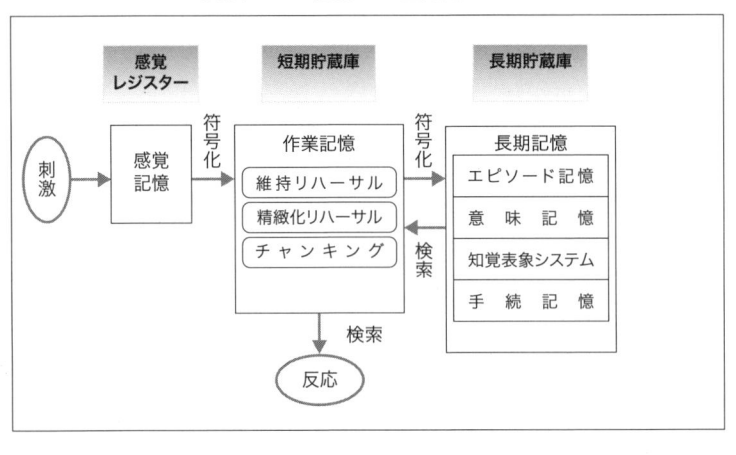

134　第2章　カテゴリー概念についての研究

図表 2-6　記憶の二重貯蔵モデル

```
         感覚              短期貯蔵庫              長期貯蔵庫
       レジスター
                    符号                符号
                     化                  化
               ┌─感覚─┐     ┌─作業記憶─┐      ┌──長期記憶──┐
  刺   ───→   │感覚 │───→ │維持リハーサル│ ───→ │エピソード記憶│
  激          │記憶 │     │精緻化リハーサル│     │意　味　記　憶│
               └────┘     │チャンキング │ ←── │知覚表象システム│
                           └──────┘  検索 │手　続　記　憶│
                              │                └────────┘
                              ↓ 検索
                           ┌反応┐
                           └──┘
```

（出所）　新倉（2006, p.194）より引用。

こでの情報保持は1分以内で使わなければ消失する。先述のチャンキング以外に，記憶を定着させるための繰り返しとしての「精緻化リハーサル」，単に短期貯蔵庫に維持するためだけに繰り返す「維持リハーサル」がある（今井 2003, p.146）。新倉（2005, p.7）の消費者情報処理の「統合モデル」の情報の探索，解釈，評価もこの作業記憶において行われるモデルであり，作業記憶は消費者の認知プロセスの中心的な役割を果たす。そして作業記憶で適切に処理された情報は符号化され，長期記憶に貯蔵される。

長期記憶は「複数記憶システム」といった階層構造[5]によって構成されているという考え方があり，「手続記憶（procedural memory）」「知覚表象システム（perceptual representation system：PRS）」「意味記憶（semantic memory）」「エピソード記憶（episodic memory）」といった順に下から層化されている。

また，これらの長期記憶は消費者が意思決定する際の事前知識として用いられるものであり，事前知識とは「記憶内に蓄積された利用し得る構造化された情報」（清水 2006b, p.74）のことである。

この事前知識のタイプと長期記憶の複数記憶システムとが関連しており，手続記憶（非命題的記憶）には「もし〜ならば，……である」といった手順

図表 2-7　記憶区分と知識類型の対応関係

記　憶　区　分	知　識　類　型
命題記憶	宣言的知識
エピソード記憶	エピソード知識
意味記憶	一般（概念）的知識
手続記憶（非命題記憶）	手続的知識

(出所)　青木 (1993, p. 9) を一部修正して引用。

や行動に関する「手続的知識」が関連するもので（図表2-7），例えば「ケーキを食べるときは，フォークを使う」といった知識である。人はさまざまな経験を通じて手続的知識を無意識的に形成している (Peter and Olson 2005)。近年，この手続記憶や手続的知識が注目されてきている（太田 1992）。その理由は後述する直接プライミングという概念の研究と関連する。エピソード記憶と意味記憶をまとめた命題記憶には宣言的知識が対応する。この宣言的知識は「……は～である」という命題の形で記憶されるもので，例えば「生クリームで覆われており，上にいちごが乗った三角形のものはケーキである」といったように命題がリンクして1つの意味を形成する。エピソード記憶には時間的，空間的に定位された消費者自身の過去の経験や出来事に関する「エピソード知識」が対応し，意味記憶には商品やブランドとその性質が結びついた「一般（概念）的知識」が対応する。エピソード知識と一般（概念）的知識は異なる。例えば，家の居間にある特定の時計，あるいは，これまで愛用してきた特定の置き時計の形やデザイン，性質，歴史性などはエピソード知識である。もし仮にエピソード知識がなければ，自宅の椅子やテーブル，各部屋の場所，キッチン用品の所在など日々の生活に関係するあらゆる存在を常に学習し記憶しつづけなければならないため，我々が生活していく上でも非常に重要な記憶である。しかし，やがてそのようなエピソード知識から特定の時間や場所の要素が切り離され，時計の一般的な機能，メカニズム，典型的な特徴が一般（概念）的知識となり，意味記憶に貯蔵されていく (Cohen *et al.* 1986, 邦訳 p. 44；青木 2010b, p. 168)。ただし，この一般（概念）的知識は直接体験する必要はなく（青木 2010b, p. 168），本やインター

ネット，コマーシャルで見た情報からも知識が形成されていくのである。

次に，下位の記憶システムから1つずつ，その測定方法やテスト，および，ブランド・エクイティ要素との関連について確認していこう。

3-2 手続記憶

手続記憶は行動的あるいは認知的技能（スキル）の獲得に働く手続きの記憶である[7]（太田 1994, p.249）。例えば，乗用車の運転，大工や専門技術職人などの「言葉で表現できない」技術やノウハウといった，プロセスや手順に関する記憶である。太田（1992）は手続記憶をさらに分類している。その分類は図表2-8のように，認知と行動のレベルがある。表中の「レベル」はⅠよりⅡの方が情報処理単位が大きく，複雑であると考えられている。ただし，分類は便宜的なものであり，1つの行動にいくつもの手続き記憶が関係する場合もある。これらは，一般（概念）的知識としてのスキーマや一連のスキーマが関連して形成される一定の行動パターンとしての「スクリプト」とも関連が強いと考えられる。また，手続記憶は[8]「いかなる認知に対しても独立である。感覚・運動課題における熟練した遂行や，単純な刺激・反応結合の条件付けなどは手続記憶システムに大いに依存している」（Tulving 1991, p.265）こと，親密性の高いブランドは解釈を伴わなくても自動的・無意識的に認識できる（Peter and Olson 2005, p.107）などの点から，ブランドとの接触頻度が高まれば手続記憶を通じた無意識的な反応も高まるであろう。このような点が手続記憶に関連するブランド・エクイティ要素だろう。こういった反応の測定としては，製品のデザインや使用感（使い心地や使用感）などの感性工学的なテストが考えられる。

なお，手続的知識はやり方や技能に関する知識であり，購買時におけるヒューリスティックスがその代表であることから（清水 2006b, p.75），「慣性（inertia）」で購入している消費者の「見かけ上のロイヤルティ」（青木・田島 1989, p.64）は，この手続的知識のヒューリスティックスによる無意識的な条件反射で買っているケースも含まれると考える。そのため，手続記憶や手続的知識との関連だけではブランド・エクイティの構築が十分であるとはいえない。

図表 2-8　手続記憶の分類

種類	内容	例
認知レベル I	感覚・知覚過程における情報処理に関するもの	l と r の発音の聞き分け、単語の読み
認知レベル II	記憶・思考過程における情報処理に関するもの	記憶術・俳句の作り方・算数問題の解決法
行動レベル I	動作・運動過程における情報処理に関するもの	ワープロの操作・自転車の乗り方
行動レベル II	日常生活行動過程における情報処理に関するもの	結婚式の進め方　会議での議論の仕方

(出所)　太田（1992, p.94）より引用。

3-3　知覚表象システム

　知覚表象システムは「刺激の意味処理がなされる以前の（pre-semanticな）段階のシステムで、知覚レベルの処理が行われるシステムである。単語ならばその文字の形態とかその言葉の音韻、また図形や絵ならばその構造の形態が、それぞれ意味を認知することとは別に、知覚される」（太田 1995, p.7）といったように、意味を理解する前に処理される潜在記憶である。手続記憶とも深く関連しており、知覚のレベルで対象（言語含む）を同定する際に用いられるものである（太田 1994, p.249）。そのため、表層的なゲシュタルト的知覚はこの記憶システムと関係が強いであろう。ブランドに気づいたのか、気づかされたのかはともかくとして、知覚された時点で解釈が始まるため（Peter and Olson 2005）、近年この知覚表象システムは知覚プライミングと共に研究が進んでいる記憶システムのひとつである。プライミングとは、先行刺激の受容が後続刺激の処理に無意識的な促進効果を及ぼすことを言うもので、手続記憶との関連が強いものである（太田 1992；太田 1994, p.251）。プライミング効果についてある程度わかってきている点は3つあり、(1) 長いもので1年後でも効果が見られたりしていること、(2) 他の記憶システムとは独立に機能すること、(3) 最も基本的な部分を担い、発達初期（2歳から3歳頃）から見られ、高齢になってもその能力は衰えないこと、

図表 2-9　プライミング実験図式

〈実験条件〉	〈学習段階〉	〈テスト段階〉
例 1	ほうれんそう・・・・	ほ□□んそ□
例 2	××××××・・・・	ほ□□んそ□
例 3	ポ パ イ・・・・・	ほうれんそう

（出所）　太田（1994, p.252）より引用。

などである（太田 1995, p.8-9）。なお，プライミングには「直接プライミング」と「間接プライミング」がある。また，直接プライミングはさらに知覚的処理の促進を確かめる「知覚的プライミング」と概念的処理の促進を確かめる「概念的プライミング」に分けられる（cf. 太田 1995, p.6）。

図表 2-9 の例 1 と例 2 は知覚プライミング実験で，最初に「ほうれんそう」の文字を見せた場合と見せなかった場合の正答率や反応時間差を見るものである。学習と刺激が同じ内容の場合は直接プライミングで，例 3 のような関連性を見る場合が間接プライミングである。例えば，普段あるブランドを使用している消費者と使用していない消費者でロゴの再認率や再認速度の差を見るのは直接プライミング，店頭で商品を見た時に，CM のキャラクターやジングルを想起したり，ブランドを手がかりとして以前見た店頭の販促物やメッセージを思い出したりする場合が間接プライミングだろう。このように無意識のうちに受けた刺激や感じた体験がその後の購買行動や消費体験に影響を及ぼすことから，カテゴリーを形成する要因としてもこの知覚表象システムは重要な要因であると考える。特に，視覚を通じて得たブランド要素（ブランド・ネーム，ロゴ，キャラクターなど）との関連が強いと考える。この場合の測定としては，ブランド要素に基づく知覚プライミングテストが考えられるであろう。

3-4　意味記憶

意味記憶は一般（概念）的な知識の記憶で，事実，概念，言葉の意味などについての潜在記憶であり，超長時間的・超空間的なものである（青木

1993, p. 8)。Tulving (1991, p. 266) によれば，「意味記憶の内容へのアクセスは比較的柔軟で，複数のルートを介して同じ情報にアクセスできる」ことから通常のアンケート調査で多用されるブランド評価，あるいは多属性態度モデルなどの態度や選好の測定と関連する記憶であろう。また，カテゴリー名が手がかりとして与えられてブランド再生とブランド再認を確認するカテゴリー連想テスト[10]も関係してくる（cf. 新倉 2008, p. 51）。

　ブランド・エクイティ構築においてブランド・ネームが再生・再認されることは最も基本的なブランドの要件である。事前に経験した，あるいは，知っていたブランド（ネーム）などが刺激となりプライミングを起こしていると考えられる場合，概念的プライミングであり，これは意味記憶との関係が深い。他の測定にはブランドの自由連想テスト[11]があり，この調査は間接プライミングと関連するもので，ブランドから連想されるブランド・イメージを抽出する際に利用できると考えられる（新倉 2008, p. 51）。このように，意味記憶には一般的にブランドが保有する要件としての属性や信念，便益，ブランド・ネームの再生とそこから連想される特定の場所や時間にとらわれない一般的なイメージが保有されている。ただし，この場合は手続記憶や手続的知識，知覚表象システムがその手がかりとなっている（後述）。とりわけ，カテゴリー・ニーズやカテゴリーにおいて保有すべき本質的な要件としての「ポイント・オブ・パリティ」（Keller 2002），ブランド固有の特徴としての「ポイント・オブ・ディファレンス」（Keller 2002）といった，分析的視点のブランド・エクイティ要素との関わりが深いのはこの記憶であろう。

3-5　エピソード記憶

　エピソード記憶は個人的な経験の記憶で，時間的・空間的に定位された経験についての顕在記憶であり，事象（あるいはエピソード）を単位としている（青木 1993, p. 5）[12]。ここでのテストは，「特定の」使用状況や消費シーンの再生，実際の使用や消費の再認を要求するような再生と再認テストである（新倉 2008, p. 50）。広告についての記憶の場合，受け手の自発的な認知反応（積極的にその広告について考えるプロセス）を経た情報は，事後にエピソード記憶として再生されやすくなる。そして，購買場面ではブランド名を通じ

たエピソードの内容やエピソード記憶に結びついた態度や情緒が想起されることもある（仁科 2001, p. 39）。これらのことから，ブランド固有のイメージの連想，および，ブランドそのものが置かれていた文脈や状況を通じた存在感なども，この記憶を含めて認識されるものと考える。

なお，我々が考えたり感じたりすることの多くは，言語データではなく，画像や映像として頭の中に生成し，記憶され，そこにさまざまな思考や感情が付着していること（藤川 2006, p. 72），特定の個人的経験は時間と文脈を手がかりとして想起され，快楽的感情がブランドに憑依すること（Sujan et al. 1993）などからも，ブランドとの具体的な消費体験を通じた快楽的消費とエピソード記憶との関連は強いと考える。このように，特定の文脈や体験と結びついたブランドは独自の世界観を持ち得るため，具体性（リアリティ）の高い存在である。具体性の高さは記憶へのアクセスしやすさを高めることから，エピソード記憶の要件を満たすことが相対的な競争力を高めるための強いブランド・エクイティの要件となる。

ただし，エピソード記憶におけるブランドの存在が鮮明であればあるほど，そのブランドは他の記憶システムとも関連すると考えられる。では，複数記憶システム間の関連はどのようになっているのだろうか。

4　複数記憶システムとブランド・エクイティ

長期記憶におけるこれらの複数記憶システムは，「ある記憶システムは，その下位の記憶システムによってコントロールされるが，その上位の記憶システムとは独立に機能しうる」（太田 1994, p. 250），「このようなシステムの順序は，またシステム間の推測される関係も示している。より高次のシステムの操作は，より低次のそれに依存し，支持されている。一方，より低次のシステムは高次のものとは，本質的には独立に機能することができるのである」[13]（Tulving 1991, p. 265）とされているように，上位に位置づけられている記憶は下位の記憶に依存しており，下位の記憶によって制約がなされるが，下位の記憶は上位からは独立している。そのため，消費者が意味記憶を検索の手がかりに「属性」を取り出して検討することや，エピソード記憶に

ある「ブランド」に関する特定の知識を検索することは可能であるが，この作業の際は，意味記憶とともに知覚表層システムや手続記憶も働くことになる。つまり，エピソード記憶を使うときには必ず意味記憶以下の処理も働くため，意味記憶のないエピソード記憶はないということになる（cf. 太田 2001, p.38）。

ここまで各記憶システムにおける測定やテストとともにブランド・エクイティの要素について検討してきたが，この複数記憶システム間の依存・制約関係を考慮すれば，上位のブランド・エクイティ要件は下位のエクイティ要件の影響を受けることになる。そして，下位のエクイティ要件は必要条件であり，より上位の要件を満たすことが強いブランド・エクイティの十分要件となると考えられる。

以上の議論から，記憶システムに関する測定やテストとブランド・エクイティ要素として満たすべき点を整理したものが次の図表2-10である。

仮に，これらの複数記憶システムとブランド・エクイティとが対応していたとしても，ブランドがカテゴリーに存在している限り，ブランド・エクイティはカテゴリーの要件を満たすことが必要となる。

Barsalou（1985, p.646）によれば，消費者は長期記憶から個々の対象に対応するカテゴリーをいつも同じようには取り出さないという。つまり，短期

図表2-10　記憶システムと測定やテスト，ブランド・エクイティの関係

	測定やテスト	ブランド・エクイティ
エピソード記憶	特定の使用状況を前提とした文脈や再生・再認テスト	具体性の高さとブランドそのものの存在感，世界観
意味記憶	概念的プライミング カテゴリー連想テスト ブランドの自由連想テスト	カテゴリー・ニーズ ポイント・オブ・パリティ ポイント・オブ・ディファレンス
知覚表象システム	知覚プライミング実験	ブランド要素（ブランド・ネーム，ロゴ，キャラクターなど）の再認率，再認速度
手続記憶	感性工学的なテスト	使い心地や接触頻度を通じた無意識的な好ましさ

（出所）　筆者作成。

貯蔵庫にあるワーキングメモリーにおいてカテゴリーを表象するために使われる知識は，状況に応じて異なると考えられる。この視点に立てば，長期記憶にはブランドごとのエクイティに関する知識や情報が何らかの意味を持ちながら紐付けされた状態で含まれており，長期記憶からの取り出され方はカテゴリー概念の影響を受けるということである（この点については6節のカテゴリー概念の相互依存で再度，触れることにする）。

では，ブランド・エクイティはグレード化されたカテゴリーを形成する要因とどのように関連するのであろうか。

5 プロトタイプ，エグゼンプラーとの関連

プロトタイプは抽象的な存在であることから，意味記憶における一般（概念）的知識に基づく存在であると考える。上述したように意味記憶へのアクセスは比較的自由なアプローチが可能であることから，意味記憶における一般（概念）的知識によって情報処理された抽象的な存在であるとすることは理論的に問題ないと考える。

一方，エグゼンプラーは具体的な存在であることから，エピソード記憶における特定の文脈や状況に関する記憶をより強くを持ち合わせていると考える。上位の記憶システムは下位の記憶システムに依存することから，このエグゼンプラーに必要な要件はすべての記憶システムを含めた存在でなければならない。

強いブランドほど，カテゴリーを形成する中心的な存在として消費者の心の中に位置づけられていくため，プロトタイプとエグゼンプラーの要件を満たすことが，強いブランド・エクイティの構築を可能とする。

プロトタイプの典型性に必要な要件としての，理想属性（ideals），多属性構造（購入に影響する主要な属性の束），家族的類似性（family resemblance），および，測定で用いられてきた代表性（typicality）などは，購買に関連する属性や信念であり，特に意味記憶との関連が強いものである。つまりこれらの属性や信念によるアプローチは，購買へと駆り立てるブランドの意味づけ（cf. 青木 1999, p.14-16）として必要な要件である。[14]

また,「繰り返しの回数が増えるほど,特定の出来事についての特殊なエピソード的情報の比率は減少し,意味記憶の比率が増加していく」(Cohen et al. 1986, 邦訳 p.46) ことから,ブランドとの接点の繰り返しによって獲得された意味であるとも考えられ,ロングセラー・ブランドはこれらの典型性が強く影響するものであると考えられる。なお,親密性（familiarity）やカテゴリーメンバーとしての接触頻度は接触の程度であり,意味が深く処理される前の下位の知覚表象システムや手続記憶と関連するだろう。

　エグゼンプラーの要件について検討する。具体的な消費や使用状況における接触頻度が高まれば無意識的な反応も高まるため,事例としての頻度が手続記憶に正の影響を与えると考える。新近性はブランド名やロゴなどが手がかりとなりブランド再生に影響するため (cf. Hoyer and MacInnis 2007),知覚表象システムとの関連が深い。主要な目標や目的はエピソード記憶,独自性や弁別性は意味記憶との関係が強いと思われる。

　これらの要件に基づけば,カテゴリーの中心化傾向を高める要件と複数記憶システムに基づくブランド・エクイティの要件とは合致する。そして,エピソード記憶も含めたブランド体験を達成するような「エグゼンプラー型」の具体性をより多く保有するブランドほど経験価値を保有するため強いブランド・エクイティを構築していると考えられる。ただし,上位の記憶システムは下位に依存・制約されるため,関係性構築の要所においては意味記憶以下の下位記憶も無視することはできない。一方で,属性や信念に基づく典型性要素をより多く保有する「プロトタイプ型」のブランドは,多属性態度モデルを前提にした高関与で分析的な消費者に対して特に機能するタイプであろう。

　さらに言うならば,プロトタイプとエグゼンプラーは補完的であると考えられていること,また,どちらかの1軸による評価よりも2軸の方が評価は安定することから,強いブランド・エクイティを構築するためには,「プロトタイプ型」要件と「エグゼンプラー型」要件を持ち合わせる必要があるだろう。

　なお2軸による評価の利点は,これまでの市場に無いような,新しいカテゴリーの製品や革新的な製品を認知する場合にも有効である。例えば,消費者は既存品との相対的な比較を通じた類推しか出来ないこと (Ratneshwar and Shocker 1988；Ries and Trout 2001), また, 意思決定の際には相対的な優劣に着目して価値を判断する (Ariely 2008, 邦訳 p.25)。このような場合は属性を手がかりにしつつ, 文脈との関係を理解するといった両軸を併せ持つ判断が必要なため, 論理的な視点で付加価値をつけていくような「カテゴリー創造型ブランド・マーケティング」(新倉 2007) にも有効であると考える。

6 小括

ブランドが消費者との関係性を強化するためには, ブランド・キャンバスであるカテゴリーの要件を保持するブランド・エクイティの構築によって可能となる。そのためのブランド・エクイティ要件は複数記憶システムに基づいて整理することが可能である。とりわけ, 消費者の主観的構造に近いグレード化されたカテゴリーの中心化傾向を形成する要因である典型性に基づく「プロトタイプ型」の要件, および, 具体的な体験や文脈に基づく「エグゼンプラー型」の要件を包括したブランド・エクイティを構築することが「ブランドが勝ち残る要件」となり, 競争優位性を高めることにつながるだろう。

図表 2-11　記憶システムとブランド・エクイティとカテゴリー要件

	ブランド・エクイティ	典型性 (プロトタイプ型)	具体性 (エグゼンプラー型)
エピソード記憶	具体性の高さとブランドそのものの存在感, 世界観		主要な目標や目的
意味記憶	カテゴリー・ニーズ ポイント・オブ・パリティ ポイント・オブ・ディファレンス	理想属性, 代表性 多属性構造, 家族的類似性	独自性や弁別性
知覚表象システム	ブランド要素 (ブランド・ネーム, ロゴ, キャラクターなど) の再認率, 再認速度	親密性	新近性
手続記憶	使い心地や接触頻度を通じた無意識的な好ましさ	カテゴリーメンバーとしての接触頻度	事例としての頻度

(出所)　筆者作成。

最後に本節で取り上げた記憶システムとブランド・エクイティ，典型性（プロトタイプ型）と具体性（エグゼンプラー型）の要件を整理すると，図表2-11のような構成になる。なお，知覚表象システムにおける知覚プライミングと手続記憶とは深く関連していることから，カテゴリー要件はこの2つを区分せず扱うものとする。

7　典型性と具体性に基づくブランドの類型

　典型性と具体性は，いずれもカテゴリーの中心化傾向を理解するための重要な要件であり，ブランド・エクイティ構築に関連する。ブランドはカテゴリーに存在していることから，ブランドが典型性と具体性要素を満たす程度によって，ブランド・ポジショニングの検討が可能であると考える。そこで本節では，プロトタイプ要件としての典型性を横軸に，エグゼンプラー要件としての具体性を縦軸に置いた4象限でブランド・ポジショニングを検討する（図表2-12）。

　横軸の典型性はカテゴリーらしさのことであり，カテゴリー・ニーズとして満たすべき要件である。ブランド間の競争の視点で言えば，ポイント・オブ・パリティとして満たすべき必要条件であり，競争上の土俵に上がれる価値があるのかどうかを判断するための絶対評価的なものである。

図表2-12　カテゴリーの中心化傾向の形成要因によるブランド類型とポジショニング

要因		典型性	
		低い	高い
具体性	高い	II　エグゼンプラー型 独自的ポジション	I　パワー・ブランド 代表的ポジション
	低い	III　存在感が薄いブランド リ・ポジショニング	IV　プロトタイプ型 模倣的ポジション

（出所）　髙橋（2009a）を一部修正して引用。

縦軸の具体性は記憶へのアクセスしやすさの程度となる。記憶にアクセスしやすいブランドほど具体性が高いことから，相対的な競争優位性が高いものとして位置づけられる。ブランド間の競争の視点で言えば，ブランドそのものを通じた存在感や他との違い，ポイント・オブ・ディファレンスの程度であり，具体性が高いほど優位なポジショニングにあると判断できる。

第Ⅰ象限には典型性，具体性ともに高いブランドが所属することになる。ここに所属するブランドはカテゴリーを代表するようなパワー・ブランドである。複数のブランドがこの象限に入る場合，競争環境が激しいと考えられるが，一方で，各ブランドはカテゴリーを代表するエグゼンプラー的要素を強く持つとも考えられることから，異なるニーズを満たす複数の代表的ブランドの共存が可能であろう。

第Ⅱ象限には，典型性が低く具体性が高い「エグゼンプラー型」ブランドが所属する。カテゴリーの典型性は低くても競争優位性が高いブランドは独自的ポジションを得ていると考えられることから，リーダー・ブランドとの差別的ポジショニングを志向するチャレンジャー・ブランド，あるいは，独自の戦略で特定のターゲットやセグメントへのニッチ戦略に成功しているブランドが該当するであろう。ただし，独自の層を対象としていることから収益面では小さいと考えられる。そのため，パワー・ブランド化を目指すために，典型性（カテゴリー・ニーズ）をより良く満たしていく施策もあるが，カテゴリー・ニーズの側面をあまり強化してしまうと独自のポジションを喪失する可能性もあり，必ずしも典型性を満たすことが最良の戦略とは言いきれないため注意を要する。

第Ⅲ象限には，典型性も具体性も低いブランドが所属する。この象限に所属するブランドは，既存カテゴリーにおいて際立ったポジションを得ることが出来ておらず存在感が薄いブランドである。死に筋ブランドであるとも言えよう。この場合，現状維持よりもリニューアルを伴う他の象限へのリ・ポジショニング戦略を検討すべきであろう。

最後に，第Ⅳ象限には，典型性が高く具体性が低い「プロトタイプ型」ブランドが入る。リーダー・ブランドの模倣的ポジションを取るフォロワー・ブランド，PBなどがこの象限に入ると考えられる。このブランドがパ

ワー・ブランドを目指すためには具体性を保有することが必要となる。

これまでのマーケティング・サイエンス分野における知覚マップは属性や便益といった典型性の視点を中心に検討がなされ，その空白を埋める形で差別化やポジショニングが検討されてきた。そして，多様なブランドが日々投入されてきたことで，多くの製品カテゴリーにおいてサブ・カテゴリーが拡大していった。しかし結局は，消費者が知覚できるブランドには限りがあり，コモディティ化を促しているに過ぎない場合も多い（cf. 和田 2002；Kotler and Trias de Bes 2003）[15]。

このような複雑化する多くの市場状況においてブランドを診断するにあたり，具体性の視点を考慮に入れることでより包括的な視点でブランド・ポジショニングを検討することが可能となるだろう。

ただし，競争環境の変化がカテゴリーのあり方や位置づけ，目的との関係にも影響を与えていく[16]。情報処理アプローチにおいて消費者は目的を持って行動する「能動的な消費者」として捉えられてきたが，このような目的を持って行動する消費者は，どのようにカテゴリーを形成していくのだろうか。

[注]

1 人は，1日に平均して1500以上の広告やブランド・コミュニケーションに接している（Kotler and Keller 2006, 邦訳 p.232）。また，POSの導入と情報流・物流の整備に伴い「タンピンカンリ」が可能となったことで，店頭には多種多様な商品が並び，日々新製品が投入され続けている。しかし，消費者はこれらの情報のすべてに注意を払うわけではなく，「見たいものしか見ない」（Ries and Trout 2001, 邦訳 p.38）のである。注意（attention）には，前意識注意（preconscious attention）と焦点注意（focal attention）の2つのレベルがある。前意識注意は自動的・無意識的に行われる。その後，必要があれば注目度が高く意識的に認知する焦点注意に進み，長期記憶に基づく知識を活性化し，作業記憶（ワーキングメモリー）で解釈を行う（cf. Peter and Olson 2005, p.113）。

2 中西（1984, p.9-11）によれば，ここで挙げられている例として，歯ミガキの客観的（物理的）特性は，重質炭酸カルシウム（研磨剤）…%，パラオキシ安息香酸ブチル（保存料）…%などであり，知覚符号化によって，「虫歯を予防する」「歯を白くする」「公衆を予防する」といった目的を達成する（主観的）属性になる。

3 これまでにも，消費者とマーケターとの間の認識のギャップについては議論され

てきた。例えば，新倉（2005）はブランド・アイデンティティとブランド・イメージとの間に起こるギャップの要因として，「消費者バイアス（consumer bias）」「競争バイアス（competition bias）」「コミュニケーション・バイアス（communication bias）」といった「3C バイアス」が要因として存在するとしている。また，石井（1993）によれば，消費者は消費状況ごとに多様な意味づけを与えることがあり，予想されない市場の動きがあることを指摘している。企業が思っていなかった用途で製品が使われる，思っていなかった顧客層に使用される，開発企画者が製品に対して与えたアイデアが消費者によって違った意味で読み替えられる，といった製品の「意味のずれ」を指摘している。そのひとつの要因は消費者が『不在の』属性について評価できないためであり，送り手のマーケターの意図と受け手の消費者ニーズが明確でないことによるズレが関係している。市場は消費者の無意識と売り手の意識が相互作用する場（ルディー 2005, p.76-77）であるものの，多くのマーケターは，（顧客の）無意識レベルの働きを十分に活用できずにいるのである（Zaltman 2003, 邦訳 p.51）。

4　岸（2002）の研究を参照した。超長期記憶と後述するプライミングの研究には関連があると考える。

5　Tulving（1991）のモデルでは，短期記憶（一時的記憶）は他の記憶システムと異なり，特定の検索手がかりには依存しておらず，自動的にアクセスすることから長期記憶とは区分されている。そこで本書では，二重貯蔵モデルの短期貯蔵庫の作業記憶がこれに該当するとして，長期貯蔵庫の長期記憶は他の4つとして用いている。

6　意味記憶とエピソード記憶は多くの特性を共有しているので，ときどき両記憶を宣言記憶と呼ぶこともある（Tulving 1991, p.266）。

7　手続記憶は潜在記憶であり，潜在記憶とは，いつ，どこで，どのようにして獲得したのか必ずしも想起できないけれども知っている知識の表現である。一方，顕在記憶とは，短期記憶（一時的記憶）とエピソード記憶の表現であり，人が個人的経験として意識的に思い出すことのできる知識の表現である（Tulving 1991, p.266-267）。

8　Tulving（1991, p.265）では手続きシステムという表現で紹介されているが，本書では統一して手続記憶とする。

9　他の記憶システムとは独立しているが，プライミングテスト遂行時においては他の記憶も関係してくると考えられているため，データの解釈には注意を要する（太田 1994, p.253）。

10　プライム刺激として事例名を提示し，テストにて事例の属するカテゴリー名を提示し，それに属する事例名を思いつくままに連想語をいくつも挙げさせるテストである（太田 1994, p.253）。

11　ある語をプライム刺激として提示し，テスト時にはその語と中程度の連想関係にある語を提示し，思いつくままに連想語をいくつも挙げさせるテストである（太田 1994, p.253）。

12　エピソード記憶の本質的特徴は，それが事実の記憶であり，かつ自己の経験に関

する記憶である点にあり，これに対して意味記憶は，エピソード記憶の中から状況（時と場所）の部分が切り離され純粋に意味情報化されたものを内容としていると考えられる（青木 1993, p.5）。そのため，一般的な知識となる。

13　太田（1994）によれば，Tulving（1991）のモデルは，「serial（逐次）」「parallel（並列）」「independent（独立）」であることから，「SPI モデル」と呼ばれ，以下のような3つの仮定から成立している。仮定1：情報は，知覚表象システム（PRS），意味記憶，一次的記憶，エピソード記憶の順に，各システムに逐次的（serial）に符号化される。仮定2：情報は，各システムに並列的に（parallel）に貯蔵され，各システムはそれぞれのシステムの性質に従って並列に機能する。仮定3：各システムの情報は，おのおのに独立（independent）に検索可能である。

14　本段落で表現している意味とは意味記憶に貯蔵されていく一般（概念）的知識のことである。

15　あるカテゴリーにおいてサブ・カテゴリーが「ある」と消費者に知覚されてはじめて，そこにサブ・カテゴリーが存在する。つまり，知覚されなければカテゴリー拡張が成功したとは言えず，結局，多くのブランドは差別化という命題によって市場をコモディティ化しただけであり（cf. 和田 2002），サブ・カテゴリーを通じて真のカテゴリーを作り出せる例はそう多くない。

16　文化的・社会的環境はカテゴリーそのもの（カテゴリー・ニーズ）のあり方に直接影響するが，ブランド間の競争のあり方によってもカテゴリーは影響を受けると考える。すなわち，カテゴリーは文化的・社会的な影響と，カテゴリーに含有されるブランド間の競争の両方から影響を受けると考える。

5節　目的に導かれるカテゴリー

1　目的に導かれるカテゴリー

「目的に導かれるカテゴリー」とは Barsalou (1985) によって提唱されたカテゴリー概念であり，目的に応じて作り出されるカテゴリーである。このカテゴリーの形成は，あるカテゴリー内で特定のニーズに基づき信念や便益（ベネフィット）によってブランドが絞り込まれて形成される場合もあれば，カテゴリーを越えた形成もある。

カテゴリーを越えた形成の例として，「飛行機での旅行を楽しむときに使うもの」を想定した場合，映画を見ることとピーナッツを食べることは同じ目的を満たすカテゴリーに入れるであろうし，ダイエットを目指す場合，「ダイエットフード」「脂肪燃焼系のサプリメント」「有酸素運動系のスポーツ」といった異なるカテゴリーが目的に応じて用いられていく。

このように，目的に導かれるカテゴリーは単一のカテゴリー内の検討にとどまらず，異なるカテゴリーに属していても同じ目的を達成するものであれば同一のカテゴリーとして見なしていくものであり (Hoyer and MacInnis 2007, p. 106-107)，このカテゴリーは理想とする属性を多く保有することや事例として用いられる頻度が高いモノほど，目的をより良く満たす存在として順にグレード化された構造として形成されていく (Barsalou 1985)。

そして，目的を達成する際，特定のメンバーのいくつかを良い事例として見なしながら絞り込まれていく。上述のダイエットの例で言えば，ある消費者は目的を最も満たすモノ（ブランド）として順に，「マイクロダイエット（ダイエットフード）」「DHC のカルチニン（脂肪燃焼系のサプリメント）」「ティップネスのジム（有酸素運動系のスポーツ）」といった具体的なブランドを想起している場合である。このとき具体的なブランドが取り出されるこれらの異なる3つのカテゴリー内も何らかの基準で分類されており，グレード化さ

れた構造を既に形成している。つまり、目的に導かれるカテゴリーは、そのカテゴリー内で完結する場合もあれば、異なるカテゴリーを同じ目的を満たす選択肢候補の束としながら、その中で最も目的を満たす存在から順にランクづけしていくのである。ただし、目標や目的が常に明確であるわけでもなく、葛藤や状況によっても異なってくる。

そこでこの5節では、目標や目的についての研究、目的に応じて考慮されるブランドとの関係を整理しながら、目的に導かれるカテゴリーを検討していく。

2 目標・目的に関する研究

2-1 目標・目的

目標や目的に関する研究は、近年、心理学や消費者行動の分野において注目されてきたことから多くの研究がなされている（Huffman *et al.* 2000）。

Bagozzi and Dholakia（1999）によれば、目標や目的は消費者行動や選択、決定における本質的な役割であるとし、目標設定から達成に至る概念、および、フィードバックとしての反応までの循環を構造的に整理している（図表2-13）。

しかし、消費者の目標や目的は、使用状況の違いや望ましい使用状況を考慮しながら設定され、消費や使用の容易さなどの消費のプロセスによっても異なる（Park and Smith 1989）。そこで本節では、目標や目的のあり方（階層性）、タイプ、処理の仕方やあいまい性について整理していくことにする。

2-2 目標階層

目標や目的には階層性があり、そのレベルの違いによって達成したい価値も異なる。この目的と目標の違いは、「目的」はその実現に向けて行為が行われる事柄（対象）と考えられている。一方、「目標」はそこまで到達しようと定めたところの意（『広辞苑（第六版）』）、あるいは「望ましい最終状態を目標対象と呼ぶ」（秋山 1997, p.139）、「動機づけられた行動が向かう最終的な対象あるいは状態を指す」（中島 他 1999, p.838）。そこで本書では、目

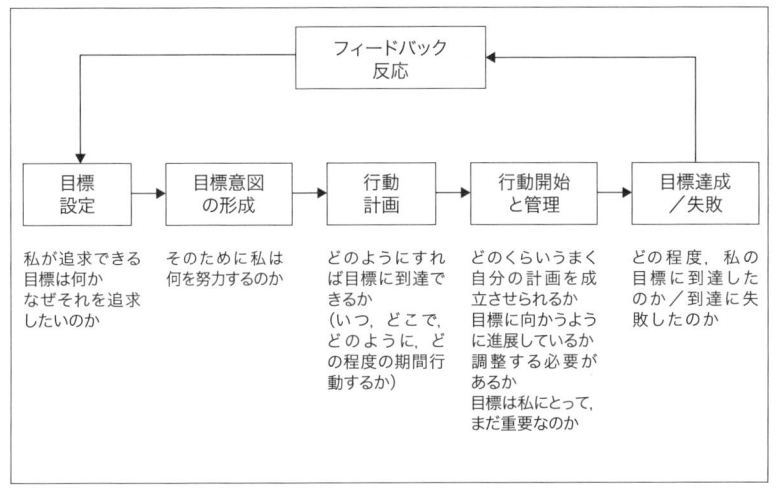

図表 2-13　消費者行動における目標設定と追求

目標設定	目標意図の形成	行動計画	行動開始と管理	目標達成／失敗
私が追求できる目標は何か なぜそれを追求したいのか	そのために私は何を努力するのか	どのようにすれば目標に到達できるか（いつ、どこで、どのように、どの程度の期間行動するか）	どのくらいうまく自分の計画を成立させられるか 目標に向かうよう進展しているか調整する必要があるか 目標は私にとって、まだ重要なのか	どの程度、私の目標に到達したのか／到達に失敗したのか

上部には「フィードバック 反応」のボックスがあり、各段階へ戻るフィードバックループが示されている。

（出所）　Bagozzi and Dholakia（1999, p. 20）より引用。

標に向かう行為を主に示す場合には目的を，最終的な到達地点や状態，位置づけを指す場合は目標を用いる。

　従来の消費者行動における研究は主に，個々の製品を獲得することを目的とした認知的必要性だけを考慮したものが中心であったが，Lawson (1997) は目標階層モデルによって，プロセスや文脈を通じて目標達成する，より上位のレベルの存在を示した。上位から，価値レベル（value level），活動レベル（activity level），製品レベル（product level），ブランドレベル（brand level）の4つで分類されており，それぞれの目標レベルによって考慮方法や対象が異なる。

　例えば，価値レベルの目標を達成する場合，心の中に下位の課題（sub-task）を設定し，カテゴリーを越えた代替案の設定や評価，および選好を作り出す目標駆動的（goal-driven）なアプローチとなる。製品レベルの目標を達成する場合はいくつかの目的について検討し，目的を満たすさまざまな製品機能（product function）を比較する。なお実証研究では，価値レベルなどの上位レベルの目標を示さなかった場合，製品レベルはブランドや製品を

獲得するための手段目的連鎖[2] (e.g. Gutmann 1982；丸岡 2002) となり，カテゴリー内での属性ベースの比較による従来型の情報処理的なブランド選択モデルとなる。このことから，近年の消費社会がモノ（ブランド）の獲得だけではなく，より上位レベルの目標を持って行動する消費者像を想定するならば，従来型のブランド選択モデルだけでは消費者行動を十分理解しているとはいえないと考える。

このように，消費者の目標の次元が異なれば達成したい価値も異なるのである (cf. Raghunathan 2008)。例えば，図表2-14のように，単にお腹が空いているのであれば食品スーパーで買うことで，より安く空腹を満たせる。便利に空腹を満たしたい場合はやや高い支払いにはなるが，調理食料品店にて惣菜や弁当を購入すればよいし，快適な食事を楽しみたければ支払いは高くなるが，事例にあるスターバックスのような店で食事をすることで，より高い価値を受け取ることが出来る。

なお，秋山 (1997, p.139-141) によれば，目標はより詳細な下位目標に分割することが可能であり，ブランドや製品の選択に至る過程で消費者は，いくつかの目標もしくは下位目標に到達することを繰り返すこと，また，（下位）目標は選択過程が進むにつれて1つずつ処理されていくだけではなく，同時にいくつかの目標が処理されることもある[3]という。目標階層は選択過程が進むにつれて，より具体的で詳細な下位目標を構成することから（秋

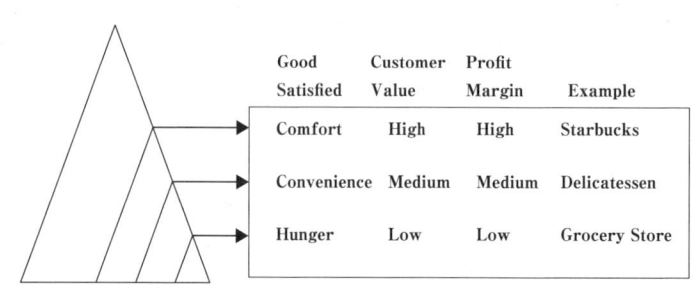

図表2-14 目標の抽象化と強化される経験（Raghunathan 2008）

Good Satisfied	Customer Value	Profit Margin	Example
Comfort	High	High	Starbucks
Convenience	Medium	Medium	Delicatessen
Hunger	Low	Low	Grocery Store

（出所）Raghunathan (2008, p.136) に一部加筆して原文のまま引用（原文は God Satisfied となっているが，Good Satisfied が正しいと判断し修正）。

山 1997, p. 140），どの次元（レベル）を目標にするとしても，下位目標が同時に発生し競合する場合に葛藤が発生すると考える。

これらのことから，目標階層とそれに見合う価値があること，そして処理の仕方は階層や葛藤によって異なってくることがわかる。そこで次に，これらの点についてさらに整理していく。

2-3 目的のタイプ

価値の達成と関連して，目的には「プロセス志向の目的」「プロダクト志向（結果への志向）の目的」（池田・村田 1991）といったタイプがあると考えられている。[4]

プロセス志向の目的とは，あることを体験すること，あることを行うプロセスそれ自体が目的になる類の目的である。例えば，「音楽に聞きほれる」「映画を鑑賞する」「食事を堪能する」「会話を楽しむ」「仕事に没入する」などの行動であり（池田・村田 1991, p. 126-127），この場合，感情的動機が支配的となる（新倉 2005, p. 22）。一方，プロダクト志向の目的とは，一般に特定のモノやコトの獲得，達成を目指す動機に基づいており，手段目的連鎖的に獲得することが目標となるもので（池田・村田 1991），実現や獲得される利得を最大化しようとする功利的で利潤追求型の認知的動機が支配的となり，目標階層の下位目的として位置づけられる（新倉 2005, p. 22）。

上述したように，近年，消費社会は問題解決のためのモノ（ブランド）を獲得する時代から，より豊かな生活を求めるようになり，ブランドそのものとの関係の絆を形成するブランド・エクスペリエンス（青木 2006）へと向かう時代にある。そのため，目標階層のより上位に位置づけられるプロセス志向は重要な目的レベルであると考える。

徳山（2003）によれば，目的に導かれるカテゴリーにおける目的は，便益（ベネフィット）や価値に代表される「個人に関する目的（個人的目的）」と，「状況や使用文脈といったものに関する目的（状況的目的）」の2つの要素で捉えることが出来るとしている。この違いに関しては Ratneshwar et al. (2001) の研究があり，状況的な目標や目的（便利さ）と個人の志向性（健康志向など）の両方ともがカテゴリーに表象される事例間の類似度と関連す

ることを確認している。

　例えば，車の中で食べる便利なもの（状況的な目標や目的）として，プレーングラノーラバーとキャンディバーはフルーツヨーグルトよりも類似度が高く，また，急いでいる際（状況的な目標や目的）は，リンゴとオレンジはドーナツよりも類似度が高いと表象される。しかし，健康志向性（個人の志向性）が高い層は，プレーングラノーラバーとフルーツヨーグルトはキャンディバーより類似し，健康志向でない層は，リンゴとドーナツはオレンジより類似していると評価する。一方で，状況的な目標や目的においては，表層的な類似性での判断が個人の志向性よりも重要となる。これまでの主な研究はボトムアップ的で刺激反応型のカテゴリー研究が多く，カテゴリーは比較的安定したものであるという流れであったが，それとは逆に，この研究ではトップダウンの目的を持った場合のカテゴリーの表象を確認したものである。ただし Ratneshwar *et al.* (2001) の研究は，提示した事例が限定的であり，検討の際に発生する葛藤やあいまい性が考慮されていないという点で限界があると考える。

2-4　目的と処理方略

　目的を達成するための処理には，理論駆動型処理としての「トップダウン型処理」とデータ駆動型処理としての「ボトムアップ型処理」の2つがある（新倉 2005）。

　カテゴリー内や製品レベルにおいてトップダウン型の処理となるのは，(1) 目的が厳密に設定されている場合や目的が明確な場合（Lawson 1997；Park and Smith 1989），および，その状況においてブランド・ロゴといった外部環境からの刺激を受け入れて決定していく場合（Park and Smith 1989），(2) 目的に関連する決定基準が容易に想起される場合（Park and Smith 1989），(3) 1つのカテゴリー内でのサブ・カテゴリー間を比較する際，特定の目的はあるが，考慮している製品間の属性比較が出来ず，より抽象的な比較となる場合（Tybout and Artz 1994, p.143；Park and Smith 1989），などである。

　一方，ボトムアップ型処理となるのは，(1) 目的があいまいな場合[5]（Lawson

1997 ; Park and Smith 1989), (2) 今までにない目的の場合[6] (Park and Smith 1989) である。この処理においては，サブ・カテゴリーを横断する検討がなされ (Johnson 1989)，比較が難しい場合であっても比較が可能であれば最大限の努力を要する構築的な処理 (constructive processing) を行うが，処理には非常に負荷がかかる (Tybout and Artz 1994, p.143)。そのためトップダウン型処理が併用される (Johnson 1989 ; Lawson 1997 ; Park and Smith 1989)。このように目的がはっきりしている場合とあいまいな場合で方略は異なることから，その情報の解釈も異なってくる。

2-5 目標・目的のあいまい性

目的がはっきりしている場合とあいまいな場合とで情報の解釈や知識の形成が異なる。

目的がはっきりしている場合，目的を持たない場合に比べて，事前に保持していた情報と経験したことが目的と関連づけられ体制化された知識となり (Huffman and Houston 1993)，記憶の中に目的を達成する情報として保持され，目標階層を形成するようになる (Park and Smith 1989 ; Lawson 1997)。また，個々の目的が具体的であるほどそれを達成する製品やブランドが思い出されやすくなり，思い出す際は属性を比較しながら製品やブランドを想起するのではなく，目的を最適に達成する製品やブランド「そのもの」がふと心に浮かぶようである (Lawson 1997)。つまり，目的をより良く満たすブランドほど具体的に想起されやすいということである。

Peterman (1997) は，しっかりした目的を持つ場合と目的があいまいな場合で情報の取得，符号化，その後の行動が異なることを示している。特に（使用）目的があいまいなほど，特定ブランド内での製品情報や幅広い情報探索を行い，大まかな概念レベルでのブランド理解につとめる。それに比べ，しっかりした目的を持つ場合は，属性を通じたブランド間比較で精緻化がなされることを示した。

徳山 (2003) は目的の抽象度と類似性について検証している。実証研究は，ビール，低アルコール，暑い夏の日の飲み物，夜に飲む物といった順に，抽象度のレベルが高まるにつれブランド間の類似性はあいまいになり，逆に抽

象度が低いほど典型的ブランドとカテゴリーの周辺に位置する「フリンジ・ブランド」との類似性判断が明確になされることを示した。このことからも抽象度が高まれば属性ベースの比較は困難になると考えられる。

ここまで見てきたように，目的のレベルやあいまい性によって処理方略と解釈が異なることがわかる。その結果，目的のあり方によって検討されるブランドも異なってくる。次に，この点について触れていこう。

2-6 目的に導かれるカテゴリーとしての考慮集合

考慮集合とは「目的により構成される集合であり，特定の状況で顕著になる，あるいは，アクセス可能となるこのような目的を満たす代替案からなるもの」(Shocker et al. 1991, p. 183) といった定義がよく引用される[7]。カテゴリー化されたブランドの集合がすべて考慮されるわけではなく，より絞られた考慮集合から選択をしていることから（cf. 清水 1999），考慮集合とは消費者が独自の基準によってカテゴリー化した集合に基づき，ある目的を満たす購買の対象として絞り込まれた具体的なブランド群を指すものであると考えられる。

Ratneshwar et al. (1996) は目的が単一かつはっきりしている状況，あるいは，複数のはっきりした目的があっても相互の目的間の葛藤がない状況かつカテゴリー間で属性比較が出来ない選択状況であれば，考慮集合は「目的に導かれるカテゴリー」と仮定していること[8]，また，Paulssen and Bagozzi (2005) は，カテゴリー間，サブ・カテゴリー間 (cross-classify) のブランドでも，比較が可能であれば考慮集合は，「目的に導かれるカテゴリー」であるとしている。この場合，構成されるメンバーは「主要な目標や目的 (salient goal)」を満たす程度の違いを持ちながら考慮集合に所属することになる。新倉 (2001a；2005) も，考慮集合を1つのカテゴリーと捉えると，考慮集合の形成プロセスとは，そのカテゴリーが選択対象となる実際の選択肢によりどう構成されていくかということになる，としている。

これらのことから，考慮集合は選択という行為のための目的を持って，カテゴリーを構成（あるいは創造）していく行為であることから，目的に導かれるカテゴリーのひとつであると見なしてもよいであろう。そこで本書で

は,「考慮集合は, ある目的を満たすカテゴリー内の（サブ・カテゴリー間の比較を含む）検討, 目的が明確で葛藤がない場合のカテゴリー間の検討, 属性比較が可能なカテゴリー間, サブ・カテゴリー間の検討において目的に導かれるカテゴリーと同じ概念である」と考える。

　考慮集合についての研究は, その多くが考慮集合のサイズについての研究, あるいは,「使用状況」「文脈」などの要因が考慮集合形成やサイズに影響する（e.g. Park 1993；Warlop and Ratneshwar 1993；Aurier et al. 2000）といったものが多く, 目的との関係や考慮集合の中身に関する研究は比較的少ない。ただ近年は, いくつかの研究が進んできている。

　例えば, Paulssen and Bagozzi（2005）は, 目標階層の構造と考慮集合の関係について研究しており, 自動車のデータを用い, 安心感・パワー・自己表現（self-direction）といったシステムレベルと, 安全性・経済性・快適性・スポーティな運転といった行動指針レベル（principle level）の2つの階層を置き, それぞれのレベルと特定ブランドの検討との関係を構造方程式モデルで説明している。同一目的には同質のブランドが入るが目的が異なる場合, 同じサブ・カテゴリーのブランドであっても競合にならない。

　考慮集合の中身の研究は, 齊藤（2003）が詳しい。考慮されるブランドの類似性, ブランドの検討順番による考慮集合の変化, 理想点の変化などをダイナミックな視点で捉えている。特に興味深いのは, 考慮集合におけるブランドは独立ではなく相互依存し, 先行して考慮集合に入った製品によって目標が更新されることもあるといった点である。このように, 考慮集合は一過性のものではなくカテゴリーと同様に目的に応じて修正や改善がなされるものであり, 両者は同質的なものであると考えられる。

　このような研究からも, 考慮集合を構成する製品やブランドは目標や目的との関連が強いと考えられており（cf. 清水 2006b）, 目的に導かれるカテゴリーを理解する手段のひとつであろう。

2-7 アドホック・カテゴリー

　ほとんど遭遇しないような状況において目的達成のために形成されるカテゴリーは「アドホック・カテゴリー（ad hoc category）」と呼ばれ（Barsalou

1983），分類学的なカテゴリーやグレードとしてのカテゴリーとは異なり，普段から記憶にあまり構築されていないものであり（Barsalou 1991），目的に導かれるカテゴリーの特殊形として捉えられている。なお，このアドホック・カテゴリーもグレード化された構造を持ち，同じコンテクストにおいて精通性が増大するにつれ，目的に導かれるカテゴリーが形成される（Barsalou 1983, p. 224-225；1985, p. 632；新倉 2005, p. 29）。このアドホック・カテゴリーは目的に導かれるカテゴリーと同様に，より能動的に問題を解決するためにあらゆる対象を選択肢とし，目的達成のためにはカテゴリーを越えて独自のカテゴリーを創出し処理していくことを前提にしていることから，マーケターが意図している消費者像に近いと考えられている（新倉 2005）。

なお，分類学的なカテゴリー間の検討とアドホック・カテゴリーの関連は強い。「アドホック・カテゴリーは，消費者の選択状況が強いる制約された選択肢と消費者個人の内的な目的や期待を反映するフリーな選択肢の両者からアドホックに考慮集合が形成されるということが予想される」（新倉 2005, p. 139）ことから，消費者が何らかの制約のある状況において選択を行う場合のカテゴリー間の検討はまさにアドホック・カテゴリーであるといえよう。

特に，カテゴリー間の検討はカテゴリー内やサブ・カテゴリー間での検討に比べ，属性比較がより難しくなることから，目的によるトップダウンが多くなると考えられている[9]。それに伴い，目的のあいまい性や葛藤（conflict）によって決定や選択に迷うことも多くなる[10]。

例えば，Ratneshwar *et al.* (1996) は目的のあいまい性とカテゴリー横断（across-category）の関係を目的に導かれるカテゴリーにおいて示している。カテゴリーを横断してブランドが考慮されるケースは 2 つ存在し，それぞれ原因が異なる。1 つは，目的が葛藤（goal-conflict）している場合であり，複数の目的（goal）に対して 1 つのカテゴリーでは満たせない場合に起こる。これは目的の優先順位を設定し，考慮集合を形成する過程において最終選択ステージに葛藤が延期されるため，ひとまず混合されることが原因である。もう 1 つは，目的があいまい（goal-ambiguity）な場合や，明確な目的が欠如している場合である。この場合，決定に無関係な刺激や手がかりによって

異なるカテゴリーも代替案として検討に入ってくることが原因である。

　これは，選択過程が進むにつれて同時にいくつかの目的が処理されることもあるため，複数の目的達成において葛藤を起こすためであると考えられる (cf. 秋山 1997, p. 139-140)[11]。

　Russell *et al.* (1999) は，複数のカテゴリーを横断した意思決定が行われる場合には，(1) クロス・カテゴリーの検討 (cross-category consideration)，(2) クロス・カテゴリーの学習 (cross-category learning)，(3) 製品バンドル (product bundling) などがあるとしている。クロス・カテゴリーの検討とは，お小遣いの使い道として，テレビゲームを買うかマウンテンバイクを買うかで悩む場合であり，クロス・カテゴリーによる学習は，例えば，自宅の外壁の見栄えを良くするために，店頭でペンキを買って塗ろうと決めていた際，ふと壁掛け用の花が売られているのを見かけてしまったことで，新しい代替案が発生し，迷いが生じるような場合である。製品バンドルとは，ファックスを購入しようと検討した際に，プリンターやコピー機能が付加された複合機について思いめぐらす際，カテゴリー間の検討が起こる場合である。

　ここまでの議論を Ratneshwar *et al.* (1996) と Warlop and Ratneshwar (1993)，Russell *et al.* (1999) などを参考に整理していくと，アドホック・カテゴリーの形成には2つのパターンが考えられる。1つは，目的がはっきりしていたとしても店頭などで出会う新しいブランド（や外部刺激）を受け入れていく際に形成されるものである。これは目的が達成できれば何でもよいというパターンであり，状況に依存する。状況は制約でもあり，陳列棚に限られたブランドしか置かれていない場合，その状況を分類しながら理解し，目的を最大限満たす選択が想定される。もう1つは，主に内部要因としての記憶に基づき検討がなされていく場合である。アドホック・カテゴリーは記憶からの検索と絞込みによって形成されていくと考えられており，状況や制約に応じて目的を設定することで，認知しているすべての選択肢を考慮集合として形成し，そこから必要とする便益や信念に基づきながら代替案を絞り込む2段階の検討を行うパターンがある。

　この2つのパターンから理解できる点は2つあり，(1) 状況と制約に応じた理解（分類）とそこでの代替案の絞込みがなされる場合において，目的の

設定と保有するカテゴリーについての知識が関連するという点である。とりわけ、目的を絞り込む場合、目的に導かれるカテゴリーが用いられ、代替案の検討に用いられる便益や信念などは分類学的なカテゴリーの分類軸と関係する。そのため、(2) アドホック・カテゴリーは目的に導かれるカテゴリーと分類学的なカテゴリーの両概念を併用しながら状況に対応していくという点である。

2-8 小括

これまでの先行研究をまとめると、目標には階層があり、より上位のレベルには価値レベル（value level）、活動レベル（activity level）といった、感情的動機に支配されるプロセス志向としての目的があり、下位レベルは製品レベル（product level）、ブランドレベル（brand level）といったブランドや製品の獲得そのもの、結果を満たすだけでよいといった、認知的動機に支配される下位のプロダクト志向としての目的がある。この目的が明確であるほど情報や経験との関連が強固になり、記憶から想起されやすい知識構造を形成していく。そして、目的が具体的であるほどその目的を最適に達成するブランドや製品そのものが想起されるようになる。

目的達成に至る処理方略にはトップダウン型処理とボトムアップ型処理があり、(1) カテゴリー内において目的が明確な場合、(2) 目的と関連する決定基準が明確な場合、(3) 属性比較できない場合のサブ・カテゴリー間比較などは、トップダウン的処理がなされる。一方、(1) 目的があいまいな場合、(2) 今までにない目的の検討は、ボトムアップ的な処理が用いられる。これらの概要を整理したのが図表2-15である。

目的を満たすブランド群は考慮集合と呼ばれ、ある目的を満たすカテゴリー内の（サブ・カテゴリー間の比較を含む）検討、目的が明確で葛藤がない場合のカテゴリー間の検討、属性比較が可能なカテゴリー間、サブ・カテゴリー間の検討において目的に導かれるカテゴリーと同じ概念であり、考慮集合を見ていくことで目的に導かれるカテゴリーの構造理解の一助になる。

これまでの研究では、目的タイプの違いを同一カテゴリー内に限定して研究したものがあまりないこと、個人内での目的のあいまい性を考慮した研究

5節　目的に導かれるカテゴリー　163

図表2-15　目標階層と目的のレベルやタイプ，および動機と処理方略の関係

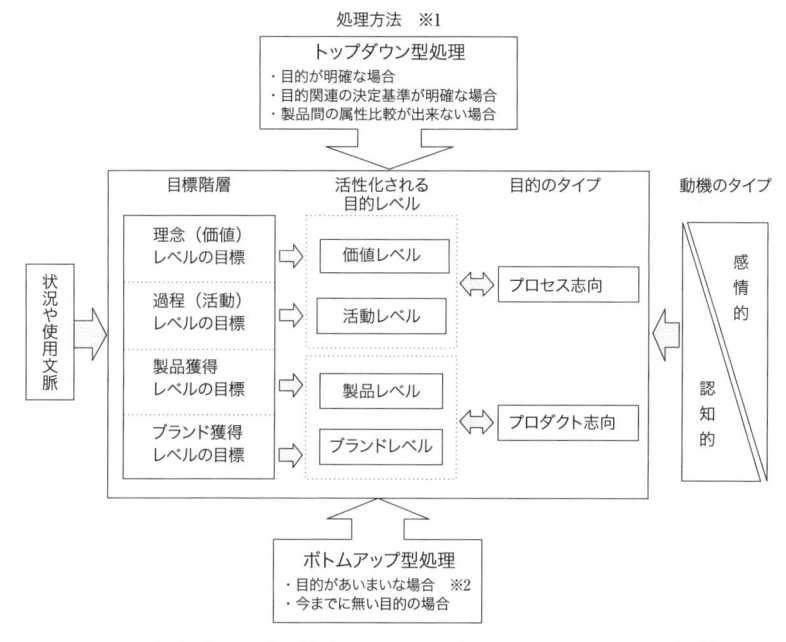

処理方法　※1

```
トップダウン型処理
・目的が明確な場合
・目的関連の決定基準が明確な場合
・製品間の属性比較が出来ない場合
```

目標階層	活性化される目的レベル	目的のタイプ	動機のタイプ

状況や使用文脈 →

- 理念（価値）レベルの目標 ⇒ 価値レベル
- 過程（活動）レベルの目標 ⇒ 活動レベル

↔ プロセス志向

- 製品獲得レベルの目標 ⇒ 製品レベル
- ブランド獲得レベルの目標 ⇒ ブランドレベル

↔ プロダクト志向

← 感情的／認知的

```
ボトムアップ型処理
・目的があいまいな場合　※2
・今までに無い目的の場合
```

※1　ここで取り上げている処理方略はカテゴリー内，サブ・カテゴリーまでを対象としており，カテゴリー間（クロス・カテゴリー）の処理は含めていない。
※2　ボトムアップ型処理の後，トップダウン型処理も併用する。
（出所）Park and Smith (1989)，池田・村田 (1991)，Tybout and Artz (1994)，Lawson (1997)，徳山 (2003)，新倉 (2005)，Raghunathan (2008)，髙橋 (2009d) を参考に筆者作成。

がないことから，本書では，目的タイプの違いや個人内のあいまい性とサブ・カテゴリー間の関係，検討されるブランドとの関連を確認することで，目的に導かれるカテゴリー構造を検討し，理解を深める必要があると考える。

[注]

1　ブランド・カテゴライゼーションとも呼ばれるものである。
2　これはブランドや製品などが持つ属性や便益（ベネフィット）と消費者が持つ価値意識とが，個人内で対応すると仮定する構造である（丸岡 2002, p.50）。ここで

いう属性とは，ブランドや製品が持つ性質や特徴を消費者が主観的に解釈したものを指し（第2章4節［注］2参照），便益とは，商品やブランドが消費者に提供する価値である。そして価値意識は，人々の商品やサービス選択の際の「良い／悪い」とか「好き／嫌い」という態度の背後にあって，一貫性を作り出しているもので，人が生活を送る上での基本的判断基準である（丸岡 2002, p. 50）。なお，Huffman et al. (2000) はこの手段目的連鎖モデル自体は個人の目的と直接関連した行動を示すものではないこと，文脈や状況の影響を考慮していない静的な目的構造を仮定していること，などから目的形成や変化への議論が不十分であると指摘している。

3 秋山（1997, p. 139）は，同時にいくつかの下位目標が処理される点で，マズローの欲求階層説とは異なるものとしている。ただし，目標を生み出すものが何か，という点においては欲求階層説と関連すると考える。なお，ここで言う下位目標と本書の示す目的は同一の次元であると考える。

4 Alderson（1965, 邦訳 p. 56）においてもこの2つのタイプが提示されている。それ自身が目的であると考えられて選択され，それ自身で直接満足する行動としての「自己完結型行動（congenial goal）」と，ある目的の手段と考えられる行動としての「手段型行動（instrumental behavior）」としており，この手段型行動は一部が自己完結型行動に携わる機会である望ましい状態に到達する一連の手段行為が存在する，としていることから両者間には関連がある。

5 Lawson (1997) によれば，目的があいまいな場合，具体的に示された製品やブランドから意思決定の基準をボトムアップで考えた後，トップダウンと併用した決定をすると考えられている。

6 製品間で直接比較するのではなく，問題を解決するための決定基準を開発していく方法としてのボトムアップ処理となる。

7 考慮集合（consideration set）の考え方は，Howard and Sheth (1969) が購買者行動のモデルの中に，「evoked set（想起集合）」という名前で取り込んだのが最初と言われており，「選択集合（choice set）」とも呼ばれたりするが，統計的な意味の上ではほぼ同意であるという判断から（cf. Nedungadi 1990, p. 264），本書では考慮集合で統一する。その定義例としては「ある特定の選択機会に思い浮かぶブランドの集合」（Nedungadi 1990, p. 264），「購買の際の最終的な選択肢となり，比較検討の対象となった製品の集まり」（佐々木 1996, p. 63），「消費者が実際の購買の際に考慮するブランドやサービスの集合」（清水 1999, p. 116），などがあり，本書では「消費者が購買する際，選択肢として検討するブランドやサービスの集合」と定義する。なお，この考慮集合におけるブランド間の代替関係に注目したとき，考慮集合はブランド間の代替・非代替を分ける「境界」として見なすことができる。つまり，「境界」としての考慮集合の内側にあるブランド同士は代替関係に，考慮集合の内側のブランドと外側のブランドは非代替関係にあると考えることができる（齊藤 2000）ことからも，目的達成に用いられるひとつの集合体であり，考慮集合は目的に導かれるカテゴリーであるといえよう。

8 この条件を満たせば，すべてのカテゴリーを代替案として考えられるとしている。

9 カテゴリー間の検討は表層レベルの明確な特徴によって検討されるという結果も

あるが（Johnson 1984；1989），目標や目的との関連によって表象や代替案が異なることも考えられるため，この結論だけでは十分ではないと考える。
10 　葛藤のタイプに関する詳細は田中（2008, p. 26-27），秋山（1997, p. 143-144）を参照した。葛藤のタイプには，接近─接近の葛藤，接近─回避の葛藤，回避─回避の葛藤がある。接近─接近の葛藤とは，食べたいデザートが 2 種類あってどちらが良いか迷う，といった望ましい選択肢間で迷う場合である。接近─回避の葛藤は，甘いデザートを選びたいがカロリーが気になるといった，ある選択をすることで生起する負の結果を懸念する場合である。回避─回避の葛藤とは，どちらの選択を選んでも負の結果が予想される場合である。
11 　本書では最終「目標」に到達するまでの目標は目的として表現していることからこの段落における秋山（1997）の目標という表現は目的として表現する。

6節　カテゴリー概念の相互依存

1　カテゴリー概念間の関係

　上述のようにカテゴリー概念を分けるとすれば大きく3つに区分されるものの[1]，同じブランドであっても目的に導かれるカテゴリーにも分類学的なカテゴリーにもなり得る（Cohen and Basu 1987；Hoyer and MacInnis 2007）。

　例えば，ダイエットコークは分類学的なカテゴリーにおいてはダイエットコーラであり，ソフトドリンクであり，飲料である。一方，目的に導かれるカテゴリーにおいては，昼食に飲む物であり，ピクニックに持っていくものであり，野球で飲むものでもある（Hoyer and MacInnis 2007, p.107）。自動車や衣類，家具などは分類学的なカテゴリー，目的に導かれるカテゴリーのいずれにも使われる（e.g. Rosch 1978；Barsalou 1985；1991）。

　カテゴリーには具体的な事例としての存在とカテゴリーを関係づけている知識の両者が関連しているため，目的に導かれるカテゴリーは検討の際，最も目的を達成するような理想的な事例（エグゼンプラー）を想起したり，理想と実例を比較したりしながらカテゴリーを形成することが可能となる。実例や事例が欠落している場合には，概念結合（conceptual combination）[2]によって目的に導かれるカテゴリーを形成する（Barsalou 1985；1991）。仮に，人がエグゼンプラーによる学習を通じて目的に導かれるカテゴリーを獲得しないのであれば，カテゴリーメンバーとしての抽象的（プロトタイプ的）なものを学習する機会を失ってしまうことになり，また逆に，概念結合を通じたカテゴリーを形成しなければ，人は連想された目的を達成すべきエグゼンプラーの必要十分条件について推論できなくなる（Barsalou 1991, p.9）。

　このように，消費者のカテゴリー概念は明確に区分される定義はなく（Barsalou 1985），あらゆる存在は何らかのカテゴリーにそれぞれ異なる係わり度合いを持ち帰属していると考えられる（新倉 2005, p.95）のである。

ただし，各カテゴリー概念の位置づけや発動条件は異なる。日々の受動的であまり意識されないカテゴリー化，あるいは，分類や知識の習得自体が目的になる場合は分類学的なカテゴリーが重要な局面として発動し（Barsalou 1991），ブランド（事例）間の相対比較あるいは類似性比較が重要な局面においては，グレード化されたカテゴリーの重要性が高まる。

能動的な目的達成がより重要となる局面においては目的に導かれるカテゴリーが主要となり，そのカテゴリーを検討する際にはグレード化されたカテゴリーの中心的存在の要件が重要となる。一方，アドホックな状況においては多様な判断が求められることから，分類学的なカテゴリーと目的に導かれるカテゴリーが状況に応じて用いられる。例えば，店頭における品揃えという制約において，商品群を分類しながら目的のブランドを決める場合もあれば，目的のブランド候補をいくつか保有した状態で陳列棚を検索していく際，どの売場にあるのか，あるいは陳列棚のどの部分にありそうなのか，といった分類学的なカテゴリーを手がかりとして併用しながら探索する場合もあり，両概念は状況に応じて使い分けられるのである。他にも，休日の過ごし方を考える場合，その過ごし方や目的と共に，映画，ゲーム，旅行といった分類されたカテゴリーが様々に思い浮かぶだろう。想起されたカテゴリーの特性や属性，典型性が考慮されつつ，目的に最も適合する具体策を同時に考慮しながら，行動が決定されていくのである。

このように，カテゴリー概念は相互にゆるやかな関係を保有していると考えられる。ただし，消費者のカテゴリー構造は常に外部刺激を受け，競争環境や状況の影響を受けて変化する。換言すれば，カテゴリー構造が環境に応じて変化し再構成されていくことで，消費者は常に環境変化に対応していくことが可能になると考える。[3]

2 適合的カテゴリー表象 (adaptive category representation)

上述の点を整理する。消費者は世の中の製品やブランドを認知し，カテゴリー化によって分類する。その分類は，まず，抽象度に基づく垂直的な構造を受動的かつ自動的（無意識的）に形成する。分類方法は属性や便益に基づ

く分析的な構造，あるいは，感覚や感情，文脈を通じた包括的なイメージによる分類があり，関与の程度や個人の情報処理能力や状況，解釈能力によって異なる。そして，分類を通じて豊富化されたカテゴリー知識は，類似の他のカテゴリーやカテゴリーメンバー間の類似性や相対的な比較によって水平的な広がりを持つグレード化されたカテゴリー構造として位置づけられ，最もあてはまりのよい代表的な存在としてのプロトタイプやエグゼンプラーがその中心に存在していく。これらの中心化傾向を形成する要因は，信念や属性の場合もあれば，ブランドそのものを通じた違い，あるいは感覚的な分類で，グレード化されることもある。分類軸（車の場合なら，かっこよさ，速度や馬力などの違い）や識別・同定の要因（例えば，関与タイプの違いによる主観的な構造と分析的な構造の違い）が異なればグレード化される構造も異なってくるため，グレード化されたカテゴリーは分類学的なカテゴリーによって規定されていると言える。そして，購買や消費による経験や様々な情報を通じてグレード化されたカテゴリーの知識構造をさらに豊富化していくことで認知の幅を広げ，深めていくことが出来るのである。

　さらに，グレード化された構造の中心にあるプロトタイプ的な要素としての抽象的な属性や信念が目的達成を方向づけ，エグゼンプラーを中心としながら目的に導かれるカテゴリーの構成メンバーが想起されていく。想起される頻度の程度が目的に導かれるカテゴリーのグレード構造を形成し，より良く目標や目的を満たすものから達成に用いられていく。もし仮に，グレード化されたカテゴリーに存在するブランドが目的に導かれるカテゴリーとの関連を持ちえないのであれば，それは消費あるいは生活において必要のないものとなってしまうことになり，そもそも購買の対象にならないことになってしまうといった矛盾が生じる。カテゴリーがその意味に置いて同一視できるものが「ひとまとまり」にされるものであるということは，何らかの目的を満たす方向性，および目的を達成するための意味的・機能的なまとまり，目的を達成する条件を満たしていることが重要となってくる（cf. 鈴木 1996, p. 85)[4]。このことからも，グレード化されたカテゴリーは目的に導かれるカテゴリーに用いられていくと考えられる[5]。

　また，状況（アドホック）に応じて消費者はブランドを目的に導かれるカ

テゴリーとしても分類学的なカテゴリーとしても捉えることが可能であり，能動的に問題解決する選択肢を創造し，処理していくことが出来るのである。ここに3つのカテゴリー概念を統合することの意味がある。これまでの研究ではアドホック・カテゴリーは状況依存的であり，カテゴリー構造として十分な説明ができなかった。しかし，本書のこれまでの議論に基づけば，捉えにくいカテゴリーの特性としてのアドホック性がこの目的に導かれるカテゴリーと分類学的なカテゴリーのはざまで処理され，構造化されていくことが説明できるのである。自然カテゴリーと異なり，ブランドが初めて認知されるのはアドホックな状況であり，ブランドが消費という目的を満たす役割を持っている以上，ブランドのカテゴリー化はこの部分で取り込まれ，分類学的なカテゴリーと目的に導かれるカテゴリーに同時に処理されていきながらグレード化されたカテゴリーにも紐付けされることで，カテゴリーが深みを帯びていくのである。ただし，目的に導かれるカテゴリーが強く発動している状況においては，そこに含まれている表象は絞り込まれている可能性があるため，やや小さいサイズのものとなるであろうし，状況や制約が強くなればその状況の影響を受けたサイズとなるだろう。そのため，そのアドホック性において外部要因が強いのか，内部要因が強いのかによって表象は影響を受けていく。この点を考慮すれば，分類学的なカテゴリー，グレード化されたカテゴリー，目的に導かれるカテゴリーによるカテゴリー化の結果，作業記憶（ワーキングメモリー）で形成される表象が安定的であるのか，あるいは，柔軟な変化を受けるのかは状況によって異なるのである。

　このように，カテゴリー概念はその役割と利用状況を異にしながら，ひとつのゆるやかな相互依存関係を保持し，表象を形成していくと考えられる（図表2-16）。本書ではこれを「適合的カテゴリー表象（adaptive category representation）」と呼ぶことにする。適合的カテゴリー表象は新しい刺激に対応し，取り込んでいくことでカテゴリー構造を豊富化し，ダイナミックに環境対応していくのである。[6]この適合的カテゴリー表象を理解するということは，上述したディドロ統一体によって仮定された構造的等価物の構造を理解することでもある。そのためには，各カテゴリー概念の先行研究における課題に対し，実証研究を重ねることが重要となる。

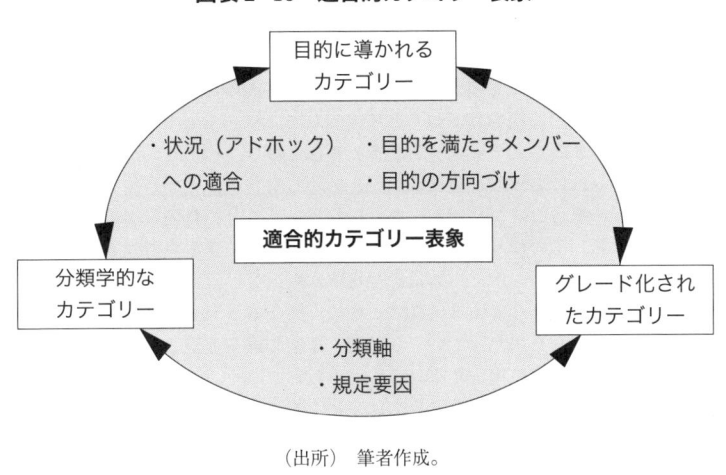

図表 2-16　適合的カテゴリー表象

- 目的に導かれるカテゴリー
- 状況（アドホック）への適合
- 目的を満たすメンバー
- 目的の方向づけ
- 分類学的なカテゴリー
- 適合的カテゴリー表象
- グレード化されたカテゴリー
- 分類軸
- 規定要因

(出所)　筆者作成。

[注]

1　ここでは，アドホック・カテゴリーは目的に導かれるカテゴリーのひとつとして扱っている。

2　2つの概念を組み合わせて新しい概念を作ることである（村山 1990）。

3　カテゴリーは文化的・社会的環境によって影響を受けること，さらには，文化的・社会的環境の変化によってカテゴリーの持つ意味も異なってくる（cf. 村山 1990；村田 1969）。例えば，社会的な活動において時刻や時間に意味があり，それを知る手段としての時計に意味があり，時間を知るというカテゴリーに意味がある。社会活動や文化が変わればカテゴリーも変化する。すなわちカテゴリーとは「社会や文化をつなぐ手段」であると言えるのである（cf. 村山 1990：髙橋 2010）。

4　換言すれば，意味がわからないものはその形状でしか識別，分類できないため，カテゴリー化には「何のために」「何が」という点が重要なのである。鈴木（1996）ではこれを「準抽象化」といった概念で提唱しているが，これはベースとなる知識とターゲットとなるブランドとの「類推」のために用いられる抽象化された存在であり，エグゼンプラーや具体性の要因，および，消費者の異質性（関与や知識の程度）を考慮に入れていない点で限界があるものの，本書の参考にした。

5　Barsalou（1991）では現実世界の認知において，分類学的なカテゴリーが初めに用いられ，次いで目的に導かれるカテゴリーが用いられると考えている。具体的には次の通りである。まず，分類学的なカテゴリーが第1次（初期）のカテゴリー化に用いられ，そのカテゴリー化によって現実世界を認知する。これを「ワールドモ

デル」と呼び，現実世界における位置，時間，空間といった大きな世界観とその中で位置づけられていく椅子，テーブル，自動車，などを認知するものである。これらのカテゴリーは長期記憶と関連しており，過去から現在の間の変化を長期記憶でつないで理解していくものである。そして，第2次のカテゴリー化には目的に導かれるカテゴリーが設定されていくと考えており，ワールドモデル内において，様々な目的を達成することを「イベントモデル」と呼び，その目的達成のために分類学的なカテゴリーにおける理想属性をベースとしながら，その目的を最も達成するエグゼンプラーを各カテゴリーから取り出していくことで目的を達成していくことを想定している。この繰り返しが多いほど計画を立案できる専門知識が高まり，熟練者はワールドモデルの中で，非常に特化された区分け，あるいは特定化や最適化が出来るようになるとしている。このように，異なるカテゴリー概念は認知システム上，補足的な役割を果たしていくことで，事前知識を豊富にし，次のカテゴリー化における推論をより最適化するために用いられていく。この Barsalou（1991）ではアドホック・カテゴリーの観点とグレード化されたカテゴリーを形成する分類軸や規定要因について触れていないこと，および，カテゴリー概念の相互依存的要因を十分議論していないことから，本書ではこの Barsalou（1991）の相互補完の考え方を用いながらカテゴリー概念の関係を読み解こうとするものである。

6 本書ではアプローチしないが，どのカテゴリー概念がどのような状況において発動し，利用されていくのかを説明することが出来れば，消費者理解へと一歩近づく手段になると考える。

先行研究における課題

　先行研究における課題は以下の3点である。
　第一の課題は，グレード化されたカテゴリーの研究が不十分な点である。分類学的なカテゴリーの構造については清水（2004）によってほぼ理論通りの傾向があることが示されつつあり，目的に導かれるカテゴリーの構造も考慮集合などの視点を含め，いくつかの研究が行われてきている。しかし，これらのカテゴリー概念を架橋するグレード化されたカテゴリーの研究はまだ十分とはいえない。このグレード化されたカテゴリーの研究はこれまで主に典型性に焦点を当てた研究であり，具体性の観点が考慮されてこなかったこと，グレードを形成する要因間の関連については相関分析が中心であり，より包括的かつ構造的なアプローチによって中心性を形成する要因を検討した研究が存在しないことである。この点について検証していく。
　第二の課題は，典型性の要件と具体性の要件のどちらがロイヤルティに影響するのか，といった点を検討した研究が無いことである。特に近年，多くの製品カテゴリーにおいて技術進歩に伴う生産性の向上により，多くの製品やブランドが投入され続けてきたことに加え，PBの影響によりコモディティ化が進展し，個々のブランドのロイヤルティが低下しつつある。この状況においてPBに対抗するためにカテゴリーらしさとしての典型性要因を強化すべきなのか，あるいは，消費体験や経験，競争状況における具体性要因を高めていくべきなのか，どちらの施策を講じることがブランド・ロイヤルティを高め，ブランド・マネジメントにつながるのかを検証する必要がある。
　第三の課題は，これまでの情報処理アプローチを中心とした研究では主に下位目的の製品やブランド獲得に焦点を当てており，上位の目的（消費プロセス）と目的に導かれるカテゴリーとの関連についての研究が少ない。より豊かな生活を志向する消費社会へと向かう現代において，上位の目標や目的とブランド選択との関係を研究することが重要である（cf. 杉本 1993,

p. 23)。また，製品の多様化に伴い製品カテゴリー内のブランドは氾濫しており，消費者の判断における葛藤（不一致）や選好の変化も予想される。これまで「個人内」におけるあいまい性を検討した研究も少ないことから，上位目的と下位目的の違い，および，あいまい性の有無によるブランド考慮数やサブ・カテゴリーを横断して検討する程度についての検証が必要となる。

　このような先行研究の課題に対し，第3章では実証研究を行っていく。

第3章

実証研究

実証分析の位置づけ

　第2章で導出された先行研究の課題に基づき，第3章は実証分析を行っていくものである。上述の適合的カテゴリー表象を形成するカテゴリー概念の相互依存関係を反映した構造図（図表3-1）に先述した3つの課題をあてはめると以下に該当する。

(1) カテゴリーの構造
　カテゴリーの構造について解明していくものである。カテゴリーの表象が形成されていく場合，そこには3つのカテゴリー概念が関連しているのであるが，その配列はグレード化されたカテゴリーが形成される「要因」を探索することで表象のあり方が確認できると考える。その理由は上述のようにグレード化されたカテゴリーは分類学的なカテゴリーの要素に基づき構造的等価物のモノのシステム，すなわちカテゴリーらしさとしての典型性を形成し，具体性の要因はブランドが用いられる文脈や目的に関連することから，システムとしての文化カテゴリーを規定し，価値観と共鳴するような配置がなされていくと考えられるためである。さらに，複数記憶システムの構造がグレード化されたカテゴリーを形成する要因と関連することから，この記憶システムに基づきながら構造仮説を設定し，構造間の因果関係を検証していくものである。具体的には，定量アンケート調査にて収集したデジタルカメラ，シャンプー，洗濯用洗剤のデータを用い，パス解析によって構造を理解する。さらに，関与の程度の違いによるカテゴリー構造の相違についても検討する。

(2) カテゴリーとロイヤルティ
　カテゴリー構造のどのような要因を高めることでブランドがライフスタイルに入り込めるのかを実証していくものである。ブランド・マネジメントの

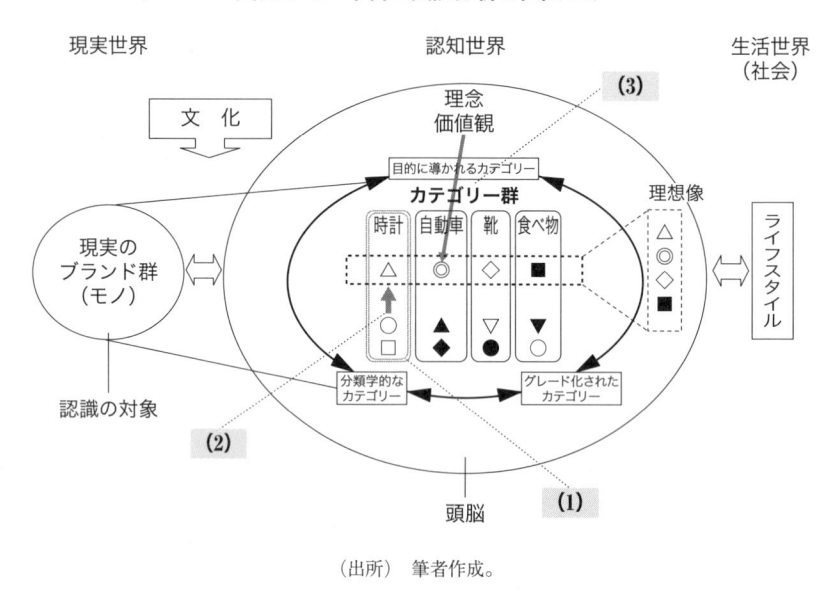

図表 3-1 本書の実証分析の位置づけ

（出所）筆者作成。

視点において，消費者との関係の絆を形成するロイヤルティ向上のために，典型性と具体性のどちらの要因を高めることが重要となるのかを検討していくものである。とりわけ，コモディティ化傾向にある低関与商品の洗濯用洗剤［上記（1）と同じデータ］を用い，Oliver（1999）の認知的・感情的・意欲的ロイヤルティのモデルによって，ライフスタイルに入り込むブランドとなるために必要となる要因を検討する。

（3）目的に導かれるカテゴリー

目的のあり方とブランドの絞り込み方の関係を理解することで，ライフスタイルへの関わり方を検討するものである。目的のタイプの違い，および，目的のあいまい性の存在によって，目的に導かれるカテゴリー構造で考慮されるブランド数，サブ・カテゴリーを横断して検討する程度について検証していくものである。具体的には自動車のデータを用い，購買意図を持つ対象者に限定することで，「能動的な状態にある消費者」が目的タイプ（消費そ

のものを目的とするプロセス志向と，手段としてのモノを目的とするプロダクト志向）の違いやあいまい性の程度が目的に導かれるカテゴリー構造に与える影響について検討するものである。

なお，本書はカテゴリー概念とそこでの表象の形成に影響する要因を探索するが，アンケート調査に基づく実証分析を行っていく場合，長期記憶におけるブランドやカテゴリーに関する記憶をそのまま取り出せるわけではない（cf. 土田 2001）。つまり，短期貯蔵庫のワーキングメモリーにおいて画像（ロゴやビジュアル）や言語情報を手がかりとして取り出されていくことになる。そのため，アンケート調査を通じてカテゴリー概念を検証する場合，その取り出され方によって表象が異なることを是として検証を進めるものである。

1節　カテゴリーの構造

1　実証研究の目的と方法

　カテゴリー構造の研究は1970年から1990年代前半において主な研究がなされてきたが，その多くはカテゴリーメンバー間の「単なる」類似性や属性に基づく典型性を中心とした情報処理アプローチの視点であった。しかし，カテゴリーを形成している属性間には相関があり（Malt and Smith 1984），属性間の関連性には因果的な（causal）ものもあることから（藤原 1998），カテゴリーの中心化傾向を形成する要因間の関連を検討する必要があると考える。しかし，これまでの研究における分析方法は相関分析を中心としたものであり，構造的なアプローチではなかった。カテゴリーがグレードを持つ構造であるならば，その解明も構造的にアプローチすべきである。また，カテゴリー構造は消費や使用の文脈，競争環境によって影響を受けることから，ブランドそのものを通じた具体性や競争優位性の視点をも包含した観点で解明していく必要があると考える。そこで，本節では上記を踏まえ，グレード化されたカテゴリーの中心化傾向を形成する要因間の関連を構造的に検証することでカテゴリーの構造を解明する。

　調査はプリテスト，ヒアリング，本調査で構成している。その後，本調査にて収集したデータに対し，構造方程式モデルを用いて仮説検証を行うものである。

2　仮説設定と分析フレーム

　第2章4節の図表2-11で用いた複数記憶システムと対応する形で典型性，具体性要因の構造を検討する。基本的には上位の記憶が想起されるほど下位の記憶も想起，強化されることから，パスの関係は上位から下位に向かう流

れを想定する。そして，典型性要因と具体性要因は補完的な存在にあることから，典型性要因と具体性要因間のパスが存在することを前提とする。さらに，先行研究から以下の仮説が考えられる。

まず，典型性要因の関係について検討する。Barsalou（1985）によれば，理想属性[1]はしばしば事例との接点と関係なく目的を達成するために思索するプロセスから生じるという。そして「理想属性は目的に伴い，カテゴリーに基づく推論から生じるもの」（Barsalou 1991, p. 16）としている。このことから，理想属性は主要な目標や目的からの影響を受けると考える（H1）。

また，理想属性はカテゴリーのグレード化された構造を決定する要因のひとつであること（Barsalou 1985），理想属性に基づくグレード構造が決まっていく際，各ブランドが「購買に関連する信念」をどの程度，保有するかによって典型性のグレードが決まるため，多属性構造は理想属性の影響を受けると考えられる。なお，この理想属性を満たす際，その理想を達成するための属性は「アクセスしやすいこと[2]」「顕著性があること[3]」（cf. Hoyer and MacInnis 2007, p. 202；新倉 2006, p. 183-185）が重要である。多属性構造も購買の際に重視する信念であることから，アクセスしやすさや顕著性が高いと考えられる。そのため，理想属性から多属性構造への正の関係があると考える（H2）。また，理想属性と親密性には相関がある（Loken and Word 1990）ことから，理想属性が高まるほど下位記憶としての親密性も高まる正の関係があると考える（H3）。

一方で，ブランド間の違いが識別できる「診断性[4]」（Hoyer and MacInnis 2007, p. 202）が高い属性ほど想起されやすいことから，理想を達成する属性を検討する場合，ブランドそのものの持つ独自性や弁別性も同時に検索されるため，理想属性から独自性や弁別性への正の関係があると考えられる（H4）。

典型的な要素をより多く保有するほどカテゴリーを代表する存在となり，この代表性は理想属性，多属性構造[5]，親密性，カテゴリーとしての接触頻度によって形成される（Barsalou 1985；Loken and Word 1990）。このことから，理想属性，多属性構造[6]から代表性に向かう正の関係があると考える（H5-a，H5-b）。ただし，親密性は下位記憶に該当すると考えるため，そ

の向きは代表性からの正の関係を想定する（H5-c）。なお，カテゴリーとしての接触頻度は心理的な要因ではなく事実としての頻度であること，また，親密性と高い相関があることから今回の分析は心理的な要因としての親密性で代替する[7]。

多属性構造を多く保有するほど親密性も高まることから（Loken and Word 1990），多属性構造から下位記憶の親密性への正の関係を想定する（H6）。

次に，具体性の構造について検討する。カテゴリーにおいて，主要な目標や目的が異なれば想起されやすいブランドは異なる（cf. Ratneshwar and Shocker 1988；新倉 2005）。その想起には，ブランドそのものの持つ独自性や弁別性としてのユニークさ（Keller 1998），代表的ではない属性を持つブランドや（cf. Loken and Word 1990），代表的ではないポジショニングを取るブランドなども想起されやすいこと（Hoyer and MacInnis 2007），また，ロゴやタレントといった手がかりがブランド想起[8]に関係してくることから，主要な目標や目的と関連して独自性や弁別性，新近性を手がかりとした想起が起こると考える（H7-a，H7-b，H7-c）。なお本書では，事例としての頻度を記憶へのアクセスしやすさの程度として測定するため，具体的に確認できる想起率と第一想起の2つで測定するものである。

そして，購買状況や消費状況を手がかりとして認知の幅が拡大するほど想起率が高まりブランド再生が強化されることから（Keller 1998），第一想起も強まると考える（H8）。新近性は最初に記憶したもの，および，最も直近に想起したものとの関係が強い。カテゴリーにおいて最初に接触したブランドの印象は強く，最近見かけたり使用したりするブランドほど身近な存在となるため，新近性が高まるほどエグゼンプラーとしての要素を高め，代表的な存在になることが考えられる。同様に，身近な存在であるほど親密性も高まることが予想される（H9-a，H9-b）。

人は代表的なものと共に代表的ではないものに注意を向けやすいこと（cf. Loken and Word 1990），また，代表性を検討する場合，属性の類似性や弁別性を通じた検討もあることから（cf. Rosch and Mervis 1975；Tversky 1977），ブランドそのものの持つ独自性や弁別性が多属性構造や代表性を考慮するきっかけとなり，正の関係が存在すると考えられる（H10-a，H10-

b）。親密性が高まるほど（典型性と共に）連想や想起も高まることから（Barsalou 1985），親密性から想起率への正の関係が存在する（H11）。

主要な目標や目的は具体的なシーンであり，シーンが多いブランドほど消費者の認知においては具体的な存在となる。それに伴いブランド・ロゴを見かける割合も高まることから主要な目標や目的と新近性との直接の関連も強くなると考えられる。しかも，第2章4節の3-5でも示した通り，我々が考えたり感じたりすることの多くは，言語データではなく，画像や映像として頭の中に生成し，記憶され，そこにさまざまな思考や感情が付着している（藤川 2006, p.72）ことを踏まえた場合，具体的な接点の多さやシーンとの連想が豊富なほど新近性が高まると考えられ，ここに直接的なパスが存在すると考えてよいであろう（H12）。同様に，使用頻度が高まるほど想起率や第一想起は高まる（Nedungadi and Hutchinson 1985）ことから，使用状況と関連するブランドほど想起されやすくなり，主要な目標や目的からの想起率への影響もありうる[9]（H13）。

次に，目標や目的と関連した明確な属性を持っているほどブランドそのものを通じたトップダウン型の想起となりやすいこと（cf. Park and Smith 1989），また，最も理想を満たすブランドは目的の連想を提供してくれるエグゼンプラーとしての資質を持っており（Barsalou 1985），そのようなブランドは鮮明さ（vivid）を持っている（Park *et al.* 2008）。目標や目的とも関連する理想属性を満たすエグゼンプラーの存在は鮮明であり身近な存在であることから，新近性へのとの関連が強いと考えられ，理想属性から新近性への直接のパスの存在もあるだろう（H14）。

上記の仮説を設定した実証分析のフレームを図表3-2に示す。

3　調査概要

3-1　プリテスト

カテゴリー構造の検証をより一般化した実証研究とするため，まず，調査対象とする製品カテゴリーの抽出，および，典型性と具体性に関する選択肢を得ることを目的にプリテストを行った。調査対象はIpsos日本統計調査株

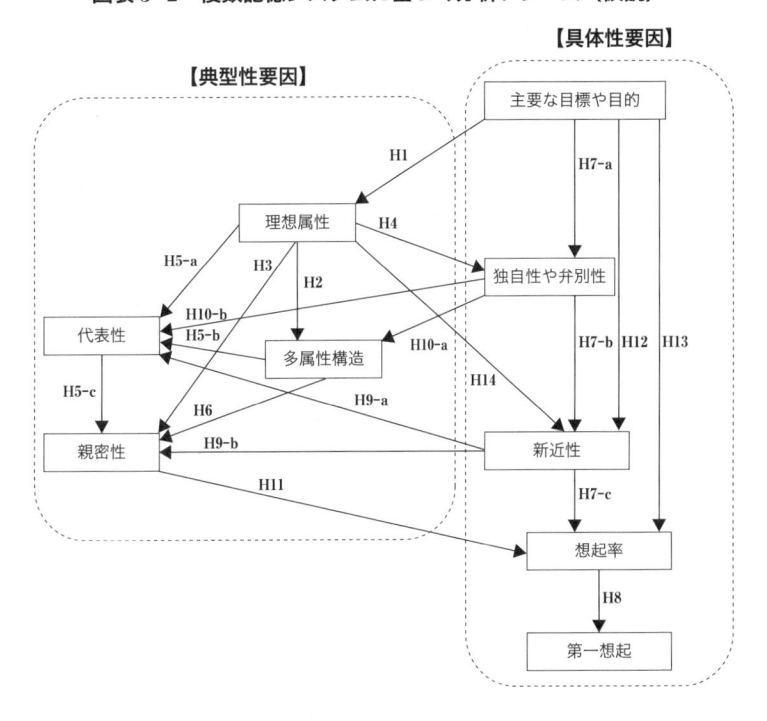

図表 3-2　複数記憶システムに基づく分析フレーム（仮説）

式会社のハウスホールドパネル，一般社会人20代から60代前半の男女である。実施は2009年2月6日から2月23日までの期間，インターネット調査によって男性30名，女性47名を回収した。対象とした製品はデジタルカメラ（コンパクトタイプ），シャンプー，洗濯用洗剤，塩味系スナック菓子，歯磨き粉，男性用髭剃り（男性のみ），電気シェーバー（男性のみ）である。カテゴリー構造にはある程度の事前知識が必要となるため（cf. 清水 2004），比較的生活になじみのある製品カテゴリーを設定した。

　プリテストは本調査に用いる項目を設定することも念頭に入れ，以下の順に質問して行った。

　はじめに，製品カテゴリー名を提示し（以下，対象者への提示は〈　製品カテゴリー名　〉とする），思いつくブランドを純粋想起にて確認した後，

購買状況をイメージしてもらうために「販促物の付いていない店頭の陳列写真」を提示し納得するまで見てもらった。なお，提示写真はIpsos日本統計調査株式会社の模擬店舗施設「The Osaka Retail Shopper Lab」の店頭の写真であり，実在するドラッグストア店舗を参考に作成した棚割である。売場の棚数が多い製品カテゴリーは数枚の写真を合成して提示した。棚のないものはブランドリストと小売店頭の資料を元に独自で作成した。

次に，多属性構造はLoken and Ward (1990) を参考に，「あなたは〈　製品カテゴリー名　〉を購入する際，どのようなことを重視しますか。製品に求めることは何ですか。主に商品に関すること（性能や機能，特性）について教えてください」という質問により自由回答を得た。「主要な目標や目的」を達成する購買動機はTauber (1972) の個人的動機，社会的動機を参考に10の動機となるシーンを作成しすべて提示した。例えば，「気晴らし」の場合は「〇〇な気分になりたいから買いたい」と示すものである[10]。質問は「この〇〇をヒントに，買いたいと思う状況やシーンを教えてください。どのようなことでも構いませんので，思いつく限りできるだけ具体的にお教え下さい」とし自由回答を得た。最後に，理想属性について「では，あなたにとって「理想の〈　製品カテゴリー名　〉」とはどのようなものですか」という質問にて自由回答を得た。この結果に基づき，回答の多いものから順に本調査の多属性構造，主要な目標や目的の設問に設定した。ただし，回答数が全体の5％未満の項目は含めなかった。理想属性は最も回答の多いものを設定した。

可能な限りタイプの異なる製品カテゴリーを抽出することを目的に，購買関与 (Mittal 1989) の4項目[11]も確認した。このMittal (1989) の尺度を用い，池尾 (1999) の購買関与と製品判断力のフレーム[12]に基づき，関与の程度を縦軸に，ブランド知覚差異を横軸に置いてその高低で4象限を設定し，調査対象とした製品カテゴリーの平均得点をプロットしていった（調査対象の製品カテゴリー全体の関与平均は5.03，知覚差異の平均は5.10）。その結果，デジタルカメラ（男女；関与平均：5.55，知覚差異平均：5.09），シャンプー（女性のみ；関与平均：5.81，知覚差異平均：5.21），洗濯用洗剤（女性のみ；関与平均：4.84，知覚差異平均：4.55）が異なる象限にプロットされたことから，この3つの製品カテゴリーを本調査の対象とした。

3-2 ヒアリング

より信頼できる選択肢を設定するため，本調査に入る前に実務家の意見も取り入れた。シャンプーおよび洗濯用洗剤については，外資系の日用品メーカーにおける各カテゴリーの調査マネージャー，営業のカテゴリー・マネジメント部門の担当者，チャネル戦略の調査担当，および，Ipsos 日本統計調査株式会社のラインリサーチャーである。デジタルカメラについては大手家電量販店の販売員に確認した。この結果に基づき，多属性構造の質問項目の表現を若干修正した。

3-3 本調査

本調査の対象者は，プリテストとは別の Ipsos 日本統計調査株式会社のハウスホールドパネル，一般社会人 20 代から 60 代前半の男女である。性・年代は出来るだけ均等になるように割り付けた。デジタルカメラと洗濯用洗剤のデータは 2009 年 3 月 18 日から 3 月 25 日，シャンプーのデータは 2009 年 12 月 18 日から 23 日に，インターネット調査システムを用いて実施した。回収数はデジタルカメラが 146 名（男性 89 名，女性 57 名），シャンプーが 248 名（女性のみ），洗濯用洗剤が 100 名（女性のみ）の合計 494 名であった。

ブランドについて聞く質問は，ロゴの有無によって消費者が知覚するブランドや製品の選好が異なることから（Keller 2007），バイアスを防ぎ，ブランドの同定を正確に行ってもらうために，すべて「ブランド・ロゴによるブランド・ネーム」を提示した。また，プリテストにおいてブランド名の純粋想起の質問で企業名だけの回答も若干あったため，ロゴには必ず企業名も併記した。さらに，ブランドごとに同じ質問が繰り返されることから，単調かつ質問量が増えやすい傾向にあるため，可能な限り測定項目は減らすよう工夫したこと，ブランドの提示順，選択肢の提示順はすべてランダムに設定し，質問の流れも純粋想起，感覚的な質問，事実，態度，属性の順に設定し，後の質問が前の質問の影響を受けないような順番とすることで，考えうる可能な限りの調査バイアスを回避した。典型性の項目はブランド単位で回答する絶対評価的な取り方を設定し，具体性の項目はブランド間でなるべく比較が出来るように調査プログラムを設計した（採用した質問項目は図表 3-3 を参照）。

図表3-3　分析に用いた要因，変数名，質問項目，尺度および信頼性係数

要因		質問項目	尺度	信頼性係数
多属性構造	デジタルカメラ	画質がよい サイズ（うすさや軽さ）がよい 操作がしやすい 撮影性能がよい（拡大倍率，ぶれない，きれいに撮れるなど） デザインや見た目がよい メモリーカード（容量の多さ，対応するカードの種類）がよい ブランドとして信頼できる	「7.とてもこのブランドらしい」から「1.まったくこのブランドらしくない」 各項目の合計値を分析に使用	0.958
	シャンプー	まとまりやすさ 洗った後のしっとり感 傷んだ髪を改善する さらさらになる 香りのよさ ブランドとして信頼できる 自分の髪に合っている 地肌にやさしい		0.952
	洗濯用洗剤	汚れがよく落ちる 除菌・殺菌 溶けやすさ		0.881
代表性		このブランドはあなたがイメージする〈　製品カテゴリー名　〉にどの程度良い例としてあてはまりますか。	「10.とても良い例である」から「1.まったく，良くない例である」	※1
理想属性		このブランドは「　　　」という要素をどの程度持っているブランドだと思いますか。 上記「　　　」に入る理想属性は以下の通り。 【デジタルカメラ】簡単に使えて，きれいに撮れる 【シャンプー】髪や肌にやさしく，洗い上がりがよい 【洗濯用洗剤】汚れをよく落とし，仕上がりがよい	「9.とても多く持つ」から「1.とても少ない」	※1
親密性		このブランドは〈　製品カテゴリー名　〉として，どの程度見慣れていますか（馴染みがありますか）。	「9.とても見慣れている」から「1.まったく見慣れていない」	※1
事例としての頻度	想起率	あなたは〈　製品カテゴリー名　〉と聞いてどのような商品やブランド（銘柄）を思い浮べますか。	総想起数−当該ブランドの想起の順位を（総想起数−1）で除算した値	0.874 ※2
	第一想起		最初に想起されたブランドに「1」のフラグを立て，それ以外は「0」としたダミー変数	
新近性		このブランドをどの程度見かけますか。	「5.最近 非常によく見かける」から「1.最近 まったく見かけない」	※1

要因	質問項目	尺度	信頼性係数
独自性や弁別性	このブランドは，〈 製品カテゴリー名 〉の他のブランドと区別できる特徴（目立つ点）をもっている 私はこのブランドが，どのようなものか，わかっている 他の競合ブランドの中にあっても，見つけ出せる このブランドについて，すぐにいくつかの特徴が思い浮かぶ このブランドは，〈 製品カテゴリー名 〉の他のブランドと違う好ましい点をもっている	「7.とてもそう思う」から「1.まったくそう思わない」 各項目の合計値を分析に使用	0.898
主要な目標や目的	デジタルカメラ：旅行やドライブに行くとき／素敵な風景や写真を見かけたとき／子供の成長や思い出を残したいと思ったとき／ペットの成長を残したいと思ったとき／使用しているカメラの調子が悪い，壊れたとき／家族が増えた，子供が生まれたとき／人生の節目のイベント（結婚式や入学，卒業）があるとき／子供の行事（運動会や発表会など）があるとき／クリスマスやお祭り，正月などの祭事のとき／ブログや日記用の写真を撮りたいとき／オークション用の写真を撮りたいとき／仕事や記録用として使うとき／TVCMや店頭で新商品を見かけたとき シャンプー：今使っている銘柄（ブランド）が合わないとき／家の在庫がなくなったとき／雑誌の特集や記事を見たとき／友人から良い評価を聞いたとき／ネットや口コミサイトで評判になっているとき／（年齢や体質などで）髪質が変わったと思ったとき／髪のきれいな人を見かけたとき／街で他人の髪の香りをかいだとき／TVCMや店頭で新商品を見かけたとき 洗濯用洗剤：友人・知人にすすめられたとき／長期の旅行に行くとき／部屋干しするとき／新しく生活をはじめるとき／衣服の汚れがなかなか落ちないとき／TVCMや店頭で新商品を見かけたとき／看病や介護をすることになったとき	使いたい，買いたいと思うブランドを回答 （該当する場合は1，非該当の場合は0のダミー変数） ブランドごとに各シーンを足し上げた値を分析に使用	※1

選択肢，尺度はBarsalou (1985), Loken *et al.* (1990), Sujan and Bettman (1989), Yoo *et al.* (2000) を参考に作成。純粋想起である事例としての頻度以外は，すべてブランド・ロゴに基づくブランド・ネームと企業名を提示しながら測定している。

※1　観測項目が1つのため，信頼性係数（クロンバックの α）は確認しない。
※2　尺度ではないため，相関を確認している。

4 測定項目と分析結果

4-1 分析の対象

カテゴリーの構造を構造方程式モデルで検討するために，全ブランドのデータをプールしたものを用いる。具体的には，知識としてのカテゴリーは「知っているブランドの集合」であることから，本調査にて回収した494名のデータを対象に，対象者が知っている（新近性の質問でブランド・ロゴを提示した際に「見かけたことがある」）と回答したブランドのデータをすべてプールする形で分析用のデータ（デジタルカメラ n=1233，シャンプー n=2553，洗濯用洗剤 n=592）を作成した。

4-2 典型性に関する項目

基本的な測定方法はすべてBarsalou (1985)，Loken and Ward (1987;1990) に基づき実施している。多属性構造はプリテストおよびヒアリングを通じて得られた信念を7点尺度（「7. とてもこのブランドらしい」から「1. まったくこのブランドらしくない」）で確認した。まず項目間の一貫性を確認するために，探索的因子分析（最尤法，プロマックスによる斜行回転）を行った。いずれのカテゴリーとも因子数は1つであったが，中心化傾向を持つ信念は他の変数よりも強い共通性を持つべきであると考え，共通性が0.6以上の項目のみ分析に用いた。[13]

理想属性の質問は，プリテストで得られた内容に基づき，「このブランドは〈　理想属性　〉という要素をどの程度持っているブランドだと思いますか」とし，9点尺度（「9. とても多く持つ」から「1. とても少ない」）で測定した。代表性は「このブランドはあなたがイメージする〈　製品カテゴリー名　〉にどの程度良い例としてあてはまりますか」とし，10点尺度（「10. とても良い例である」から「1. まったく，良くない例である」）で測定した。

親密性は「あなたにとって，このブランドは〈　製品カテゴリー名　〉として，どの程度見慣れていますか（馴染みがありますか）」とし，9点尺度（「9. とても見慣れている（馴染みがある）」から「1. まったく見慣れていない（馴染みがない）」）で測定した。

4-3 具体性に関する項目

　事例としての頻度は Nedungadi and Hutchinson (1985), Perkins and Reyna (1990) を参考にしながら項目を設定した。自由回答で得たブランドの純粋想起の回答をコーディングした後，(総想起数－当該ブランドの想起の順位) を (総想起数－1) で除算した「想起率」，最初に想起された場合を1，そうでない場合を0とする「第一想起」の2つで測定した。

　新近性の質問は「このブランドをどの程度見かけますか」とし，5点尺度 (「5. 最近 非常によく見かける」から「1. 最近 まったく見かけない」) で測定した。

　独自性や弁別性は Sujan and Bettman (1989), Yoo et al. (2000) を元にした5項目を作成し，すべて測定した。項目はブランドの包括的な違いを測定するものとして，「このブランドは，〈　製品カテゴリー名　〉の他のブランドと区別できる特徴 (目立つ点) をもっている」「私はこのブランドが，どのようなものか，わかっている」「他の競合ブランドの中にあっても，見つけ出せる」「このブランドについて，すぐにいくつかの特徴が思い浮かぶ」「このブランドは，〈　製品カテゴリー名　〉の他のブランドと違う好ましい点をもっている」とし，7点尺度 (「7. とてもそう思う」から「1. まったくそう思わない」) で測定した。

　「主要な目標や目的」はプリテストおよびヒアリングを通じて得られた様々な使用状況やシーンを提示し，使用状況やシーンごとに使いたい，買いたいと思うブランドをすべて回答させた。シーンを醸成させるためにブランド・ロゴに基づくブランド・ネームとともに，すべて簡単なイラストも添えた。各シーンをブランドごとに加算した値を「主要な目標や目的」として分析に用いることで，この値が大きいほど具体的なシーンを多く持つと判断する。

4-4 分析手法

　今回の分析目的は観測変数間の因果関係を中心に議論することであるものの，用いる要因には1つの項目によって測定された要因があること，非正規分布の変数もあることなどから，パス解析による分析を行う。

　なお，3つの製品カテゴリーで質問項目が異なり，また複数の項目で測定

していた多属性構造，および独自性や弁別性はカテゴリー構造の一般性を検討するため，回答スコアを加算した値を分析に用いている。

4-5 分析および検証結果

結果の一般化のためには，仮説に基づく構造がどのカテゴリーにおいても安定していることが前提である。そこでまず，内的妥当性を SPSS 社の Amos 17.0 を用いて確認した。主な適合度指標には一般的な GFI，AGFI，CFI，RMSEA を用いた。GFI と AGFI が 0.90 以上，CFI が 0.95 以上，RMSEA が 0.05 未満で非常に良い適合，0.1 未満で他の指標を考慮して採用という基準を設定した（豊田 2007）。なお標本数が大きい場合，χ^2 検定が棄却されやすいことから，棄却の基準として Hoelter (0.05) の値を参考にした。この値が標本数を下回る場合，χ^2 検定が棄却されても問題ないとする（cf. 豊田 2007）。

まず，3つのカテゴリーのデータをすべてプールしたものを対象に，この仮説構造の内的妥当性を検証していった。すべてのパスを設定した後，ワルド検定の統計量と AIC（赤池情報量基準）を参考に検討した。

モデルの適合度は，χ^2 検定（df=17，CMIN=712.387）の p 値は 0.000，GFI は 0.967，AGFI は 0.912，CFI は 0.969，RMSEA は 0.097，Hoelter (0.05) は 170（<n=4378）となった。Hoelter の数値がサンプル数を下回ることから p 値が棄却されても問題ないと考えられる。やや RMSEA の適合度が低いものの，他の適合度は十分基準を満たしていることから，このモデルを採用する。なお，H3 の理想属性から親密性へのパス，および，H6 の多属性構造から親密性へのパスは棄却されたが，それ以外のパスは支持された（図表 3-4）。

傾向を確認するため，各パラメータ推定結果（標準化係数）の間接効果と直接効果を合計した標準化総合効果を確認した（図表 3-5）。主要な目標や目的と理想属性が他の要因のすべての起点となり，構造形成において重要となることが確認された。特に，主要な目標や目的は理想属性（標準化総合効果 0.385），想起率（0.331）に影響し，理想属性は代表性（0.863），親密性（0.646），多属性構造（0.619），独自性や弁別性（0.468），新近性（0.369）に強く関連している。

特に重要な点は，典型性の要因は属性や信念に基づく意味記憶を中心とし

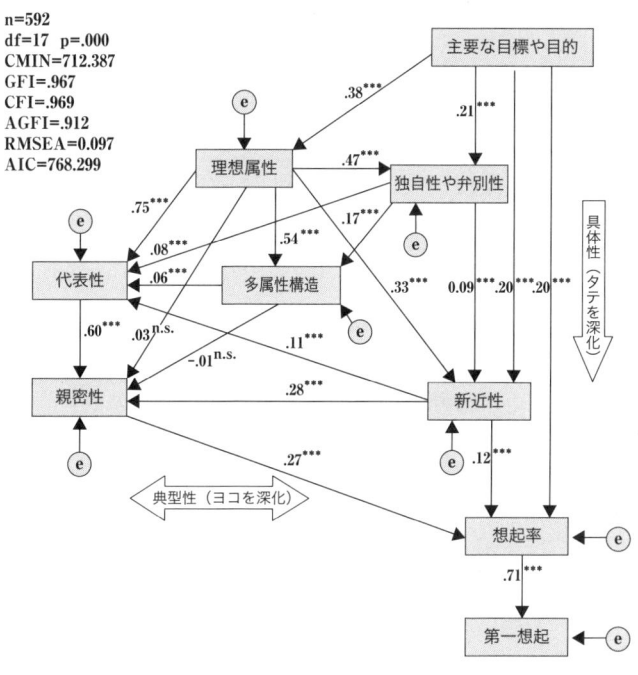

図表 3-4　内的妥当性の分析結果（標準化係数）

n=592
df=17　p=.000
CMIN=712.387
GFI=.967
CFI=.969
AGFI=.912
RMSEA=0.097
AIC=768.299

注）図の表記について：***p<0.001，**p<0.01，*p<0.05，†p<0.1，n.s. 有意差なし。

図表 3-5　標準化総合効果（内的妥当性）

	主要な目標や目的	理想属性	独自性や弁別性	多属性構造	新近性	代表性	親密性	想起率
理想属性	**.385**	—	—	—	—	—	—	—
独自性や弁別性	.392	**.468**	—	—	—	—	—	—
多属性構造	.274	**.619**	.171	—	—	—	—	—
新近性	.362	**.369**	.090	.000	—	—	—	—
代表性	.376	**.863**	.100	.060	.113	—	—	—
親密性	.336	**.646**	.084	.027	.348	.601	—	—
想起率	**.331**	.218	.034	.007	.217	.160	.267	—
第一想起	.234	.154	.024	.005	.153	.113	.189	**.707**

注）太字は他の要因からの標準化総合効果と比較したときに最も影響力のある要因。

た（ヨコの）構造を深め，具体性の要因は複数記憶システム間のタテの関係を強化していること，典型性の要因は具体性の要因を促進し，具体性の要因は典型性の要因を促進する補完的な関係にあるということである。

ただし，他のカテゴリーに比べてシャンプーのサンプル構成比が多いことがカテゴリー構造の結果にも影響を与える可能性もあると考えられるため，各カテゴリーを多母集団とする同時分析により配置不変性を確認した。χ^2検定（df=51，CMIN = 473.894）のp値は0.000，GFIは0.977，AGFIは0.939，CFIは0.983，RMSEAは0.044，Hoelter（0.05）は636（＜n=4378）であり，基準を十分満たしていた。3つのカテゴリーのほとんどのパスは0.1％リスクで有意であることから[14]，この構造は頑強なものであると言える。ただしカテゴリーによってパスの強さに強弱があることから，カテゴリー間のパラメータを比較するために差に対する検定統計量（差の検定）を確認していった（図表3-6）。

図表3-6の傾向として，デジタルカメラ（コンパクトタイプ）の場合，理想属性から新近性（0.499），代表性から親密性（0.694），主要な目標や目的から独自性や弁別性（0.285）の標準化係数がシャンプーや洗濯用洗剤よりも有意に高い傾向にあった。この結果から解釈できることは，デジタルカメラの場合，理想属性を満たす機能的な訴求をブランド・ロゴと共に伝えるために店頭や広告で露出を増やすことで代表性を高め，親しみを醸成していく。さらに，主要な目標や目的に関連する利用シーンやオケージョンの豊富さによって他とは違う点の訴求が重要になると考えられる。理想的な機能とブランド・ロゴ，独自のシーン訴求を示すことがカテゴリー特性として重要であると考えられることから，論理説得型の施策によって消費者の知識を高めるマーケティング戦略が有効となろう。換言すれば，デジタルカメラは情報処理アプローチが比較的有効な製品カテゴリーであると言えるだろう。

シャンプーの場合，独自性や弁別性から多属性構造（0.278），多属性構造から代表性（0.130）の標準化係数が他のカテゴリーに比べて有意に高い。このことから，競合品との包括的な違いを打ち出す差別化戦略とともに，典型的なシャンプーとして保有しておかなければならない信念を維持していくことでカテゴリーを代表するブランドとして認知されていくということが理

図表 3-6　多母集団同時分析により推定されたパラメータ値

パラメータ		a. デジタルカメラ (146名, n=1233)		b. シャンプー (248名, n=2553)		c. 洗濯用洗剤 (100名, n=592)	
		標準化係数	差の検定	標準化係数	差の検定	標準化係数	差の検定
主要な目標や目的 → 理想属性		0.472	b***	0.404	n.s.	0.482	a***
理想属性 → 代表性		0.770	b***	0.696	n.s.	0.696	n.s.
多属性構造 → 代表性		0.065	n.s.	**0.130**	a*, c†	0.105	a**
独自性や弁別性 → 代表性		0.057	n.s.	0.063	n.s.	0.086	n.s.
新近性 → 代表性		0.104	n.s.	0.102	n.s.	0.091	n.s.
独自性や弁別性 → 多属性構造		0.224	c***	**0.278**	a***, c***	0.174	n.s.
理想属性 → 多属性構造		0.600	b***	0.594	n.s.	**0.634**	a***, b***
代表性 → 親密性		**0.694**	b**, c***	0.641	c*	0.584	n.s.
多属性構造 → 親密性		0.355	b***	0.166	n.s.	0.249	b†
新近性 → 親密性		0.192	n.s.	0.263	a***	0.307	a***
主要な目標や目的 → 独自性や弁別性		**0.285**	b*, c***	0.189	n.s.	0.269	n.s.
理想属性 → 独自性や弁別性		0.381	n.s.	0.489	a***	0.430	a*
独自性や弁別性 → 新近性		0.049	n.s.	0.141	a†	0.156	a†
理想属性 → 新近性		**0.499**	b***, c**	0.272	n.s.	0.388	b***
主要な目標や目的 → 新近性		0.116	n.s.	0.085	n.s.	0.035	n.s.
新近性 → 想起率		0.139	n.s.	0.120	n.s.	**0.207**	a*, b*
親密性 → 想起率		0.275	n.s.	0.255	n.s.	0.161	n.s.
主要な目標や目的 → 想起率		0.328	c***	0.195	n.s.	0.287	b*
想起率 → 第一想起		0.757	b***	0.671	n.s.	**0.874**	a***, b***

→はパス，*** $p<0.001$，** $p<0.01$，* $p<0.05$，† $p<0.1$，n.s.: 有意差なし。
太字は他の2つのカテゴリーよりも統計的に差があり，かつ，高いスコアを示したもの。

解できる。そのため，より多くの広告投下によるブランドらしさとしての差別化訴求とシャンプーらしさの訴求の両方が重要になると考えられる。

　洗濯用洗剤の場合，理想属性から多属性構造 (0.634)，新近性から想起率 (0.207)，想起率から第一想起 (0.874) が他のカテゴリーに比べて高い。洗濯用洗剤は問題解決型の機能的商品であるため，理想とする属性をより良く満たす主要な信念を強化しつつ，広告や店頭などでのロゴを通じた露出を高めることで記憶へのアクセスしやすさを高める戦略が有効であろう。

次に，カテゴリーごとの標準化総合効果（図表 3-7，3-8，3-9）を確認したところ，数値の大小はあるものの，共通した傾向として，主要な目標や目的，理想属性がカテゴリーを形成する要因に大きく影響している点で一貫しており，ここで議論したカテゴリー構造は一般性が高いことがうかがえる。
　ここまでの分析を通じて確認できた点は，主要な目標や目的と理想属性がすべての他の要因の起点となりカテゴリー構造の形成において重要となる点である。カテゴリーごとの特性として要因間の標準化係数に多少の強弱はあるものの，主要な構造は 3 つのカテゴリーに共通した傾向であり，本書における結果は頑強であるといえる。
　ここでひとつの課題が浮かび上がる。それは具体性の重要性を指摘し，その要因を含めた検証を進めてきたことで，典型性の要因である多属性構造がカテゴリーの中心化傾向を形成する他の代表性や親密性，および，具体性のアクセスしやすさである想起率や第一想起に必ずしも強い影響を与えていない点である。これまでの情報処理アプローチにおいて属性に基づく多属性構造モデルがその代表的なアプローチであったものの，認知ベースで測定する限り，必ずしも分析的視点でブランドの属性をその手がかりとして想起していないという点である。この点は次の追加分析でも確認していく。
　なお，別で測定していた好意や快楽的価値（喜び）[15][16]と各要因との相関関係を確認したところ（図表 3-10），好意との相関関係は，理想属性（デジタルカメラ：$r=0.623$，シャンプー：$r=0.661$，洗濯用洗剤：$r=0.655$，いずれも $p<0.01$），主要な目標や目的（同様に $r=0.568$，$r=0.668$，$r=0.534$，いずれも $p<0.01$），代表性（同様に $r=0.654$，$r=0.517$，$r=0.681$，いずれも $p<0.01$）などは比較的強い相関が見られる。さらに快楽的価値（喜び）との相関関係は，理想属性（同様に $r=0.876$，$r=0.796$，$r=0.824$，いずれも $p<0.001$）が突出して高い。次いで，代表性，親密性，多属性構造なども快楽的価値との相関が比較的強いことがうかがえる。
　ここまで確認してきたように，理想属性や主要な目標や目的はカテゴリー構造において特に重要な役割を占めており，好意や快楽的価値（喜び）とも関連する。ただし，上記の結果は認知しているブランドを前提としたカテゴリー全体の構造であり，グレード化されたカテゴリーの分類軸や規定要因は

図表 3-7 標準化総合効果（デジタルカメラ）

	主要な目標や目的	理想属性	独自性や弁別性	多属性構造	新近性	代表性	親密性	想起率
理想属性	**0.472**	—						
独自性や弁別性	**0.465**	0.381	—					
多属性構造	0.388	**0.685**	0.224	—				
新近性	0.375	**0.517**	0.049	—				
代表性	0.454	**0.890**	0.076	0.065	0.104	—		
親密性	0.407	**0.752**	0.074	0.097	0.264	0.694	—	
想起率	**0.493**	0.279	0.027	0.027	0.212	0.191	0.275	—
第一想起	0.373	0.211	0.021	0.020	0.160	0.145	0.208	**0.757**

注）太字は他の要因からの標準化総合効果と比較したときに最も影響力のある要因。

図表 3-8 標準化総合効果（シャンプー）

	主要な目標や目的	理想属性	独自性や弁別性	多属性構造	新近性	代表性	親密性	想起率
理想属性	**0.404**	—						
独自性や弁別性	0.387	**0.489**	—					
多属性構造	0.348	**0.730**	0.278	—				
新近性	0.249	**0.341**	0.141	—				
代表性	0.377	**0.857**	0.114	0.130	0.102	—		
親密性	0.295	0.614	0.100	0.050	0.328	**0.641**	—	
想起率	**0.300**	0.197	0.042	0.013	0.203	0.163	0.255	—
第一想起	0.202	0.132	0.028	0.008	0.136	0.110	0.171	**0.671**

注）太字は他の要因からの標準化総合効果と比較したときに最も影響力のある要因。

図表 3-9 標準化総合効果（洗濯用洗剤）

	主要な目標や目的	理想属性	独自性や弁別性	多属性構造	新近性	代表性	親密性	想起率
理想属性	**0.482**	—						
独自性や弁別性	**0.476**	0.430	—					
多属性構造	0.389	**0.709**	0.174	—				
新近性	0.296	**0.455**	0.156	—				
代表性	0.444	**0.849**	0.119	0.105	0.091	—		
親密性	0.329	**0.598**	0.108	0.008	0.360	0.584	—	
想起率	**0.401**	0.190	0.050	0.001	0.265	0.094	0.161	—
第一想起	0.350	0.166	0.043	0.001	0.231	0.082	0.141	**0.874**

注）太字は他の要因からの標準化総合効果と比較したときに最も影響力のある要因。

図表 3-10　相関係数

	好意 デジタルカメラ	好意 シャンプー	好意 洗濯用洗剤	快楽的価値（喜び） デジタルカメラ	快楽的価値（喜び） シャンプー	快楽的価値（喜び） 洗濯用洗剤
理想属性	.623**	.661**	.655**	.876**	.796**	.824**
主要な目標や目的	.568**	.668**	.534**	.472**	.698**	.455**
代表性	.654**	.517**	.681**	.838**	.431**	.801**
親密性	.591**	.671**	.483**	.711**	.785**	.569**
多属性構造	.595**	.418**	.588**	.711**	.532**	.664**
独自性や弁別性	.556**	.537**	.539**	.520**	.569**	.550**
新近性	.476**	.325**	.446**	.529**	.332**	.468**
想起率	.359**	.365**	.369**	.306**	.328**	.332**
第一想起	.269**	.300**	.299**	.217**	.255**	.272**

**　相関係数は1%水準で有意（両側）。

知識や関与といった個人の特性に影響を受ける。そこで，関与度の違いによる追加分析を行った。

5　追加分析

　製品カテゴリーへの関与度の違いは，Mittal（1989）の4項目による購買関与（7点尺度）を用いた。この回答を合計し，高関与者と低関与者とに分類し多母集団の同時分析を実施した。デジタルカメラの高関与者は82名（n=702），低関与者は64名（n=531），シャンプーの高関与者は139名（n=1433），低関与者は109名（n=1120），洗濯用洗剤の高関与者は46名（n=323），低関与者は54名（n=269）である。

　検証の結果は図表3-11の通りであり，3つのカテゴリーとも高い適合度を示した。そこでこのモデルでグループ間の比較と解釈を行う。

　図表3-12は高関与者と低関与者によるパラメータ推定結果（標準化係数）と高関与者と低関与者の標準化係数の差の検定結果である。差の検定で高関与者が低関与者を有意に上回っていたものは次の通りである。まず，デジタルカメラの場合は，多属性構造から代表性（0.094），新近性から親密

図表 3-11　関与度の違いによる多母集団同時分析の適合度指標（カテゴリー別）

カテゴリー (高関与／低関与)	df	CMIN	p値	GFI	AGFI	CFI	RMSEA	Hoelter (0.05)
デジタルカメラ (82名／64名)	34	147.554	0.000	0.975	0.933	0.985	0.052	407
シャンプー (139名／109名)	34	291.741	0.000	0.976	0.936	0.980	0.055	426
洗濯用洗剤 (46名／54名)	34	100.582	0.000	0.963	0.901	0.981	0.058	287

性（0.252），理想属性から独自性や弁別性（0.451），主要な目標や目的から想起率（0.272）である。シャンプーの場合は，主要な目標や目的から理想属性（0.436），独自性や弁別性から多属性構造（0.333），新近性から親密性（0.275），理想属性から独自性や弁別性（0.529）である。洗濯用洗剤の場合は，独自性や弁別性から代表性（0.138），理想属性から多属性構造（0.660），理想属性から独自性や弁別性（0.501），主要な目標や目的から想起率（0.366）であった。3つのカテゴリーに共通する傾向は，何らかの形で独自性や弁別性が関連し，特に理想属性から独自性や弁別性のパスにおいて高関与者が低関与者よりも有意に高いスコアを示している。これは関与度が高まるほど理想とするカテゴリー知識が深まり，それに基づきブランドそのものを通じた違いを認知する能力が高まるということが理解できる。そのため，購買関与が高まった状況に置いても多属性構造ベースの分析的処理に向かうよりも包括的な違いを処理する方向が一般的に強化されやすいのである。

　一方で，高関与者よりも低関与者が有意に上回ったものもある。デジタルカメラの場合，理想属性から代表性（0.826），想起率から第一想起（0.795）である。シャンプーの場合，独自や弁別性から新近性（0.179），想起率から第一想起（0.690）である。洗濯用洗剤の場合，新近性から親密性（0.378），理想属性から新近性（0.462）である。ここで挙がっている要因には，理想属性と想起率，第一想起，新近性といったものが多い。とりわけ低関与者の場合，理想属性や新近性を手がかりとした記憶へのアクセスしやすさが強く関連しているということが理解できる。換言すれば，思い出しやすい属性や

図表3-12 関与度の違いによる多母集団同時分析により推定されたパラメータ値

パラメータ			デジタルカメラ 高関与者 (46人, n=323) 標準化係数	確率	デジタルカメラ 低関与者 (54人, n=269) 標準化係数	確率	差の検定 確率	シャンプー 高関与者 (46人, n=323) 標準化係数	確率	シャンプー 低関与者 (54人, n=269) 標準化係数	確率	差の検定 確率	洗濯用洗剤 高関与者 (46人, n=323) 標準化係数	確率	洗濯用洗剤 低関与者 (51人, n=269) 標準化係数	確率	差の検定 確率
主要な目標や目的	→	理想属性	0.486	***	0.436	***	n.s.	0.436	***	0.356	***	***	0.511	***	0.432	***	n.s.
理想属性	→	代表性	0.726	***	0.826	***	**	0.683	***	0.711	***	n.s.	0.699	***	0.709	***	n.s.
多属性構造	→	代表性	0.094	***	0.025	n.s.	*	0.141	***	0.115	***	n.s.	0.057	n.s.	0.136	***	*
独自性や弁別性	→	代表性	0.069	***	0.045	*	n.s.	0.077	*	0.045	n.s.	n.s.	0.138	***	0.026	n.s.	n.s.
新近性	→	代表性	0.106	***	0.104	***	n.s.	0.099	***	0.108	***	n.s.	0.079	**	0.108	**	n.s.
独自性や弁別性	→	多属性構造	0.243	***	0.194	***	n.s.	0.333	***	0.194	***	***	0.194	**	0.143	**	n.s.
理想属性	→	多属性構造	0.583	***	0.617	**	n.s.	0.575	***	0.608	***	n.s.	0.660	***	0.585	***	n.s.
代表性	→	親密性	0.680	***	0.712	***	n.s.	0.636	***	0.649	***	n.s.	0.672	***	0.474	***	***
多属性構造	→	親密性	0.029	n.s.	0.087	**	n.s.	-0.041	n.s.	-0.021	n.s.	†	-0.099	†	0.016	n.s.	†
新近性	→	親密性	0.252	***	0.104	***	***	0.275	***	0.240	***	n.s.	0.243	***	0.378	***	***
主要な目標や目的	→	独自性や弁別性	0.270	***	0.286	***	n.s.	0.197	***	0.173	***	n.s.	0.252	***	0.260	***	n.s.
理想属性	→	独自性や弁別性	0.451	***	0.267	***	***	0.529	***	0.424	***	***	0.501	***	0.329	***	***
独自性や弁別性	→	新近性	0.045	n.s.	0.055	n.s.	n.s.	0.112	***	0.179	***	*	0.193	**	0.045	n.s.	n.s.
理想属性	→	新近性	0.511	***	0.480	***	n.s.	0.306	***	0.237	***	n.s.	0.341	***	0.462	***	*
主要な目標や目的	→	新近性	0.090	*	0.152	***	†	0.084	**	0.086	**	n.s.	0.069	n.s.	0.009	n.s.	n.s.
新近性	→	想起率	0.037	n.s.	0.115	*	n.s.	0.127	***	0.114	***	n.s.	0.160	**	0.272	***	n.s.
親密性	→	想起率	0.289	***	0.223	***	n.s.	0.236	***	0.277	***	n.s.	0.216	***	0.080	n.s.	n.s.
主要な目標や目的	→	想起率	0.272	***	0.149	***	†	0.222	***	0.161	***	n.s.	0.366	***	0.170	***	†
想起率	→	第一想起	0.734	***	0.795	***	**	0.656	***	0.690	***	†	0.862	***	0.888	***	n.s.

→はパス。*** $p<0.001$, ** $p<0.01$, * $p<0.05$, † $p<0.1$, n.s. 有意差なし，網掛は差の検定で有意差のあったもの。

ロゴなどの要因だけでカテゴリー構造が形成されているとも言える。

次に，高関与者と低関与者ごとの標準化総合効果を確認したところ（図表3-13），高関与者が低関与者よりも0.1ポイント以上強く影響していたものは，デジタルカメラの場合，主要な目標や目的から想起率（0.405），理想属性から独自性や弁別性（0.451），新近性から親密性（0.324）である。シャンプーの場合，主要な目標や目的から独自性や弁別性（0.427），主要な目標や目的から多属性構造（0.393），理想属性から独自性や弁別性（0.529），独自性や弁別性から多属性構造（0.333）である。洗濯用洗剤の場合，主要な目標や目的，理想属性，独自性や弁別性，代表性，親密性などからの多くのパスにおいて低関与者よりも強い因果関係にあった。3つのカテゴリーに共通している点は，主要な目標や目的，理想属性からの影響がカテゴリー構造に強く影響していること，そして，関与が高まるほど理想属性からの独自性や弁別性が強化されていくことが理解でき，先ほどの差の検定と傾向は一致する。

なお，別で測定していた購買頻度のデータがある。この購買頻度のデータは順序尺度であるため明確な比較は出来ないものの，シャンプー[17]よりも洗濯用洗剤[18]の購買頻度の方が高い傾向にあった。また，プリテストの段階で確認したように洗濯用洗剤はシャンプーよりも全体的に関与の低いカテゴリーであった。これらの点を踏まえた場合，洗濯用洗剤における高関与者は使用経験が豊富で知識もあると予想され，このような比較的低関与なカテゴリーにおいて高関与者であるということは，頑強なカテゴリー構造を形成していると考えられる。そのため，このような層に対してのみ認知的関与による情報処理アプローチが有効となろう。

一方で，洗濯用洗剤の新近性から親密性（0.429）のみ低関与者の標準化総合効果が高関与者に比べて高い傾向にあった。この場合，ブランド・ロゴを通じた親しみやすさがカテゴリー構造の形成に強く影響するといえる。

ここまでの分析結果を整理すると次のことが言える。まず，関与度が高まるほど主要な目標や目的，理想属性によって多属性構造，独自性や弁別性といった意味記憶に対応する要因，とりわけ，便益やブランドそのものを通じた違いといった認知的要素が強化される。それがカテゴリーの知識を豊富化し，次の「カテゴリー化」に必要となる弁別能力を高め，低関与よりも深い

202　第3章　実証研究

図表3-13　関与度の違いによる標準化総効果（高関与／低関与）

デジタルカメラ	主要な目標や目的 高関与	低関与	理想属性 高関与	低関与	独自性や弁別性 高関与	低関与	多属性構造 高関与	低関与	新近性 高関与	低関与	代表性 高関与	低関与	親密性 高関与	低関与	想起率 高関与	低関与
理想属性	0.486	0.436	—	—	—	—	—	—	—	—	—	—	—	—	—	—
独自性や弁別性	0.489	0.402	**0.451**	0.267	—	—	—	—	—	—	—	—	—	—	—	—
多属性構造	0.402	0.347	0.693	0.669	0.243	0.194	—	—	—	—	—	—	—	—	—	—
新近性	0.361	0.384	0.531	0.495	0.045	0.055	0.094	0.025	—	—	—	—	—	—	—	—
代表性	0.462	0.427	0.878	0.906	0.097	0.055	0.093	0.105	0.106	0.104	—	—	—	—	—	—
親密性	0.417	0.374	0.751	0.755	0.084	0.062	0.027	0.023	**0.324**	0.178	0.680	0.712	—	—	—	—
想起率	0.331	0.277	0.237	0.225	0.026	0.020	0.020	0.019	0.131	0.154	0.196	0.159	0.289	0.223	—	—
第一想起	0.298	0.220	0.174	0.179	0.019	0.016	—	—	0.096	0.123	0.144	0.126	0.212	0.177	0.734	0.795

シャンプー	主要な目標や目的 高関与	低関与	理想属性 高関与	低関与	独自性や弁別性 高関与	低関与	多属性構造 高関与	低関与	新近性 高関与	低関与	代表性 高関与	低関与	親密性 高関与	低関与	想起率 高関与	低関与
理想属性	0.436	0.356	—	—	—	—	—	—	—	—	—	—	—	—	—	—
独自性や弁別性	**0.427**	0.324	**0.529**	0.424	—	—	—	—	—	—	—	—	—	—	—	—
多属性構造	**0.393**	0.280	0.751	0.691	**0.333**	0.194	—	—	—	—	—	—	—	—	—	—
新近性	0.265	0.229	0.365	0.313	0.112	0.179	—	—	—	—	—	—	—	—	—	—
代表性	0.412	0.325	0.865	0.843	0.135	0.087	0.141	0.115	0.099	0.108	—	—	—	—	—	—
親密性	0.319	0.260	0.620	0.608	0.103	0.095	0.049	0.053	0.339	0.311	0.636	0.649	—	—	—	—
想起率	0.331	0.259	0.193	0.204	0.038	0.047	0.011	0.015	0.207	0.200	0.150	0.180	0.236	0.277	—	—
第一想起	0.217	0.179	0.127	0.141	0.025	0.032	0.008	0.010	0.136	0.138	0.099	0.124	0.155	0.191	0.656	0.690

洗濯用洗剤	主要な目標や目的 高関与	低関与	理想属性 高関与	低関与	独自性や弁別性 高関与	低関与	多属性構造 高関与	低関与	新近性 高関与	低関与	代表性 高関与	低関与	親密性 高関与	低関与	想起率 高関与	低関与
理想属性	0.511	0.432	—	—	—	—	—	—	—	—	—	—	—	—	—	—
独自性や弁別性	**0.508**	0.402	**0.501**	0.329	—	—	—	—	—	—	—	—	—	—	—	—
多属性構造	**0.436**	0.310	0.757	0.632	0.194	0.143	—	—	—	—	—	—	—	—	—	—
新近性	**0.341**	0.226	0.438	0.477	**0.193**	0.045	—	—	—	—	—	—	—	—	—	—
代表性	0.479	0.384	0.846	0.856	**0.165**	0.051	0.057	0.136	0.079	0.108	—	—	—	—	—	—
親密性	0.362	0.272	0.600	0.596	**0.138**	0.043	-0.060	0.081	0.296	**0.429**	**0.672**	0.474	—	—	—	—
想起率	**0.499**	0.253	0.200	0.177	0.061	0.016	-0.013	0.006	0.224	0.306	**0.145**	0.038	**0.216**	0.080	—	—
第一想起	**0.430**	0.225	0.172	0.157	0.052	0.014	-0.011	0.006	0.193	0.271	0.125	0.034	**0.186**	0.071	0.862	0.888

注）網掛は高関与者と低関与者を比較して0.1ポイント以上差があったもの。

検討が行われることが理解できる。[19] 一方，関与が低い場合，「想起しやすさ」やブランド・ロゴを通じた新近性の連想だけが強化されることから，その検討構造はきわめて浅いものとなる。このように関与の高低によってグレード化されたカテゴリー構造を形成する要因は大きく異なるということが理解できた。

しかし，上述した課題も依然として残る。高（購買）関与状況であっても，多属性構造がカテゴリーの中心化傾向を形成する他の代表性や親密性，および，具体性のアクセスしやすさである想起率などにあまり影響力を持たない点である。つまり，消費者の知識構造が購買や消費に影響するということを考えた場合，従来の属性や信念をベースとしたアプローチだけでは消費者行動の予測と制御において十分とはいえない点である。消費者はもっと短絡的に，あるいは包括的に，理想属性や主要な目標や目的との関連でしか認知していないと考えられる。

6 考察

本節では，典型性に加え具体性の要因を考慮したグレード化された構造を検討してきた。典型性の要因は意味記憶を深め，具体性の要因は複数記憶システム間の関連を深め，記憶へのアクセスしやすさを高める。この深化で特に重要となるのが主要な目標や目的と理想属性であることが理解できた。主要な目標や目的は具体性を高めるための要因であるとともに，理想属性や他の典型性要因にも影響する存在であり，グレード化されたカテゴリーと目的に導かれるカテゴリーには関連があると考えられる。一方で，理想属性は代表性や親密性といった典型性要因を高めるとともに，新近性といったカテゴリーメンバーの鮮明さを高める要因のひとつでもあった。特に，理想属性は好意や快楽的価値（喜び）とも関連が強い存在であることが理解できた。そして関与が高まるほど，主要な目標や目的と理想属性によって独自性や弁別性，多属性構造が強化された。つまり，次の「カテゴリー化」のための識別や同定といった規定要因，分類軸としての基準がより強化された構造を持つようになることから，関与によりカテゴリーのグレードは深まり，それによって識別や同定といった分類学的なカテゴリーとの関連が強まるのである。

この実証研究から，典型性は意味記憶としてのカテゴリー・スキーマを強め，具体性は複数記憶システム間の関連を強めることから，カテゴリー構造は分析的かつ包括的，そして，目的という文脈に影響を受けながら構造的に配置されていくと考えられる。特に，高関与者ほど主要な目標や目的，理想属性が強化されることから，これらの要因がライフスタイルに入り込むために必要である。また，これらの要因は感情的なつながりとも関連する（この点は次の2節でも議論していく）。

　しかし一方で，課題も見えてきた。情報処理アプローチにおいてその中心的概念である属性（本書の場合，信念で構成される多属性構造が該当する）が，カテゴリーの中心化傾向を形成する他の要因にあまり影響を与えていないという点である。カテゴリー構造を把握する従来の研究にはブランド・スイッチデータを用い，市場を商品属性による階層構造として捉えるPRODEGYモデルが代表的である。しかし，そこで仮定されているのは，消費者がすべて，関与の高い分析的関与タイプであり，関与水準が高くない場合のカテゴリー化には適応できないなどの問題点が指摘されている（清水 1999, p. 207）。本節の分析結果からも消費者が常に分析的な処理をしているとは言い難いことが明らかになってきており，消費者の認知世界に基づくカテゴリーを市場と捉えるならば，消費者はより短絡的あるいは包括的にブランドとその総体であるカテゴリー（市場）を認知していると考えられる。この背景要因として考えられる点は，市場環境がより複雑に，よりコモディティ化している状況によって属性による差が小さくなってきていることも関連していると考えられる。では，このような市場環境において，どのようなカテゴリー要件を持つブランドがそのロイヤルティを高め，ライフスタイルに入り込むことが出来るのであろうか。そこで次の実証では，とりわけ，低関与商品である洗濯用洗剤に焦点を当て，ブランド・マネジメントの視点において典型性と具体性のどちらがロイヤルティに影響するのかを確認していく。

[注]

1 　ここで議論している理想属性とは，カテゴリーとして保有すべき理想属性であり，価値観と理念によってカテゴリー群を通じて形成されていく「理想像」とは次元が異なる。ただし，これらのカテゴリーがライフスタイルに関連する際，その一部となり得る。

2 　属性の再生には，アクセス容易性，診断性，顕著性，鮮明性，目標や目的が関係する（Hoyer and MacInnis 2007, p. 202-203；新倉 2006, p. 183-185）。アクセス容易性とは記憶からのアクセスが容易な，思いつきやすい属性が再生されやすくなる。

3 　顕著性とは，購買意思決定に直面したときに，どのような消費者も一般的に考慮する傾向にある属性であり，再生されやすいものである（Hoyer and MacInnis 2007, p. 202-203；新倉 2006, p. 183-185）。

4 　診断性とは，選択肢間を識別するために利用される属性であり，ある属性を競合ブランドも同程度保有するようになるとその属性に基づいた識別が困難となるもので，市場との相対的な関係によって規定される（Hoyer and MacInnis 2007, p. 202-203；新倉 2006, p. 183-185）。

5 　Barsalou（1985）による要因間を規定する研究もあるが，ここでは議論を統一するために Loken and Word（1990）の多属性構造を用いる。

6 　上述したように，単なる家族的類似性ではなく，購買に向かう信念の束としての多属性構造であることが重要であるため，本書の仮説設定とその測定は多属性構造で行う。

7 　これまでの研究において親密性と頻度（frequency）は明確にされてきておらず，親密性を心理的な意味と捉える場合もあれば，露出頻度として測定される場合もあった（Marks and Olson 1981；Loken and Word 1990）。そこで本書では，親密性を心理的な要因として測定するものである。

8 　ブランドの再生には，目的と使用状況，典型性，知名度，好意度，手がかりが関係する（Hoyer and MacInnis 2007, p. 202-203；新倉 2006, p. 183-185）。なお，属性の鮮明性は，イメージ化を助けるためやコミュニケーションの円滑化のために用いられる絵柄や言葉として具体化されるものであり，ブランド再生とも関連すると考える。

9 　本書では事例としての頻度の変数のひとつとして想起率を設定しているが，想起率は意味記憶との関連もあることから，直接のパスを許容している。

10 　提示した10項目は「1.○○な気分になりたいから買いたいな」「2.自分が○○したいから，買おうかな」「3.家族（子供）のために『○○してあげたい』から買いに行こうと思う」「4.新しい商品が出ると，つい○○な点が気になる」「5.いつも『○○しよう』と思った時に，思い出す」「6.そろそろ○○しておきたいから買おうかな」「7.他の人から『○○な風』に見られたいから買いたい，使いたいと思う」「8.知人・友人と『○○の話』をしたいから買おうと思う」「9.今度，知人・友人と○○をするから買おうかな」「10.今度，『○○に行く』から買おうかな」である。この○○を連想してもらう形で自由回答を促した。

11 4つの尺度は，関与度，ブランド知覚差異，購入のコンテクストや選択の重要さ，リスク回避の視点で構成されている。［関与度］この〈　製品カテゴリー名　〉として売られているたくさんのブランド（銘柄）やタイプから選ぶ際，（「1. どの商品を買おうとまったく気にしない」から「7. どの商品を買うか非常に気になる」），［ブランド知覚差異］この〈　製品カテゴリー名　〉として売られている，さまざまなブランド（銘柄）やタイプはどれも同じだと思いますか，まったく違っていると思いますか。（「1. どれも同じようなものだ」から「7. どれもまったく違うものだ」），［購入のコンテクスト，選択の重要さ］この〈　製品カテゴリー名　〉で正しい商品選びをすることは，あなたにとってどの程度，重要ですか。（「1. まったく重要ではない」から「7. 非常に重要である」），［リスク回避］この〈　製品カテゴリー名　〉の商品を選ぶ際，選んだ結果にどの程度，関心がありますか。（「1. まったく関心がない」から「7. 非常に関心がある」）。

12 池尾（1999）によれば，わが国の消費社会の傾向は1970年以降に入った段階において，ある程度の普及が一巡したことで市場成熟期に入り，需要の中心も初回購入者から買い替えや反復購買者にシフトしていくことになったという。その結果，消費者の商品知識の増加に伴う判断力の向上，および，購買に対する関心の低下が多くの製品カテゴリーで起こってきた。この流れに基づき，購買関与と製品判断力で消費者の行動類型が可能であるとしている。

13 洗濯用洗剤の場合であれば，「汚れがよく落ちる」「除菌・殺菌」「溶けやすさ」である。近年の洗濯用洗剤の製品カテゴリーでは，家庭内で遊ぶ子供の増加とともに汚れを落とすよりも「除菌・殺菌」に便益が変化しつつあること（「アタック（花王）：革新を生む地道な改良」『日経流通新聞』2009年6月14日，14面），2005年頃から液体洗剤が積極的に投入され始めており，2008年には市場規模（売上）の34％が液体洗剤となっており「溶けやすさ」（「日用品各社，液体洗剤競う」『日経流通新聞』2009年1月12日，6面）も重視されていると理解できることから，採用した項目はカテゴリー・ニーズを反映したものであるといえる。

14 0.1％リスクでは有意とならなかったのは以下の因果関係のパスである。デジタルカメラにおける独自性や弁別性から新近性へのパス（10％リスクで有意），多属性構造から親密性へのパス（5％リスクで有意），シャンプーにおける多属性構造から親密性へのパス（10％リスクで有意）であった。なお，有意差が見られなかったものは，洗濯用洗剤における多属性構造から親密性へのパス，および，主要な目標や目的から新近性へのパスである。

15 Sen（1999）の「それぞれのブランドはどの程度，好きですか」（「7. とても好き」から「1. まったく好きではない」）の7点尺度を用いた。

16 Chaudhuri（1993），Chaudhuri（2006）の投影法の意図を含んだ「多くの人々はこのブランドを通じて，どのくらい喜びを得られると思いますか」（「7. 非常に喜びを得られると思う」から「1. まったく喜びを得られないと思う」）の7点尺度を用いた。

17 シャンプーの購買経験者における購買頻度は次の通り。週に1回以上（0.2％），2～3週間に1回くらい（3.4％），月に1回くらい（10.8％），2～3カ月に1回くらい（16.3％），4～6カ月に1回くらい（9.2％），年に1～2回くらい（14.5％），年

に1回未満 (24.4%), 分からない／覚えていない (21.1%)。
18 　洗濯用洗剤の購買経験者における購買頻度は次の通り。週に1回以上 (3.3%), 2〜3週間に1回くらい (8.1%), 月に1回くらい (10.4%), 2〜3カ月に1回くらい (23.7%), 4〜6カ月に1回くらい (10.4%), 年に1〜2回くらい (10.2%), 年に1回未満 (17.0%), 分からない／覚えていない (16.8%)。
19 　この傾向は上述した分類学的なカテゴリーの分類軸と規定要因が関与とともに精緻になることとも一致する。

2節　カテゴリーとロイヤルティ

1　実証研究の目的と方法

　上述したように近年の店頭は多様な製品が市場に溢れ，カテゴリー・ニーズとブランドのポジショニングを不明瞭にし，コモディティ化を促した。さらに，PB比率の増加により低価格化とコモディティ化はますます進行するだろう。この状況下においては，既存ブランドの育成やブランドとの関係性を主体とした「ブランド・マネジメント」がますます重要になると考えられ (cf. 和田 1998, 石井 2006a)，NB がブランド・マネジメントを実現していくためには，棚スペースを確保し，コモディティ化を回避しなければならない。

　コモディティ化を回避するには，カテゴリー・ニーズを満たす典型的な便益 (cf. Rossiter and Percy 1997；新倉 2007；恩蔵 2007) が PB より魅力的であることに加え，ブランドそのものを通じた経験や体験消費に基づく関係性の絆の形成 (cf. Duncan and Moriarty 1997；Pine II and Gilmore 1999；和田 2002；Schmitt 2003；石井 2006a；青木 2006) によって，ブランドの競争優位性を高め，ロイヤルティを維持・強化していくことが必要であると考える。この回避策であるカテゴリー・ニーズとは「典型性」のことであり，経験や体験消費，競争環境の文脈におけるブランドそのものの魅力とは「具体性」のことである。

　では，どちらの要因がロイヤルティに重要となるのであろうか。これまでの研究においてカテゴリーレベルでの購買態度－行動の実証研究は少なく (cf. 田島 1999)，典型性と具体性といった視点でロイヤルティの概念との関連を論じた研究は存在しないことから，本節ではカテゴリー構造を形成する典型性，具体性とロイヤルティの関連を明らかにすることを目的とする。

　本節の構成は，まず，カテゴリー構造の典型性，具体性と好意との関連および基本の枠組として用いる Oliver (1999) のロイヤルティ概念について述

べた後，仮説の設定と実際のデータを用いた検証によって考察を行うものである。なお，分析対象は第3章1節で用いた洗濯用洗剤の購買したことのあるブランドに限定したデータである。デジタルカメラは反復購買頻度が低い商材であること，シャンプーは比較的関与が高く，高価格帯ブランドが展開されており，コモディティ化から抜け出そうとしていることから，ここでは特に価格競争が激化している日用雑貨品としての洗濯用洗剤を対象とする。なお，洗濯用洗剤を分析対象にしたもう1つの理由は，日用品のロイヤルティは捉えにくい（Oliver 1999）と考えられていることから，この製品で真のロイヤルティを確認できれば研究貢献は大きいと考えた。

2 カテゴリー構造，ロイヤルティの概念

2-1 カテゴリーの典型性と具体性と好意との関連

まず，典型性と具体性を構成する要因と好意との関連について整理する。先行研究では，典型性と選好には正の関係があることが示されている。

典型性の高い特性および属性を持つほど，また，理想属性や類似性を持つ存在ほど典型性は高く，好意と正の関係があり，使用の頻度と好意も正の関係が強いことから，典型性の要因と好意はすべて正の関係[3]にあると考えられる（Nedungadi and Hutchinson 1985；Barsalou 1985；Loken and Ward 1990）。

先行研究では「具体性」が高いほど記憶から想起されやすいため，考慮集合に入りやすくなり，選択確率は高まる（cf. Nedungadi and Hutchinson 1985）。また，購買状況や消費状況が多様なほどブランド再生や再認に効果があること，独自性や弁別性としてのユニークな属性を好ましいと感じるほど選好と正の関係にある（Keller 1998）。これらのことから，具体性が高まるほど好意には正の関係をもたらす。

2-2 ロイヤルティ

本節では Oliver（1999）のロイヤルティの枠組を基本とする。
このロイヤルティの定義は「スイッチング行動を引き起こす可能性のある

マーケティング活動が存在するにもかかわらず，将来も継続的に製品やサービスを好んで再購入，再利用（ひいき）するような深いコミットメントを伴い，反復的に同じブランド，または，同じブランド集合の購入を引き起こすもの」とし，研究対象をサービス財だけでなく消費財にも適用していること，また，購買後の経験や体験消費の視点を含めた概念として取り扱っていることから，本節に適していると考えた。なお，これまでにもロイヤルティの研究は数多くなされており，その定義も様々であるが Jacoby and Chestnut（1978）以降，行動的側面と心理的側面の双方からロイヤルティを捉えることで共通してきており，特に近年においては，この心理的側面を含めたロイヤルティは関係性の「絆」を深め，リレーションシップを形成すると考えられていることからも Oliver（1999）の枠組は近年のロイヤルティ概念において基本となる枠組であると判断した。

Oliver（1999）の言うロイヤルティ形成とは，信念・態度（感情）・意図という伝統的な態度構造に準拠した「認知的ロイヤルティ」「感情的ロイヤルティ」「意欲的ロイヤルティ」「行動的ロイヤルティ」の各段階においてロイヤルになるとし，すべての段階を踏まえた状態が真のロイヤルティとなる。そこで本節では，以下の枠組で仮説設定に用いていく。

認知的ロイヤルティとは，事前知識や経験を通じて得たブランドの信念（例えば価格や特徴など）が他の代替案よりも「好ましい」と認知していればこの段階にある。そして，満足という感情が発生した場合，消費者の経験の一部として感情的な要素を帯び始める状態にある。そこで本書では，ブランドに対して「好ましいと感じた後の満足した状態」として認知的ロイヤルティを位置づける。

次の感情的ロイヤルティとは，使用状況やオケージョンにおける満足の累積が基本となって，ブランドへの好ましさや態度によって快感情を形成し，「好きだから買う」という段階である。ブランドへの感情（好意）の程度で示され，認知的ロイヤルティよりもスイッチしにくい状態にある。しかし，店頭における競合品の大量陳列や安売り，ブランドの欠品などにより，ブランドに対する強い選好とは別の理由でスイッチする場合があることから（cf. Oliver 1999；Dick and Basu 1994；Keller 1998），本書では，ブランドに対し

て「ひいき（patronage）[4]の状態にあり，店頭にあれば優先的に選びたいと思う状態」として感情的ロイヤルティを位置づける。

　意欲的ロイヤルティとは，ブランドへの快感情による反復的なエピソードによって特定ブランドの再購買を望む，「それを買うことにコミットしている」段階である。これはブランドを再購買するという意図に対するコミットメントであり，動機づけに近いものである。そのため，本書では，「他ブランドには関心を示さず，常に購入対象に考えている」状態として意欲的ロイヤルティを位置づける。ただし，コミットしていたとしても実行されない場合もあるため次の「行動的ロイヤルティ」が重要となる。

　行動的ロイヤルティとは，意欲的ロイヤルティの意図を妨げる要因を克服する欲求や強い意図が伴うことで「行動慣性（action inertia）」が発達し，再購買を促進する。本書では，「再購買の程度（頻度や直近の購入時期）による行動慣性化された」状態とする。

　この順番でOliver（1999）の言うロイヤルティが形成されるが，過去の経験や行動を踏まえ，既にロイヤルティが形成されている場合，次のような包括的なブランド判断に伴うルートの存在も考慮する。

　消費者は目標達成までは拡大的な情報処理がなされるが，感情的関与が強まるとブランドに対して包括的かつ主観的な判断になり，処理が単純化される（和田 1984），あるいは，リピート購入でプロセスが自動化され関係性の「絆」に転化することから（田中 1997），具体性と感覚的な感情に強いつながりとしてのアタッチメントが形成される（Park et al. 2008）。そのため，具体性から感情的ロイヤルティへの直接的なルートも存在すると考える。

2-3　概念的な基本枠組

　ここまでの議論を整理すると，ブランド・マネジメントの視点において，心理的側面と行動的側面を包括した真のロイヤルティを向上させるためのアプローチには，グレード化されたカテゴリー構造のカテゴリー・ニーズ（典型性）をより良く満たしていく方法，および，経験，体験消費や競争環境の文脈におけるブランドそのものの魅力としての「具体性」を高める方法の2つが考えられる（図表3-14）。この典型性と具体性のどちらがロイヤルティに関連するの

図表 3-14 基本的な概念枠組

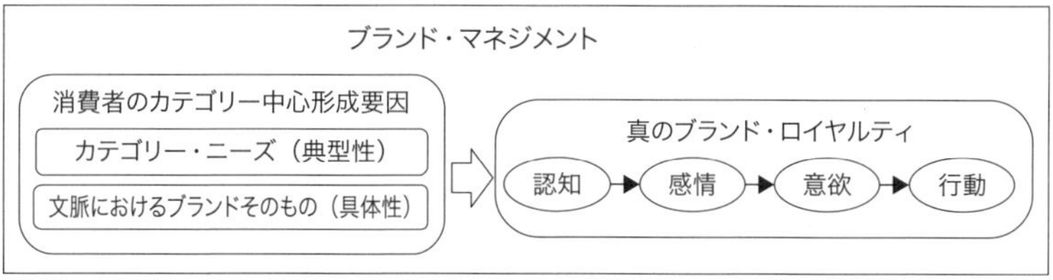

```
┌─────────────────────────────────────────────────────────┐
│                  ブランド・マネジメント                      │
│  ┌─────────────────────┐     ┌───────────────────────┐  │
│  │消費者のカテゴリー中心形成要因│     │   真のブランド・ロイヤルティ   │  │
│  │ ┌─────────────────┐ │  ⇒  │ ┌──┐→┌──┐→┌──┐→┌──┐│  │
│  │ │カテゴリー・ニーズ（典型性）│ │     │ │認知│ │感情│ │意欲│ │行動││  │
│  │ └─────────────────┘ │     │ └──┘ └──┘ └──┘ └──┘│  │
│  │ ┌─────────────────────┐│     └───────────────────────┘  │
│  │ │文脈におけるブランドそのもの（具体性）││                                 │
│  │ └─────────────────────┘│                                 │
│  └─────────────────────┘                                 │
└─────────────────────────────────────────────────────────┘
```

（出所）筆者作成。

かという点を次に仮説として整理し，実際のデータを用いて検証していく。

3 仮説設定と用いたデータ

3-1 仮説設定

上述の内容に基づけば，カテゴリーの典型性と具体性には正の交互効果があり（H1-a），典型性・具体性が高まるほど好意も高まる（H1-b, H1-c）。そして，好意が形成された後，認知的・感情的・意欲的・行動的ロイヤルティの順にロイヤルティが高まり，真のロイヤルティが形成される（H2-a）。一方，具体性から感情的ロイヤルティへの直接的な関係も存在しており，具体性が高まるほど感情的ロイヤルティも高まる（H2-b）。これらの点を踏まえ以下の仮説を設定した。

H1-a. 典型性と具体性には正の交互効果がある。
H1-b. 典型性が高まるほど好意が高まる。
H1-c. 具体性が高まるほど好意が高まる。
H2-a. 好意が形成された後，認知的・感情的・意欲的・行動的ロイヤルティの順にロイヤルティが高まることで真のロイヤルティが形成される。
H2-b. 具体性が高まるほど感情的ロイヤルティが高まる。

図表 3-15 はこれらの仮説を包含した枠組であり，この関連について実際のデータで検証を試みる。

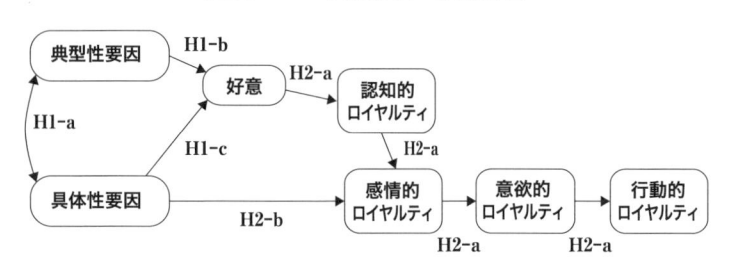

図表 3-15 実証分析の仮説枠組

```
典型性要因 ──H1-b──→ 好意 ──H2-a──→ 認知的ロイヤルティ
   │                  ↑                    │
   H1-a              H1-c                  H2-a
   │                  │                    ↓
具体性要因 ──────────┘      感情的ロイヤルティ → 意欲的ロイヤルティ → 行動的ロイヤルティ
          ──H2-b──→                          H2-a                H2-a
```

3-2 用いたデータ

第3章1節と同じ洗濯用洗剤のデータを用いた（調査設計は同様であるため本節での表記は割愛する。1節の3および図表3-3を参照のこと）。

4 測定項目

4-1 分析の手順と対象

仮説モデルの検証には，本調査にて回収した100名の洗濯用洗剤のデータを分析対象とし，認知しているブランド，かつ，これまでに購入したことのあるブランドの全データをプールしたものをカテゴリー全体の構造とし，分析用のデータ（n=399）を作成した。

4-2 典型性と具体性の構造
4-2-1 典型性に関する項目

1節の4-2と同じ項目を用いる。ただし，この分析においては，典型性と具体性の要因のどちらがロイヤルティに影響するかを見るために，典型性の因子を作成することにした。具体的には多属性構造と同様に，理想属性，代表性，親密性，カテゴリーとしての接触頻度で因子分析を行った。因子数は1つであったが，カテゴリーとしての接触頻度と親密性は分布の偏りから除外し，代表性と理想属性のみ分析に用いた。

4-2-2 具体性に関する項目

1節の4-3と同じ項目を用いる。ただし、購買したことのあるブランドに限定したことで独自性や弁別性の5項目を因子分析したところ、「このブランドは、〈　製品カテゴリー　〉の他のブランドと区別できる特徴（目立つ点）をもっている」「他の競合ブランドの中にあっても、見つけ出せる」の2項目の因子負荷量が低かった。認知から購買に至る状況において重視される独自性や弁別性の要素が絞り込まれることは妥当であると考え、分析から除外した。

4-2-3 検証のための構造確認

仮説モデルの検証の前に上述の変数を用い、まずは図3-15の仮説モデルのカテゴリー構造部分を測定した項目が概念を正しく構成しているかどうかの内的妥当性と、ブランドごとにその構造が不変であるかどうかを確認するために、ブランドを多母集団とする同時分析による配置不変性を確認した。分析にはSPSS社のAmos17.0を用い共分散構造分析を行った。主な適合度指標には一般的なGFI、CFI、RMSEAを用いた。GFIが0.90以上、CFIが0.95以上、RMSEAが0.05未満で非常に良い適合、0.10未満で他の指標を考慮して採用という基準を置いた（豊田2007）。なお、標本数が大きい場合、χ^2検定が棄却されやすいことから、棄却の基準としてHoelter（0.05）の値を参考にした。この値が標本数を下回る場合、χ^2検定が棄却されても問題ないとする（cf. 豊田2007）。以降の分析もこの基準で確認する。その結果、十分な適合度を得た（図表3-16）。なお、比較のために典型性と具体性に因子を分けない1因子モデルも作成したが、内的妥当性の適合度指標はGFIが0.967、CFIが0.987、RMSEAが0.045、χ^2p値が0.001、Hoelter（0.05）は307とやや低く、AICも典型性と具体性に因子を分けた場合よりもスコアが大きいことから、カテゴリーの構造にはこの2つの概念が存在している方が妥当であるといえる。ただし、共分散が0.86と強いことから、カテゴリーにおいて両者は補完関係にあることがわかる。そのため、いずれかの概念が用いられる場合、連動する形でもう一方の概念も作動する。このことから、カテゴリーにおけるブランドの記憶は両方の側面を併せ持ちながら保持さ

図表 3-16 内的妥当性と配置不変性の確認

パラメータ	GFI 内的妥当性	GFI 配置不変性	CFI 内的妥当性	CFI 配置不変性	RMSEA 内的妥当性	RMSEA 配置不変性	χ^2 p 値 内的妥当性	χ^2 p 値 配置不変性	Hoelter (0.05) 内的妥当性	Hoelter (0.05) 配置不変性
典型性と具体性の構造	0.976	0.879	0.994	0.956	0.032	0.035	0.047	0.000	142	303

注) 内的妥当性は n=399，配置不変性（多母集団の同時分析）は n=393 である。配置不変性のサンプル数が少ない理由は，あるブランドが n=6 であり，自由度が不足しており，分析から除外したためである。

れ，購買に用いられると考える。念のため1節で取り上げたデジタルカメラおよびシャンプーのデータに対しても同様の分析を行ってみたが，いずれも典型性と具体性の概念間の共分散が強い傾向にあることから，この連動は一般的な構造であると考えられる。

4-3 ブランド・ポジショニングの確認
4-3-1 分析手順

ロイヤルティとの関連を確認する前に，各ブランドがどのようにポジショニングされているのかをブランドの類型に従って確認してみる。その際，用いたのはカテゴリー構造の内的妥当性のモデルで推定される構成概念スコアである（図表 3-17）。これは構造方程式モデルで仮定した構成概念に対して，各対象者 i が個別に持っている値を指している。今回の場合であれば，「典型性」「具体性」の意向の強さを表現するスコアである。

計算手順は豊田 (2007) に基づいて行った。まず，構成概念スコアを計算するために，各変数から全体平均を引いたものに先ほどの構造方程式モデルで導出した典型性の因子得点ウェイト，具体性の因子得点ウェイトを乗算していき，典型性および具体性の構成概念スコアを計算した。次に，ブランドごとに構成概念スコアの平均を算出し，それをプロットしていった。

4-3-2 ブランド・ポジショニングの検討

上記の分析結果をプロットしたものが図表 3-18 となる。なお，構成概念

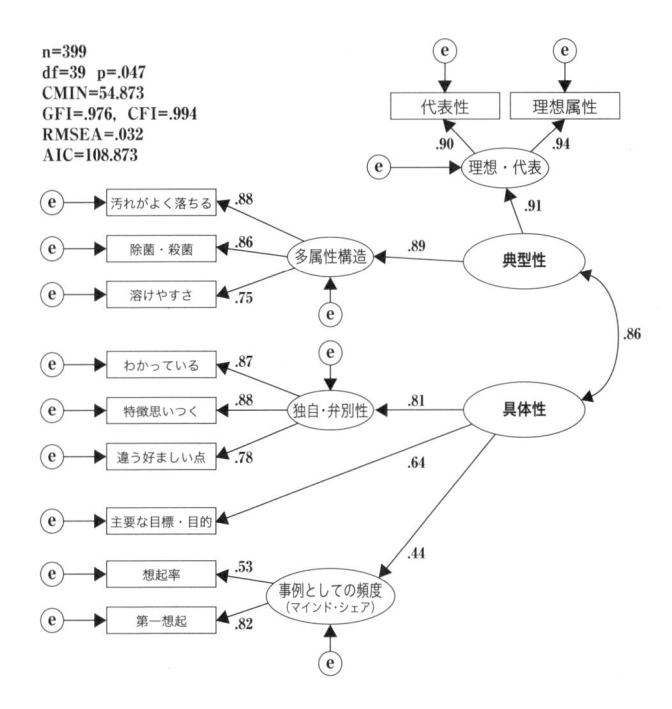

2節　カテゴリーとロイヤルティ　217

図表 3-17　カテゴリー構造（内的妥当性）

n=399
df=39 p=.047
CMIN=54.873
GFI=.976, CFI=.994
RMSEA=.032
AIC=108.873

（図中の値）
代表性 .90、理想属性 .94、理想・代表 .91
汚れがよく落ちる .88、除菌・殺菌 .86、溶けやすさ .75
多属性構造 .89　典型性
わかっている .87、特徴思いつく .88、違う好ましい点 .78
独自・弁別性 .81　具体性
主要な目標・目的 .64
想起率 .53、第一想起 .82
事例としての頻度（マインド・シェア） .44
典型性 ↔ 具体性 .86

$$\theta_{proto} = \sum_{i}^{n} (\nu_i - \overline{\nu_i}) \omega_{i\_proto}$$

$$\theta_{concrete} = \sum_{i}^{n} (\nu_i - \overline{\nu_i}) \omega_{i\_concrete}$$

$$Brand\_positioning = \left(\overline{\theta}_{proto}, \overline{\theta}_{concrete} \right)$$

ν_i：各変数
$\overline{\nu_i}$：各変数の全体平均
ω_{i_proto}：典型性の因子得点ウェイト
$\omega_{i\_concrete}$：具体性の因子得点ウェイト
θ_{proto}：典型性の構成概念スコア
$\overline{\theta}_{proto}$：典型性の構成概念スコアの平均
$\theta_{concrete}$：具体性の構成概念スコア
$\overline{\theta}_{concrete}$：具体性の構成概念スコアの平均

218　第3章　実証研究

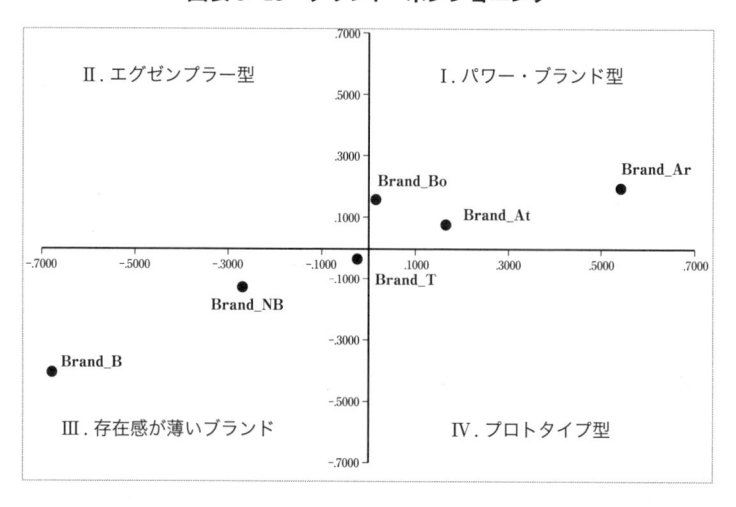

図表3-18　ブランド・ポジショニング

```
        .7000
Ⅱ. エグゼンプラー型   │   Ⅰ. パワー・ブランド型
        .5000
        .3000
              Brand_Bo              Brand_Ar
        .1000     Brand_At
-.7000  -.5000  -.3000  -.1000 │ .1000  .3000  .5000  .7000
                       -.1000  Brand_T
              Brand_NB
        -.3000
  Brand_B
        -.5000
Ⅲ. 存在感が薄いブランド │ Ⅳ. プロトタイプ型
        -.7000
```

　ウェイトを算出するにあたりデータを標準化していることから，原点を0とする座標でプロットしている。そのため，4象限の分割軸は典型性，具体性とも原点を基準に分類し，第2章4節の7に基づき傾向を確認していった。

　今回分析に用いられたブランドは第Ⅰ象限と第Ⅲ象限に配置されている。第Ⅱ象限のエグゼンプラー型に配置されるブランドがない理由は，分析結果から判断できる。図表3-17より，内的妥当性のモデルにおける典型性と具体性の共分散の標準化係数は0.86と強い関係にあり，洗濯用洗剤のブランドの類型として，具体性だけが高いエグゼンプラー型というのは出現しにくいためであると考えられる。これは洗濯用洗剤という商材の特性である機能的側面（属性や信念）が購買や使用シーンに強く関連する商品であることからも理解できる。

　一方で，第Ⅳ象限に配置されていない理由は，今回の分析対象にPBが存在しなかったためであると考える。

　この結果から理解できることは，消費者が認知している洗濯用洗剤の構造は「パワー・ブランドであるかどうか」が重要であり，無名のブランドが氾濫している状況においては，至ってシンプルでリニアー（直線的）な競争構

造にあるという点が大きな発見であった。換言すれば，典型性の要素，具体性の要素いずれかだけでポジショニングが取れるような際立った特徴のあるブランドが存在していないということであり，ブランド間差異が明確に認知されていないコモディティ化しつつある製品カテゴリーであるとも言える。

パワー・ブランドに位置づけられていたブランド Ar やブランド At は比較的良い位置を得ており，具体性の要因が強い位置にブランド Bo がある。これは使用されることで消費のシーンとしての具体性要因が理解され，エグゼンプラータイプの要素がやや強まり，独自のポジションを得ていることがうかがえる。一方で，存在感の薄い象限にあるブランド T や NB, B は具体性と典型性を強化するパワー・ブランド化か，リニューアルを伴うリ・ポジショニングが必要となろう。

では，このようなパワー・ブランドか否かの直線的な競争構造にある洗濯用洗剤の市場では，どのようなロイヤルティが形成されているのだろうか。

4-4 ロイヤルティの構造
4-4-1 分析に用いた項目

好意には Sen（1999）の尺度を用いた。認知的ロイヤルティは満足度（7点尺度）とした。感情的ロイヤルティは Yoo et al.（2000）などを参考に3項目作成し，共通性の高さから3項目とも分析に用いた。意欲的ロイヤルティは，Dick and Basu（1994）なども参考に，「他ブランド情報を探索しない」「次回購買の検討」「推奨意向」の3つの視点で測定した。「他ブランド情報を探索しない」は適切な尺度が無かったため，先行研究[5]を参考に独自に作成した。推奨意向は Price and Arnould（1999）の「良い口コミ」尺度で最も相関の高い項目を用いた。この3項目による因子分析の結果は1因子であったが「他ブランド情報を探索しない」の共通性が低いため除外したところ，信頼性係数（クロンバックの α）は 0.638 であり探索的因子分析の 0.6 の基準（Hair et al. 1998）をクリアしたことから，「推奨意向」「次回購買の検討」を分析に用いた。行動的ロイヤルティは，「購買頻度」と「最近購入した時期」を用いた。選択肢の幅は Ipsos グループの過去の洗濯用洗剤の調査結果を参考に，比較的正規分布に近い回答が得られるよう設定した。

図表 3-19　分析に用いたロイヤルティ要因，変数名，項目，尺度および信頼性係数

要因	変数名	項目	尺度	信頼性係数
好意度	好意度	ブランドはどの程度，好きですか。	「7. とても好き」から「1. まったく好きではない」	—※1
認知的ロイヤルティ	認知ロイヤル	どの程度，満足していますか	「7. 非常に満足している」から「1. まったく満足していない」	—※1
感情的ロイヤルティ	感情ロイヤル	私はこのブランドをひいきにしている（愛願している）※2 このブランドは私がいちばんに選ぶブランドである もしこのブランドが店にあれば，他のブランドは買わない	「7. とてもそう思う」から「1. まったくそう思わない」	0.949
意欲的ロイヤルティ	意欲ロイヤル	私は知人や友人に，このブランドを推奨（オススメ）したことがある 次回購入する際も，このブランドの購入を検討する	「7. とてもあてはまる」から「1. まったくあてはまらない」	0.638
行動的ロイヤルティ	行動ロイヤル	一番，最近購入したのはいつ頃ですか どのくらいの頻度で購入していますか	「1週間以内」から「1年以上前」 「週に1回以上」から「年に1回未満」	0.826

※1　観測変数が1つであるため確認していない。
※2　なお，近年のブランドとの関係はロイヤルティから価値共創（和田 2002）の時代へと変遷する過程にあり，「ロイヤル (loyal)」という表現を「ひいき (patronage)」として用いている。

4-4-2　検証のための構造確認

上述の変数を用い，図表 3-15 の仮説モデルのロイヤルティ部分を SPSS 社の Amos17.0 を用いて共分散構造分析を行った。内的妥当性，ブランドを多母集団とする同時分析によって配置不変性を確認し十分な適合度を得た（図表 3-20）。

図表 3-20　内的妥当性と配置不変性の確認

パラメータ	GFI 内的妥当性	GFI 配置不変性	CFI 内的妥当性	CFI 配置不変性	RMSEA 内的妥当性	RMSEA 配置不変性	χ^2 p値 内的妥当性	χ^2 p値 配置不変性	Hoelter (0.05) 内的妥当性	Hoelter (0.05) 配置不変性
ロイヤルティの構造	0.973	0.902	0.950	0.972	0.094	0.040	0.000	0.000	142	303

注)　内的妥当性はn=399，配置不変性（多母集団の同時分析）はn=393である。配置不変性のサンプル数が少ない理由は，あるブランドがn=6であり，自由度が不足しており，分析から除外したためである。

5　カテゴリーの中心性に基づくブランド・ロイヤルティモデルの検証

　上述の分析結果を踏まえた仮説モデルを，SPSS社のAmos17.0を用い共分散構造分析を行った。

　この結果，GFIは0.909，CFIは0.959，RMSEAは0.062，p値は0.000，Hoelter (0.05) は188（n=399）であった（図表3-21）。ややRMSEAは低いものの他の適合度が基準をクリアしていること，また，すべてのパスにおいてp<0.1で有意であることから，この結果を採用した。[6] 検証結果はすべて支持され，カテゴリーの中心性の要因が真のロイヤルティ形成に関連することが実証された。

　特に今回の結果から発見できたことは，典型性は好意に影響し，好意が認知的ロイヤルティに強く影響するものの，感情的ロイヤルティには，認知的ロイヤルティよりも具体性からの直接の関係の方がより強く影響していたことである。具体性には独自性や弁別性，主要な目標や目的，事例としての頻度の順に影響し，コモディティ化しつつある製品カテゴリーにおいては典型的な属性よりもむしろ，他ブランドとの包括的な違いや文脈におけるブランドそのものの存在がロイヤルティ形成において重要となる。ただし，このモデルは購買者全体の構造であり，関与度により要因間の強さは異なると考える。そこで次に，多母集団の同時分析により関与度別の構造を確認する。

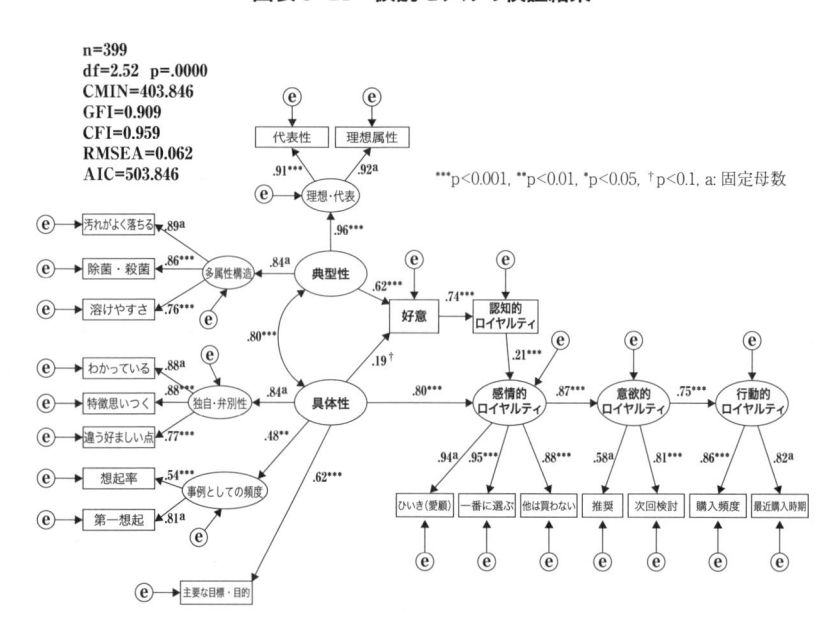

図表 3-21 仮説モデルの検証結果

6 追加分析

　製品カテゴリーへの関与度の違いは，Mittal(1989)の4項目による購買関与（7点尺度）を用いた。この回答を合計し，高関与者（46名，n=212）と低関与者（54名，n=187）に分け，多母集団の同時分析を実施した。GFIは0.859，CFIは0.938，RMSEAは0.054，p値は0.000，Hoelter（0.05）は210（n=399）であり，やや基準を下回るが，低関与の具体性から好意に至るパス以外はすべて$p<0.01$で有意となったことから（図表 3-22），この結果で解釈を行う。

　まず，パラメータ間の差に対する検定統計量（差の検定）を確認したところ，高関与者は具体性から好意に向かうパス，好意から認知的ロイヤルティに向かうパス，典型性の理想・代表因子，具体性と典型性の共分散において有意差があり，低関与者より強い関連があることが確認された。しかし，低関与者も典型性から好意への強い関連があったため，各パラメータの間接

効果と直接効果を合計した標準化総合効果を確認したところ（図表3-23），好意から認知的ロイヤルティへの総合的な影響は高関与者の方が強く，さらに，高関与者は具体性や感情的ロイヤルティが，意欲的ロイヤルティおよび行動的ロイヤルティにより強く影響することが確認できた。

図表 3-22　関与度の違いによる多母集団同時分析により推定されたパラメータ値

パラメータ			低関与(n=212) 標準化係数	確率	高関与(n=187) 標準化係数	確率	差の検定 確率
典型性	→	好意	0.755	***	0.495	***	†
具体性	→	好意	-0.067	n.s.	0.399	***	***
好意	→	認知的ロイヤルティ	0.640	***	0.809	***	***
認知的ロイヤルティ	→	感情的ロイヤルティ	0.223	***	0.199	***	n.s.
具体性	→	感情的ロイヤルティ	0.846	***	0.781	***	n.s.
感情的ロイヤルティ	→	意欲的ロイヤルティ	0.803	***	0.909	***	n.s.
意欲的ロイヤルティ	→	行動的ロイヤルティ	0.683	***	0.806	***	n.s.
感情的ロイヤルティ	→	他は買わない	0.804	***	0.929	***	n.s.
感情的ロイヤルティ	→	一番に選ぶ	0.940	***	0.965	***	n.s.
感情的ロイヤルティ	→	ひいき（愛顧）	0.906	a	0.963	a	a
意欲的ロイヤルティ	→	推奨	0.514	a	0.626	a	a
意欲的ロイヤルティ	→	次回検討	0.771	***	0.850	***	n.s.
行動的ロイヤルティ	→	購入頻度	0.849	***	0.866	***	n.s.
行動的ロイヤルティ	→	最近購入時期	0.789	***	0.851	***	n.s.
典型性	→	多属性構造	0.765	a	0.893	a	a
典型性	→	理想・代表	0.960	***	0.968	***	**
多属性構造	→	汚れがよく落ちる	0.851	a	0.914	a	a
多属性構造	→	除菌・殺菌	0.798	***	0.898	***	n.s.
多属性構造	→	溶けやすさ	0.702	***	0.788	***	n.s.
理想・代表	→	代表性	0.902	***	0.907	***	n.s.
理想・代表	→	理想属性	0.916	a	0.941	a	a
具体性	→	主要な目標や目的	0.517	***	0.681	***	n.s.
具体性	→	独自性や弁別性	0.844	a	0.848	a	a
具体性	→	事例としての頻度	0.347	†	0.598	*	n.s.
事例としての頻度	→	第一想起	0.791	a	0.784	a	a
事例としての頻度	→	想起率	0.595	***	0.510	***	n.s.
独自性や弁別性	→	違う好ましい点	0.878	***	0.700	***	n.s.
独自性や弁別性	→	特徴思いつく	0.838	***	0.926	***	n.s.
独自性や弁別性	→	わかっている	0.846	a	0.884	a	a
典型性	⇔	具体性	0.771	***	0.792	***	***

→はパス，⇔は共分散，aは固定母数　*** p<0.001, ** p<0.01, * p<0.05, † p<0.1, n.s.: 有意差なし。

図表 3-23　関与度の違いによる標準化総合効果（低関与／高関与）

パラメータ	具体性		典型性		好意		認知的ロイヤルティ		感情的ロイヤルティ		意欲的ロイヤルティ	
	低関与	高関与	低関与	高関与	低関与	高関与	低関与	高関与	低関与	高関与	低関与	高関与
好意	0 ※	**0.40**	**0.70**	0.50	—		—		—		—	
認知的ロイヤルティ	0 ※	**0.32**	0.45	0.40	0.64	**0.81**	—		—		—	
感情的ロイヤルティ	0.85	0.85	0.10	0.08	0.14	0.16	0.22	0.20	—		—	
意欲的ロイヤルティ	0.68	**0.78**	0.08	0.07	0.11	0.15	0.17	0.18	0.80	**0.91**	—	
行動的ロイヤルティ	0.47	**0.62**	0.05	0.06	0.08	0.12	0.12	0.15	0.55	**0.73**	0.68	**0.81**

※　多母集団同時分析にて有意差がなかったため，具体性から好意へのパスを除外し再計算したため0となっている。
注）太字は低関与と高関与を比較して0.1ポイント以上差があったもの。

　一方で，低関与者の具体性から感情的ロイヤルティへの直接の影響の強さが懸念されたため，独自性や弁別性の「他のブランドと違う好ましい点」があると答えた対象者への詳細質問を確認したところ，低関与者は「手ごろな価格（53.7％）」のみ突出していた。高関与も同質問に対し48.8％と比較的高いものの「部屋干しでもにおわない」「やわらかく仕上がる」なども「手ごろな価格」と同程度に高い。ロイヤルティは，単に購買努力を削減し，意思決定の単純化を図ろうとする消費者のニーズを反映している場合もあることから（青木 2004），低関与者は価格そのものを手がかりとした具体性としてのロイヤルティでしかないと考えられる。低関与者の具体性と意欲的ロイヤルティ，行動的ロイヤルティとの関連は高関与者より低いことからも，店頭状況によっては容易にスイッチする可能性が高いと考える。
　個人特性の違いを確認したところ，高関与者の年齢（平均44.2歳）は低関与者（平均40.3歳）より高く（t=1.75, df=98, p<0.1），経験や知識が豊富であると考えられる。また，「洗濯用洗剤を使うことに喜びを感じる程度（7点尺度）」という質問に対し，高関与者（平均4.81，標準偏差1.35）の方が低関与者（平均4.28，標準偏差1.13）より高い傾向にあった（t=2.12, df=98, p<0.05）。
　洗濯用洗剤のような低関与製品であっても自我（エゴ）を受け入れる

ブランドとの関係がリレーションシップを構築する場合がある（Fournier 1998）のは，このような高関与で情緒的な感情と行動を伴った消費者との具体性を通じて形成された真のロイヤルティが基盤にある場合であろう。

7　考察

　カテゴリーの中心を形成する典型性・具体性とロイヤルティとの関連を検証したことで確認できたことは，具体性と感情的ロイヤルティの重要性である。

　便益や信念に基づく態度形成は，伝統的な消費者行動において主に研究されてきた点であり，確かに典型性は好意を高め，好意は認知的ロイヤルティを高めていた。しかしながら，感情的ロイヤルティに強く関連したのはブランドそのものを通じた具体性であった。

　この具体性の影響力の強さは，独自性や弁別性といったブランドそのもののユニークさに加え，主要な目標や目的としての文脈や消費経験との結びつきである。典型性の便益（ベネフィット）に基づく視点だけでは真のロイヤルティへの到達力が弱いことを考えると，第3章1節の課題として示した従来型の便益に基づくアプローチだけではやはり限界があり，具体性を強化していくことがロイヤルティの維持・強化に重要な要素のひとつであると考える。

　さらに，具体性と直接関連する感情的ロイヤルティは意欲的ロイヤルティ，行動的ロイヤルティとの関連が強いことから，4つのロイヤルティの中では特に感情的ロイヤルティが重要な位置を占める。

　特に，高関与者はカテゴリーとの情緒的な感情でつながっており，自我（エゴ）が受け入れられるブランドとなり，ライフスタイルに入り込むためには，感情的ロイヤルティの形成が重要となる。

　上記を踏まえた場合，関係性を構築するためのブランド・マネジメントには，具体性によって感情的ロイヤルティを高めていく施策が最も有効であると考える。その戦略的なアプローチは，消費体験のプロセスを観察し，そのプロセスにおけるカテゴリーの役割や主要な便益を見極め，当該ブランドが適合するように具体性を磨いていくことで（cf. Schmitt 2003；石井

2006a),「消費プロセスの『ある目的』を最も満たす位置づけを確立し、愛着を持って使用されるようになる」ことであると考える。その結果、NBの地位確保や製品カテゴリー自体の魅力を高めることにつながるだろう。

では、目的のレベルやそのあいまい性の違いによってカテゴリー形成も異なるのであろうか。次の3節では、能動的に目的を持って行動する消費者像の「目的に導かれるカテゴリーとブランド」の関連について検討していく。

[注]

1 「花王社長尾崎元規氏：既存ブランド磨く（談話室）」『日経産業新聞』2009年2月16日、15面。および、「特集：定番を磨き続ける」『日経ビジネス』2007年4月23日号、28-29頁、を参照。

2 経験をステージングすることは、商品やサービスの差別性と妥当性、そして価格を急速に下落させるコモディティ化を未然に防ぐことになる（Pine II and Gilmore 1999, 邦訳 p.59）。

3 典型性と好意が正の関係にならないケースとして、ユニークさの価値、バラエティ・シーキング／革新的な製品などがある（Ward and Loken 1988）。本書では、ユニークさの価値は具体性の独自性や弁別性で補完されること、バラエティ・シーキングはカテゴリーレベルの分析アプローチを取っていることから、ブランド間競争に含めて検討できていると考える。一方、革新的な製品の例として挙がっていたファッションリーダーが非ファッションリーダーを牽引するような場合、あるいは、プレステージ品においては、価格と品質、ブランドそのもの以外の要因が大きく関係することから、本書の対象としていない。

4 和田（2002）、Dick and Basu（1994）も参考にした。

5 Moore and Lehmann（1980）、Furse *et al.*（1984）など。

6 本書において、因果関係の一部を推定する好意と認知的ロイヤルティは観測変数が1つのため、積極的に潜在因子を設定していないが、念のため、それぞれの潜在因子を設定したモデルでの分析も行っている。分析結果は、全体的な適合度が若干高まる程度であり、標準化推定値も採用モデルとほぼ類似していたことから、あえて潜在因子を設定しないモデルを採用した。なお、両モデルの違いによって結果と解釈に影響はないことも確認している。

7 多くの商品は顧客の特定のジョブを処理するように設計されていないことから、「顧客の特定のジョブ」を処理する「目的ブランド（purpose brand）」が重要であるとしている（Christensen *et al.* 2005）。

3節 目的に導かれるカテゴリー
――考慮集合を手がかりに

1 実証研究の目的と方法

　通常，消費者は，まず自分の達成すべき目的があり，それに対して動機づけられ，情報収集・処理を行うことが仮定されているが（清水 1999），多様な製品の氾濫によって合理的な意思決定をすることが困難になってきていると考えられる。また，1つの商品で複数の目標や目的を満たせる場合，あるいは，カテゴリーを越えた検討を行う場合，目的間の葛藤（conflict）や目的のあいまい性などによって選好が異なることも考えられる。さらに，消費社会へと変化しつつある現代においては消費自体が目的となりつつあり，目的自体が変化してきている。

　そこで本節では，目的タイプ，目的のあいまい性と考慮されるブランドの関係を明らかにしていくことを目的とする。それによって目的を持って自ら創造的にカテゴリー化を行う「目的に導かれるカテゴリー」を理解する。具体的には，プロセス志向とプロダクト志向の違いで考慮されるブランド数，および，サブ・カテゴリーを横断した検討の程度，目的のあいまい性と考慮されるブランド数，および，サブ・カテゴリーを横断した検討の程度を確認するものである。

　第2章5節で定義したように，あるカテゴリー内での検討には考慮集合の概念を目的に導かれるカテゴリーとして用いることが可能なことから，本節では考慮集合の測定方法を目的に導かれるカテゴリーとして用いる。目的のあいまい性は同一対象者への異なる測定方法（目的そのものを直接質問する多肢選択法，目的を構成する価値観項目による評定尺度法）を通じた回答のズレを用いて確認する。

　先行研究から仮説を導出し，検証方法を述べた後，実証分析を通じて解釈を行う。最後に実証によってもたらされた実務的含意について検討する。

2 仮説設定

　Lawson（1997）の実証研究はサブ・カテゴリーに限定してはいないものの，より具体的な目的であるほど検討される製品やブランドが想起されやすいという結果であった。また，抽象度が低い目的ほど，属性比較が可能となりやすいことから（徳山 2003），プロダクト志向ほど考慮されるブランドが明確になり，考慮集合数やサブ・カテゴリーを横断した検討も少ないと考えられる。逆に，プロセス志向ほど自己の目的達成を最適に満たすための検討を行うことから，ブランドの検討数やサブ・カテゴリーを横断した検討も増加すると考える。

　また，目的が明確に設定されていない場合ほど個々のブランド理解を通じ（Peterman 1997），サブ・カテゴリーを横断するようなボトムアップの検討がなされ（Johnson 1989），トップダウンと併用した検討となる（Lawson 1997）と考えられることから，個人内での目的のタイプがあいまいなほど，サブ・カテゴリーを横断した検討が増加し，それとともに考慮集合数も増加すると考えられる。

　以上のことから，以下の2つの仮説を設定した。

H1：（目的タイプの）プロダクト志向ほど考慮集合のサイズ，サブ・カテゴリーの検討数は少なくなり，プロセス志向ほど多くなる。
　　H1-a は多肢選択法による差，H1-b は評定尺度法による差とする。
H2：目的のタイプがあいまいであるほど，考慮集合のサイズ，サブ・カテゴリーの検討数が多くなる。

　目的のあいまい性については測定方法による工夫を行う。とりわけ近年，行動経済学の分野でも選択肢の設定の仕方で選好が異なる研究が多くなされつつある。例えば，Brenner and Sood（1999）では，比較が選択肢の魅力を高めること，評価の仕方や選択肢のグループ化によって選好が異なることを実証している。また，山本（2005）[2]は選択課題か評価課題かといった反応モードによって選好が逆転するといった研究を行っている。

現実社会において，消費者を取り巻く様々な社会的規範や制約，情報過負荷の問題などから，仮に高関与製品であっても，不合理な判断や理想と現実の葛藤がなされているのが現状であると考える。そこで，同じ対象者に異なる測定方法を用いて目的を質問することで，あいまい性を含有した目的とサブ・カテゴリーを横断した検討の程度との関係を確認する。測定方法は複数の選択肢から1つの回答を選択する多肢選択法[3]，リッカートスケールなどの間隔尺度を用いて測定する評定尺度法[4]を用いる。

3　調査概要

3-1　プリテスト

本節では自動車を調査の対象とした。その理由は，高関与かつ高額品であり複数の目的を満たすことが可能なこと，セダン，ミニバン，軽などのサブ・カテゴリーが形成されていることから，目的のタイプやあいまい性を検討する上で適切だと判断したためである。

ただし，個人的要因やコンテクスト要因が異なれば目的に導かれるカテゴリーも変化してしまうことから（cf. 新倉 2005），本書では消費者の内部要因としての購買動機は，購入意向のある男性に限定する。

まず初めに，目的タイプの抽出および選択肢の設計を検討する。一般的に選択肢の設計には，調査者が先験的にリストアップする方法と，少数の消費者を対象に購買にあたって重要と思われる属性を自由回答方式で質問する方法との2つがある（阿部 1978）。今回は回答しやすさを重視したことから，後者の自由回答方式による質問方法として，後藤（1996），丸岡（2002）を参考にインタビューを行った。インタビューは2002年12月に実施した。対象者の設定は，自動車の購入決定者かつ利用者で，現在自動車を保有しており，買い替えを検討している20代から40代の社会人男性6名である。また対象者のライフスタイルやライフステージにも配慮した。例えば，20代後半の独身男性で音楽演奏を趣味としており，自動車は楽器を運搬する際に利用している対象者，20代前半の独身男性で，運転をすることが好きで週末はドライブを楽しんでいる対象者，30代の既婚男性で幼児を家族に含む世

帯，40代で小学生および中学生の子供が居る世帯，などである。

　対象者への質問は，「自動車はあなたにとってどのような存在ですか」「購入する際に重視すること」を確認した後，「なぜそれが重要なのか」という点から「自動車の用途，目的」との関係を確認していった。また「その用途，目的を達成するには何が必要か」という質問から，用途，目的とそれを達成するための便益（ベネフィット）の関係を確認した。得られた便益は情緒的便益と機能的便益の次元が混在していたが，評価の次元が対象者によって異なることを許容し，そのまま採用した。

　この結果を元に，多肢選択法と評定尺度法の質問を作成した。

　多肢選択法は，「今後，自動車を購入するとすれば，主な利用用途，目的は何ですか。（ひとつだけ○）」と質問し，「1. 自動車で自分らしさを表現したい」「2. 運転そのもの（ドライブ）を楽しみたい」「3. 通勤や仕事，買い物などの移動手段に使いたい」「4. （家族・子供・友人との）レジャーや旅行を楽しみたい」「5. その他」で設定した。

　評定尺度法は，図表3-24のQ1からQ18であり，「あなたは自動車について，以下のような意見がどの程度あてはまりますか。あなたの気持ちにいちばん近いものについて，それぞれ番号に○をつけてください」と質問し，「1. まったくあてはまらない」から「5. とてもあてはまる」の5点尺度を設定した。多肢選択法と評定尺度法の項目との関連は図表3-24の通りである。

3-2　本調査と分析に用いるデータの確認

　アンケート用紙を用いた郵送調査を2003年2月中旬から3月上旬に実施した。対象者は日本マーケティング研究所 株式会社JMRサイエンスが保有するアンケートモニターである。評価対象に用いた自動車の銘柄は，2002年の1年間の売り上げランキング推移を調べ，過去12カ月で上位20位に最もよく挙がっていた順から15車種，軽自動車の上位ランキングから5車種，その他，ロングセラーの6車種，特徴や話題性のある車種などの網羅性を考え，全部で26車種（国産車）を設定している。

　考慮集合ブランドに関する質問は清水（2000）を参考に，企業名と車種名を記載したプリコード式の選択で，名前を知っている車種（知名集合），少し

図表 3-24　多肢選択法と評定尺度法項目との関連

多肢選択法		評定尺度法項目
自動車で自分らしさを表現したい	Q1	カッコイイ自動車に乗って人に自慢したいほうだ
	Q2	自動車の外見やデザインがとても気になる
	Q3	人気や流行の自動車を買いたいと思う
	Q4	自分の購入した自動車が他人にどう評価されているのか気になる
	Q5	あまり人が乗っていない,「個性的な自動車」を選びたいと思う
運転そのもの（ドライブ）を楽しみたい	Q6	自動車の装備, オプション・部品にこだわるほうだ
	Q7	カーナビやカーステレオなど楽しめるものを充実させたい
	Q8	内装やシートアレンジできることが大切だ
	Q9	他の人よりも運転が上手いと思える
	Q10	車で長距離ドライブをするのが好きだ
通勤や仕事, 買い物などの移動手段に使いたい	Q11	運転のしやすさ, 操作性にはこだわるほうだ
	Q12	燃費にはこだわるほうだ
	Q13	自動車は性能より価格やコストパフォーマンスが大切だ
レジャーや旅行を楽しみたい	Q14	車内の広さ, 収納スペースにこだわるほうだ
	Q15	乗り心地や快適さにこだわるほうだ
	Q16	自動車の安全性にはこだわるほうだ
	Q17	ドアの開閉や乗り降りが便利なことを重視するほうだ
	Q18	自動車はいろんな用途に使えるほうがいい

でも興味・関心を持っている車種（選択集合）に該当した車種について,「購入の際, 検討候補に入る車種」で選択された車種を考慮集合の対象としている。

対象者を男性に絞り, また動機づけられている状態を統一するために購買意向のある層（今後 2 年から 3 年以内に買いたい 293 名, 1 年以内に買いたい 62 名, すぐに買いたい 52 名）に限定したところ, 407 名が残った。さらにこの車種をまったく検討していない（考慮集合数が「0」の）対象者を除外した。[5] その結果, 分析対象者は 313 名となった。除外したことで分析に影響がないか確認するために考慮集合のサイズを確認したところ, 平均は 3.13 個（標準偏差 1.938）となった。この数字は考慮集合のサイズに関する先行研究の考慮集合のサイズは, 1.3〜3.5[6]（Narayama and Markin 1975）, 2.52〜5.74[7]（Laroche et al. 1986）, 2.83[8]（恩蔵 1994）であり, 平均的にみて 3 前後であること（恩蔵 1994）とほぼ一致することから問題ないと判断し, 実証分析を進めた。

4 実証分析

4-1 分析の手順

以下に分析の手順を示す。大きな流れは，多肢選択法と評定尺度法それぞれで，プロセス志向，プロダクト志向の目的タイプを作り，比較していくものである。多肢選択法の回答は「自分らしさを表現したい」と「運転そのものを楽しみたい」をプロセス志向とし，「移動手段」と「レジャーや旅行」の選択肢をプロダクト志向としてまとめる。評定尺度法は，測定した質問項目の構成概念妥当性を確認した後，採用された質問項目と多肢選択法の項目との一貫性を確認する。その因子から導かれる構成概念スコアを用いてプロセス志向とプロダクト志向の2つの目的タイプを作成する。それぞれの尺度法を通じて分類された目的タイプごとに考慮集合のサイズやサブ・カテゴリーを横断した検討の程度を確認する（H1a，H1b）。なお，あいまい性の検証（H2）は，それぞれの分類を組み合わせた4つのグループを作成した上で検証する。

サブ・カテゴリーを横断して検討する状況を確認するためのデータは，セダン／スポーツタイプ，RV／ミニバン，ミニ，軽自動車の4つのサブ・カテゴリーを設定しており，そのサブ・カテゴリーごとに4から8の車種（ブランド）を提示しているものを使用する。対象者が1つのサブ・カテゴリー内の車種しか検討していない場合は「1」とコード化し，2つのサブ・カテゴリーを横断して車種を検討している場合は「2」，同じく3つのサブ・カテゴリーを横断して車種を検討している場合は「3」，4つのサブ・カテゴリーを横断して車種を検討している場合は「4」と設定した。この数が大きいほどサブ・カテゴリーを横断した検討をしていると判断する。大まかな分析手順を図表3-25に示す。

4-2 多肢選択法の回答結果

多肢選択法の回答結果は「1. 自動車で自分らしさを表現したい」が31名，「2. 運転そのもの（ドライブ）を楽しみたい」が33名，「3. 通勤や仕事，買い物などの移動手段に使いたい」が106名，「4.（家族・子供・友人との）

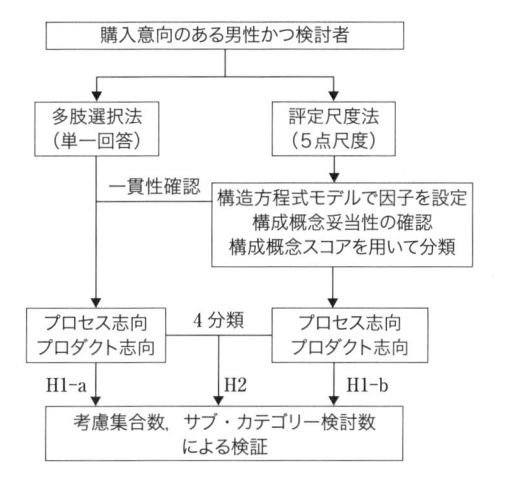

図表 3-25　本節の分析手順

```
        購入意向のある男性かつ検討者
              │
      ┌───────┴───────┐
   多肢選択法          評定尺度法
  （単一回答）        （5点尺度）
      │    一貫性確認   │
      │         構造方程式モデルで因子を設定
      │         構成概念妥当性の確認
      │         構成概念スコアを用いて分類
      │                │
  プロセス志向  4分類  プロセス志向
  プロダクト志向 ─────  プロダクト志向
      │         │         │
     H1-a      H2        H1-b
      └─────────┼─────────┘
          考慮集合数，サブ・カテゴリー検討数
                による検証
```

レジャーや旅行を楽しみたい」が 143 名,「5. その他」が 8 名,不明が 3 名であった。自分らしさや運転そのものといった「プロセス志向」よりも移動手段やレジャーや旅行といった「プロダクト志向」に回答が集中する傾向が見られたが,回答者のほとんどがこの 4 つの目的に回答していたことから,「その他」と不明の 11 名の回答は分析から除外した。

4-3　評定尺度法の項目と構成概念妥当性の確認

プリテストにて確認された便益の項目を本調査によって収集した。今回は尺度構築ではないため厳密な確認は必要ないのかもしれないが,多肢選択法との一貫性をより高めるために,このデータで正確に構成概念が測定できているのかどうかの妥当性を従来の尺度構築の手順に沿って確認していく。その手順としては,①探索的因子分析にて共通性の低い項目,および,因子負荷量が低く妥当性が低いデータしか測定できていない項目を除外する（内容妥当性の確認）。②内部一貫性を信頼性係数（クロンバックの α）にて確認する。③尺度の一次元性と収束妥当性,弁別妥当性を構造方程式モデルを用いてまとめて確認する,というステップで進める。

まず,本調査で収集したすべての項目（Q1 から Q18）を一括して,探索

図表 3-26　探索的因子分析（2回目）の結果と信頼性（クロンバックのα）

採択された項目	第1因子 自分らしさ	第2因子 レジャーや旅行	第3因子 運転を楽しむ	第4因子 移動手段	信頼性係数 クロンバックのα
Q4　自分の購入した自動車が他人にどう評価されているのか気になる	.772	.041	.084	.004	0.791
Q1　カッコイイ自動車に乗って人に自慢したいほうだ	.634	-.037	.411	.048	
Q3　人気や流行の自動車を買いたいと思う	.619	.125	.252	.065	
Q2　自動車の外見やデザインがとても気になる	.578	.124	.316	.048	
Q16　自動車の安全性にはこだわるほうだ	.100	.697	.038	.173	0.716
Q15　乗り心地や快適さにこだわるほうだ	.104	.625	.155	.135	
Q14　車内の広さ，収納スペースにこだわるほうだ	.103	.544	.071	.197	
Q17　ドアの開閉や乗り降りが便利なことを重視するほうだ	-.083	.486	.193	.278	
Q6　自動車の装備，オプション・部品にこだわるほうだ	.247	.041	.648	.173	0.718
Q7　カーナビやカーステレオなど楽しめるものを充実させたい	.171	.237	.646	.115	
Q8　内装やシートアレンジできることが大切だ	.277	.115	.571	.002	
Q12　燃費にはこだわるほうだ	.037	.156	.002	.859	0.709
Q11　運転のしやすさ，操作性にはこだわるほうだ	.021	.467	.222	.504	

的因子分析（主因子法，エカマックスによる斜行回転）を行い，因子の共通性が 0.3 に満たない 3 項目（Q5，Q9，Q13），および，因子負荷量が小さい 2 項目（Q10，Q18）を除外し，再び探索的因子分析を実施したところ，負荷量平方和は 64.160％ であり，4 つの因子が確認された。それぞれプリテストで確認した関連が維持されていたことから，この因子を採用した。次に，内部一貫性を確認するために，信頼性係数（クロンバックのα）を用いた。その結果，採用された項目は図表 3-26 である。信頼できる尺度であるためにはα係数が 0.7 以上あることが望ましいことから（cf. 井上他 1995；鎌原他 1998），今回も 0.7 以上を基準として確認したところ，すべての項目において基準を満たしていることが確認できた（図表 3-26）。

4-4　評定尺度法の構造方程式モデルによる推定

次に，尺度の 1 次元性と収束妥当性，弁別妥当性の確認のために構造方程式を用いて確認する。この 3 点を確認するために，「自分らしさ」「運転を楽しむ」の上位にプロセス志向の因子を設定し，「移動手段」「レジャー目的」

の上位にプロダクト志向の因子を設定する高次因子モデルを想定し，SPSS社のAmos17.0を用い確認的因子分析を行った。このモデルがデータと高い適合度を保持していれば尺度の1次元性が確認できる。主な適合度指標には一般的なGFI，AGFI，CFI，RMSEAを用いた。GFIとAGFIが0.90以上，CFIが0.95以上，RMSEAが0.05未満で非常にあてはまりがよく，0.10未満でも他の適合度指標を検討の上で採用という基準とした（豊田 2007）。なお，標本数が大きい場合，χ^2検定が棄却されやすいことから棄却の基準としてHoelter（0.05）の値を参考にした。この値が標本数を下回る場合，χ^2検定が棄却されても問題ないとする（cf. 豊田 2007）。

　結果は，GFIが0.937，AGFIが0.906，CFIが0.937，RMSEAが0.062，p＝0.000，Hoelter（0.05）が186（＜n＝313）となり，CFIとRMSEAがやや低いものの，他の適合度指標が十分基準を満たしていることから，このモデルを採用する（図表3-27）。次に収束妥当性の確認をする。収束妥当性は1つの構成概念について複数の指標が用いられる場合，その指標は似たような結果を示す必要がある（阿部 1987）。そのため，今回の場合であれば，4つの潜在因子である「自分らしさ」「運転を楽しむ」「移動手段」「レジャー目的」を構成する各項目への因子負荷量（パス係数）がいずれも有意であり，その値が十分大きいことが必要となる。久保田（2010）のブランド・リレーションシップ尺度開発の手順に従い，因子負荷量がその標準誤差の2倍以上，かつ，因子負荷量が0.5以上であることを基準にした。その結果すべての因子負荷量はp＜0.001で有意であり，その係数も，標準誤差の2倍以上，かつ，0.5以上であることから，因子を構成している項目の収束妥当性が確認された。次に，弁別妥当性の確認である。弁別妥当性としては異なる構成概念間の測定に差異が認められなければならない（阿部 1987）。その確認方法は潜在因子間の相関係数が有意であり，かつ，95％信頼区間が1を含んでいないことである。「プロセス志向」と「プロダクト志向」の潜在因子間の相関係数を確認した結果，0.47（p＜0.001）で95％信頼区間も1を含まないことから，弁別妥当性も確認された。この結果から，目的タイプの分類に問題はないと判断し，次の分類作業に進めた。

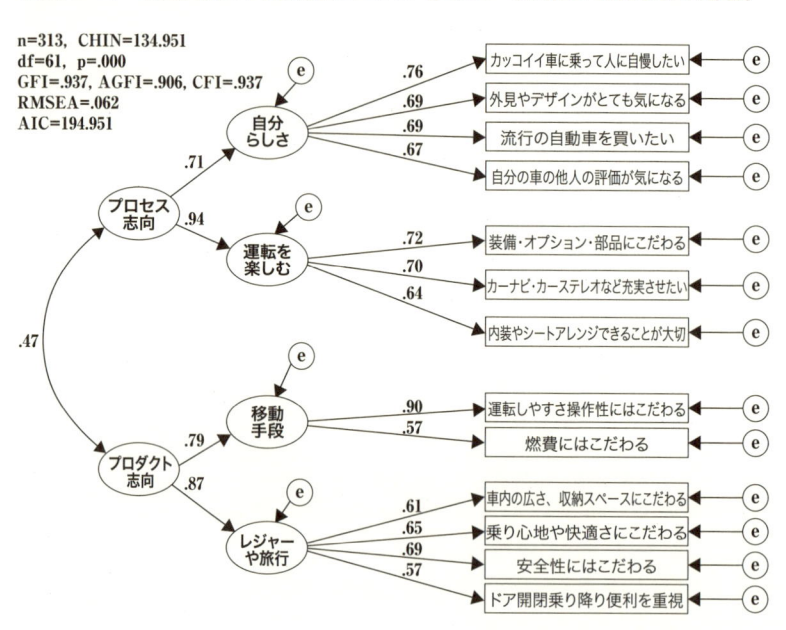

図表3-27　評定尺度法の構造方程式モデル（尺度の一次元性と収束妥当性の確認）

n=313, CHIN=134.951
df=61, p=.000
GFI=.937, AGFI=.906, CFI=.937
RMSEA=.062
AIC=194.951

プロセス志向
- 自分らしさ (.71)
  - カッコイイ車に乗って人に自慢したい (.76)
  - 外見やデザインがとても気になる (.69)
  - 流行の自動車を買いたい (.69)
  - 自分の車の他人の評価が気になる (.67)
- 運転を楽しむ (.94)
  - 装備・オプション・部品にこだわる (.72)
  - カーナビ・カーステレオなど充実させたい (.70)
  - 内装やシートアレンジできることが大切 (.64)

プロダクト志向（.47）
- 移動手段 (.79)
  - 運転しやすさ操作性にはこだわる (.90)
  - 燃費にはこだわる (.57)
- レジャーや旅行 (.87)
  - 車内の広さ、収納スペースにこだわる (.61)
  - 乗り心地や快適さにこだわる (.65)
  - 安全性にはこだわる (.69)
  - ドア開閉乗り降り便利を重視 (.57)

4-5　多肢選択法と評定尺度法の一貫性確認

　多肢選択法と評定尺度法が同軸で測定されているかどうかを確認するために，多肢選択法の回答と評定尺度法の5点尺度を合計した度数によるクロス集計を実施し，その度数データを元にしたコレスポンデンス分析によって，図表3-28のような布置を確認した。2軸の寄与率は97.05％，χ^2値における有意確率＝0.0003（p<0.001）であることから，布置の精度は高い。度数による分布であることから個人のばらつきは無視されるという点で傾向を読む場合に注意を要するが，妥当性の低い項目を削除したことで，多肢選択法と評定尺度法はほぼ一貫した測定がなされていると理解できる。

4-6　構成概念スコアを用いた分類

　対象者ごとに，どの因子の意向が最も強いのかを求めることができれば，多肢選択法による「自動車の購入目的」との比較が可能となる。そこで，図

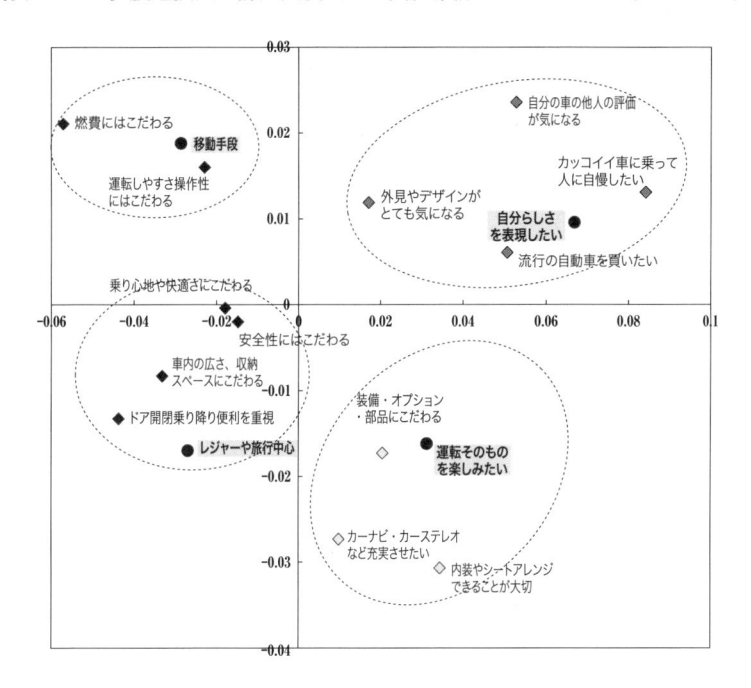

図表 3-28　多肢選択法と評定尺度法の一貫性確認のためのコレスポンデンス分析

　表 3-27 で示した構造方程式モデルで計算された「因子得点ウェイト」を用いて，構成概念スコアを計算した。豊田（2007）によると構成概念スコアとは，構造方程式で仮定した構成概念について，各対象者が個別に持っている値を指している。今回の場合であれば，「自分らしさ」「運転を楽しむ」「移動手段」「レジャーや旅行」の意向の強さを表現するスコアである。

　計算手順は第 3 章 2 節の 4-3-1 で行ったブランド・ポジショニング分析と同様である。典型性と具体性のスコアの代わりに，ここではプロセス志向，プロダクト志向の因子得点ウェイトを用いる点は異なるが，それ以外の手順は同じであるため，詳細は割愛する。それぞれの対象者のプロセス志向のスコア，プロダクト志向のスコアを比較し，より高い方のスコアを示した目的タイプに対象者を分類していった。次に，ここで分類した評定尺度法の

図表3-29 目的タイプ4分類の結果（人数）

		評定尺度法による分類		合計
		プロセス志向	プロダクト志向	
多肢選択法	プロセス志向	35	29	64
による分類	プロダクト志向	64	185	249
	合計	99	214	313

2つの目的タイプと，先ほど分類してあった多肢選択法の2つの目的タイプを用いて4分類を行った。図表3-29は選択法の違いによる目的タイプの4分類の結果である。

各グループの人数は，①「両方ともプロセス志向」は35名，②「多肢でプロセス＆評定でプロダクト志向」は29名，③「多肢でプロダクト＆評定でプロセス志向」は64名，④「両方ともプロダクト志向」は185名となった。

5　仮説検証

まず，H1-a, H1-b.の検証のため，目的のタイプの違い（多肢選択法におけるプロセス志向とプロダクト志向の違い：H1-a，評定尺度法におけるプロセス志向とプロダクト志向の違い：H1-b）で考慮集合数，サブ・カテゴリーを横断した検討数に差があるかどうかについてt検定を行った。その結果，多肢選択法（H1-a）の考慮集合数（$t=1.272, df=80, p>0.05$），サブ・カテゴリーの検討数（$t=1.270, df=311, p>0.05$）ともに有意差は見られなかった。また評定尺度法（H1-b）も考慮集合数（$t=0.923, df=311, p>0.05$），サブ・カテゴリーの検討数（$t=0.047, df=311, p>0.05$）ともに有意差は見られなかった。このことからH1はすべて棄却された。

目的タイプが異なっていたとしても，それが理由となって考慮集合数やサブ・カテゴリーを横断した検討数が増えることはないと解釈できる。また測定方法の違いと考慮集合数やサブ・カテゴリーを横断した検討数は，関連がないことが理解できた。

3節 目的に導かれるカテゴリー 239

　次に，H2 の検証を行った。これは，多肢選択法と評定尺度法による目的タイプの 4 分類で考慮集合数，サブ・カテゴリーを横断した検討数に差があるかどうかを検証するために分散分析を行った。考慮集合数は「F (3, 309) = 2.285, MSe = 2.924, p < 0.1」と 10％リスク水準で有意差があったが，多重比較を確認したところ変数間に差はなかった。一方，サブ・カテゴリーを横断した検討数も「F (3, 309) = 5.967, MSe = 0.685, p < 0.001」と 0.1％リスク水準で有意差があり，多重比較を確認したところ，②「多肢でプロセス&評定でプロダクト志向」に分類されたグループのサブ・カテゴリーを横断した検討数が他のグループより多いことが確認され，仮説は一部支持となった（図表 3-30）。

　このことから，目的のタイプがあいまい（不一致）な場合，とりわけ多肢選択法でプロセス志向を意図しながらも評定尺度法でプロダクト志向が強いといった状況において，サブ・カテゴリーを横断した検討が増えるということが理解できた。

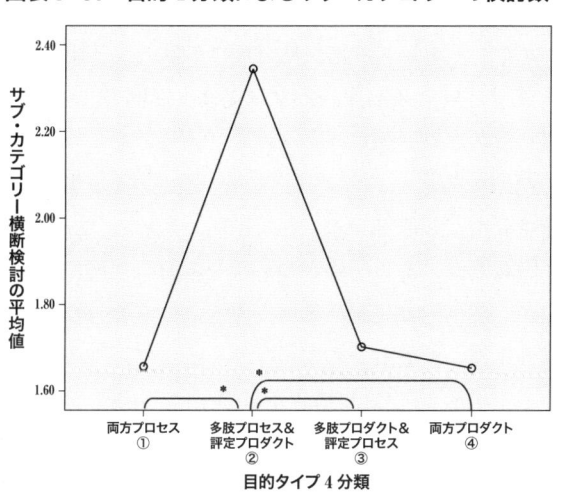

図表 3-30　目的 4 分類によるサブ・カテゴリーの検討数

（注）図の表記について：***p < 0.001, **p < 0.01, *p < 0.05, †p < 0.1。

6 追加分析

本書では，小嶋他（1985）による製品関与尺度を測定していたことから，下位尺度としての感情的関与，ブランド・コミットメント，認知的関与ごとに回答を合計したスコアと目的タイプ4分類との分散分析を実施した（尺度に関しては付表1参照）。

分散分析の結果，感情的関与は「$F_{(3, 303)} = 4.819$, $MSe = 9.581$, $p < 0.01$」となり1％リスク水準で有意，ブランド・コミットメントは「$F_{(3, 304)} = 6.251$, $MSe = 5.895$, $p < 0.001$」となり0.1％リスク水準で有意，認知的関与は「$F_{(3, 303)} = 3.192$, $MSe = 19.605$, $p < 0.1$」となり10％リスク水準で有意となった。ただし，認知的関与は多重比較において差がなかったため，多重比較の結果は感情的関与とブランド・コミットメントについて述べる。

感情的関与で差が見られたのは，①「両方ともプロセス志向」と③「多肢でプロダクト＆評定でプロセス志向」のグループが④「両方ともプロダクト志向」よりも有意に高い傾向があった。なお②「多肢でプロセス＆評定でプロダクト志向」は有意差がなかったものの，そのスコアが高いことから，多肢選択法でプロセス志向の選択肢に回答する場合，全体的に感情的関与が高い傾向にあることが図表3-31からうかがえる。

ブランド・コミットメントで差が見られたのは，①「両方ともプロセス志向」と②「多肢でプロセス＆評定でプロダクト志向」，③「多肢でプロダクト＆評定でプロセス志向」のグループが④「両方ともプロダクト志向」よりも有意に高い傾向があり，ブランド・コミットメントとプロセス志向の関係の強さが確認された（図表3-32）。

本節では，購買意向のある男性かつ車種を検討した層に限定して分析してきたのであるが，感情的に自動車というカテゴリーとつながろうとするのはどのような属性を持つ消費者なのだろうか。そこで，この4分類で「年齢」「子供の数」「末子年齢」「自動車購入予算額」「自動車の買い替え経験有無」「検討する車種」「所有車の購入時期」について確認してみた（図表3-33）。

特に傾向として見られたのが，②「多肢でプロセス＆評定でプロダクト志向」のサブ・カテゴリーを横断した検討が多かった層である。この対象者

3節　目的に導かれるカテゴリー　241

図表 3-31　感情的関与度

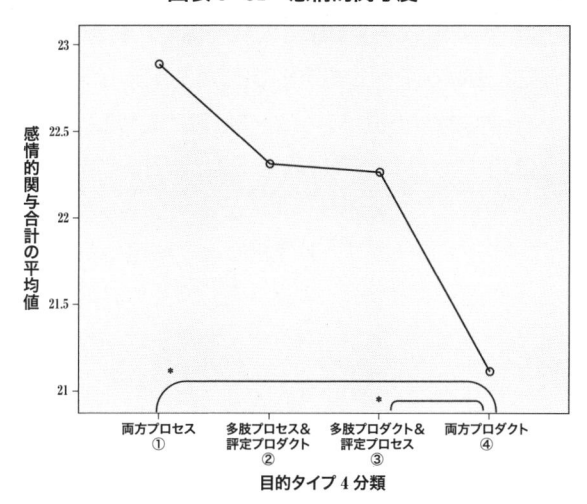

(注)　図の表記について：***p＜0.001, **p＜0.01, *p＜0.05, †p＜0.1。

図表 3-32　ブランド・コミットメント

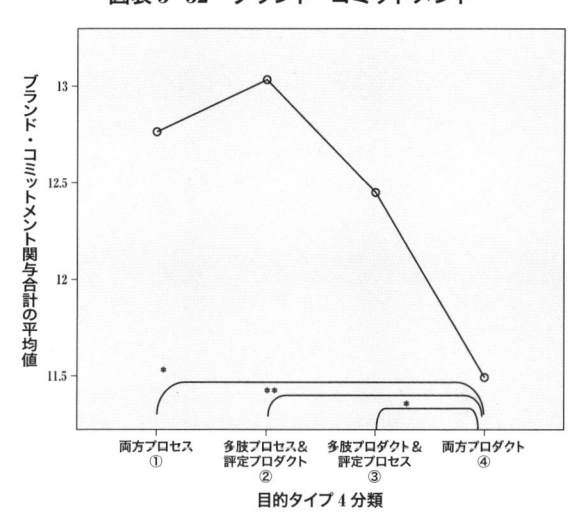

(注)　図の表記について：***p＜0.001, **p＜0.01, p＜0.05, †p＜0.1。

の平均年齢は 44.5 歳と他のグループよりやや高く，末子の年齢が 3.6 歳と他のタイプよりもやや大きい子供が居る家庭であり，自動車にかける予算も 295.9 万円と比較的高い様子がうかがえる。一方の④「両方ともプロダクト志向」の場合，子供の数は 0.91 人，末子の年齢は 2.8 歳と比較的子供の数は多いものの，自動車にかける予算は低く，203.5 万円であった。なお，いずれのグループとも検討していた車種はエスティマを中心とした売れ筋のミニバンであり，このサブ・カテゴリーは車内が広く快適であり，ドライブを家族で楽しむことも可能な車種が多いことから，多くの目的を満たそうとする車種が売れてたという当時の実情の傾向と一致する。このような属性の傾向から理解できる点は，家族の状況や予算といった制約と自己の目的がズレてくるほど目的のあいまい性が高まり，このミニバン系と比較検討される形で

図表 3-33 各グループの傾向

	①「両方ともプロセス志向」n=35	②「多肢でプロセス＆評定でプロダクト志向」n=29	③「多肢でプロダクト＆評定でプロセス志向」n=64	④「両方ともプロダクト志向」n=185
有意差検定の記号※1	a	b	c	d
年齢（平均）	37.3 歳	44.5 歳 ac	41.3 歳 d	40.2 歳
子供の数（平均）	0.74 人	0.76 人	0.81 人	0.91 人 a
末子年齢（平均）	2.8 歳	3.6 歳 c	2.2 歳	2.8 歳 c
自動車購入予算額（平均）	259.9 万円 d	295.9 万円 cd	223.0 万円	203.5 万円
検討する車種 ※2（上位 3 車種）	エスティマ (31.4%)：M スカイライン (28.6%)：S フェアレディ Z (25.7%)：S	エルグランド (48.3%)：M エスティマ (44.8%)：M スカイライン (34.5%)：S	エスティマ (59.4%)：M エルグランド (37.5%)：M ステップワゴン (31.3%)：M	エスティマ (39.5%)：M ステップワゴン (37.3%)：M エルグランド (33.5%)：M
自動車の買い替え経験	91.2%	93.1%	87.5%	89.5%
所有車の購入時期	3-5 年前　35.3% 5-7 年前　20.6% 半年前〜1 年未満および 1-2 年前ともに 11.8%	3-5 年前　31.0% 1-2 年前　27.6% 他はほぼ均等に 10.3%	3-5 年前　34.4% 1-2 年前　20.3% 2-3 年前　14.1%	3-5 年前　21.2% 5-7 年前　27.2% 7 年以上前　19.6%

※1　分散分析（多重比較）にて有意差があり，かつ高いスコアの方に a, b, c, d の記号をつけている。
※2　セダン／スポーツタイプ：S, RV／ミニバン：M, ミニ：M, 軽自動車：K と分類して表記する。

他のサブ・カテゴリーの車種が検討されると考えられる。

なお，自動車の買い替え経験自体はどのグループともに9割前後であり，差はない。上述の認知的関与においても差がないことから，自動車というカテゴリーに対する知識差はそれほど大きくないと考えられる。しかし，所有車の購入時期を比較すると，④「両方ともプロダクト志向」は他のグループの最頻値が3年から5年前であるのに対し，5年から7年前や7年以上前が多くの割合を占めていることから，かなり以前に購入している傾向にあった。このことから，プロダクト志向の意識が強い④「両方ともプロダクト志向」のグループにとって自動車とは単なる目的を満たす手段的な存在であり，そのような存在として見なす場合の関係は希薄であると考えられる。そのため，このような層において感情的な絆というものは醸成されにくいのであろう。

7 考察

本書のH1「プロダクト志向ほど考慮集合のサイズ，サブ・カテゴリーの検討数は少なくなり，プロセス志向ほど多くなる」という仮説は差が見られず棄却された。この目的のタイプの違いは目的のレベルの違いであり，目的のレベルによって，消費者が検討し形成する目的に導かれるカテゴリーの数自体に差がないこと，また，サブ・カテゴリーを横断した検討も大きく異ならないことから，どの次元の目的を達成する場合であっても，考慮されるブランド数には限界があり，目的に導かれるカテゴリーとしての考慮集合に入らなければ目的達成に選択されない。換言すれば，目的レベルに応じたブランド・ポジショニングを確立することがブランド価値を高めることになる。測定方法の違いによっても差がないことから，この結果は頑強であると考えられる。

一方，H2「目的のタイプがあいまいであるほど，考慮集合のサイズ，サブ・カテゴリーの検討数が多くなる」という仮説については，考慮されるブランド数自体は変わらないが，サブ・カテゴリーを横断した検討数は増加することから，一部支持であった。

特にあいまい性によってサブ・カテゴリーを横断した検討が増加するのは②「多肢でプロセス＆評定でプロダクト志向」に分類されたグループである。このタイプは個人的には自動車を通じて自分らしさや運転の楽しさというプロセス志向を持ちつつも，評定尺度法を通じた内観的思考を経由したことで他の要因（家族構成などの制約）がプロダクト志向を強め，目的間で葛藤を起こしていると考えられる。

本節を通じて確認できたことは，カテゴリー内において，目的に導かれるカテゴリーを形成する数は目的タイプや価値レベルで差がないこと，しかし，あいまい性が高まればサブ・カテゴリーの検討数が増える場合があること，そして，そのあいまい性は目的タイプ間の葛藤（不一致）によって引き起こされることである。

さらに追加分析によって，プロセス志向ほど，感情的関与やブランド・コミットメントとの関係が強いこと，目的のタイプには家族構成などのデモグラフィック特性以外にも，これまでの消費体験や経験を通じたカテゴリーとの接点のあり方も影響していると考えられる。そして，知識量や購買経験に

付表1　製品関与尺度（小嶋他 1985）

感情的関与	私にとって関心のある製品である 使用するのが楽しい製品である 私の生活に役立つ製品である 愛着のわく製品である 魅力を感じる製品である 商品情報を集めたい製品である お金があれば買いたい製品である
ブランド・コミットメント	この製品の中にはお気に入りのブランドがある この製品を次に買うとすれば，購入したい特定のブランドがある 買いに行った店に決めたブランドがなければ他の店に行ってでも同じものを手に入れたい製品である
認知的関与	いろいろなメーカー名やブランド名を知っている製品である いろいろなメーカーの品質や機能の違いがわかる製品である いろいろなメーカーの広告に接したことがある製品である 友人が購入するとき，アドバイスできる知識のある製品である いろいろなメーカーの製品を比較したことがある この製品に関して豊富な知識を持っている

尺度開発は7点尺度で行われているが，今回は調査紙面のスペースの都合上，「5. とてもあてはまる」から「1. まったくあてはまらない」の5点尺度にて測定している。

大きな差がないことから，カテゴリーとの接点のあり方が感情的な絆のあり方を規定していると考えられる。その関係が購買へと動機づけられた状況において用いられることで，カテゴリーに対する目的のあり方とともに感情も付加され，それがブランドの購買や選択にも影響しているともいえる（cf. 池田 1991, p. 155-159）。つまり，感情的な関与は購買の意思決定プロセス以前に，カテゴリーとの関連において既に醸成されているものだと考えられる。

そして，消費者のプロセス志向の目的を満たそうとするブランドほど，カテゴリーを通じた感情的な絆が付加されることで，ライフスタイルにおいて重要な存在になるのである。

[注]

1 情報処理アプローチでは，高関与かつブランド間格差が大きい場合の情報処理型購買行動（青木・田島 1989）が仮定されてきた。
2 山本（2005, p. 224）によれば，選択（choice）と評価（evaluation, judge）は消費者の意思決定課題としてしばしば直面するものであり，特に選択は，日々の消費活動の根幹をなすものであり，ブランド（銘柄）選択は市場競争の基盤を形成している。
3 多肢選択法の利点は，（1）すべての回答者が同じ次元で回答することになり，サンプルのブレがない，（2）結果の解釈，整理や集計が容易（続・村上 1975, 飽戸 1987, 柏木 1992），（3）リッカート法（評定尺度法のひとつ）よりも個人差や非線形の関係も含めた分析に使いやすい（西里 2007），といった点が挙げられている。短所として，（1）選択肢が多すぎると回答できない，（2）最初の項目が選ばれがちになる，（3）きちんと選択肢が同列でないといけない，などの問題も抱えている（柏木 1992）。なお，結果の解釈は世間的に考えて望ましい回答が選択されやすい（田中 1977），といった傾向にあり，合理的で個人差が反映されやすい回答になると想定できる。
4 評定尺度法の特徴としては，（1）利用できる数量処理が豊富になるが，一方で，個人差による尺度幅の違いや弁別能力が異なること（田中 1977），（2）情報量は多くなるが，不可解な個人差を含む（西里 2007），といった個人差の問題点を含む。結果の解釈は海保・加藤（1999, p. 107-108）が，「自らの内的な活動である認知を観察することを求めるものであり，内省（内観）に依存した研究法である。したがって，広い意味では，内観法に含めて考えることもできる」。この内省とは，メタ認知的活動であり，メタ認知研究の枠組から言えば認知活動をモニターすることである，と考えられているように，自己の内面を聞き出していくことで，より本心に近

5 　今回，考慮集合数として用いたのは，車種の認知・興味を確認した後，購入の検討候補に入れる車種に回答がついた数を合計して用いている。
6 　ハミガキ粉（考慮集合のサイズ：平均2.0），うがい薬（平均1.3），体臭防止剤（平均1.6），ビール（平均3.5）である。
7 　ハミガキ粉（考慮集合のサイズ：平均2.98），ビール（平均2.52），大学（平均3.98），ファーストフード（平均5.74）である。
8 　乗用車メーカーの考慮集合（想起集合）の平均値である。
9 　等分散性のためのLeveneの検定は，有意確率$p > 0.05$の場合，等分散を仮定する帰無仮説を棄却できない。したがって，独立サンプルの検定結果は，「等分散を仮定する」におけるt値，自由度，有意確率（両側）の結果を確認することになる。一方，$p < 0.05$の場合は「等分散性を仮定しない」の結果を確認することになる。
10 　3標本および3標本以上の有意差を検定する場合は分散分析となる。
11 　Mseはグループ内の誤差の平均平方（不変分散）を指す。
12 　等分散性の検定の結果が$p < 0.05$であったため，等分散が仮定できないことから，TamhaneのT2によるt検定に基づいたペアごとの比較検定を確認している。この有意確率が0.05以上あればその変数間に5％水準で有意差があるといえる。
13 　等分散性の検定結果が$p > 0.05$であったため，等分散が仮定されることから，Bonferroniのt検定を確認している。これはすべてのグループ平均をペアごとに比較する方法であり，この有意確率が0.05以上あればその変数間に5％水準で有意差があるといえる。

第4章

結 論

1 節 インプリケーション

1 本書のまとめと理論的インプリケーション

　本書の内容を簡単にまとめながら，それぞれの議論から導かれた貢献点を示していく。
　消費とは何かという問題意識から始まり，本書におけるカテゴリー概念の位置づけを明確にするために，文化や社会といった観点を踏まえた課題の整理を行った。時代はより生活を豊かにする消費社会へと変化し，消費も効用や使用価値の消耗といった物理的な消費から，心理的・情報的な充足や変容，象徴性・記号性を含む消費の側面が占める割合が拡大してきたことで，現代の消費を理解することはますます困難となりつつある。それでも，我々消費者の日々の生活における大小様々な選択には，自らのライフスタイルが影響している。
　従来型のライフスタイル・アプローチは，市場類型の手段として用いられてきた。しかし，現代における消費者はその理想とするライフスタイルが漠然としていること，言語に基づくアプローチではイメージや感覚でライフスタイルとつながっている感情的な関与が高い層への到達に限界があること，セグメンテーション自体が現代の市場において限界があること，などから近年ライフスタイル研究は進んでいないのが実情である。
　一方で，市場からの理解も困難な状況にある。技術的な生産能力の向上と多様化への対応により，多くの市場において製品が氾濫したことで製品間の差異や知覚差異が縮小し，さらには，PB 比率が増加してきたことでコモディティ化が進行しつつある。この状況において企業は既存ブランドの活性化やロングセラー化を通じたブランド・マネジメントへと向かう戦略へと転換しつつある。このようなブランドの視点を利用しブランド連鎖やつながりによる消費パターンや分析なども行われつつあるものの，一般化の困難性や

消費の心理的な側面に対応できない点で限界がある。

この状況において，ライフスタイルとブランドをつなぐカテゴリー，とりわけ，消費者の「認知世界としてのカテゴリー」が重要となってくる。カテゴリーは分析的な視点と包括的な視点の両者を包含した視点で消費の多様な側面を捉えていくことが可能であることから，本書はカテゴリーの役割と構造の解明を通じてブランドとライフスタイルの関連を検討していった。

文化・社会におけるカテゴリーの位置づけと役割

上記の問題意識を受け，1章の後半では本書におけるカテゴリーの位置づけを明確にするために，文化・社会の観点を踏まえて整理した。

ブランドは使用価値だけではなく文化的な意味を持つ。モノの使用価値の消費は抽象的な欲望を具体的にし，またその消費は文化の影響を受けながらブランドの位置づけを理解し，自己アイデンティティの表現として用いられる。これらの認知過程を通じて現実世界は認知世界としてのカテゴリーを形成していくのである。一つひとつのカテゴリーがバラバラな解釈とならないのは，理念や価値観によって統合され，ディドロ統一体を構成しているためであり，ブランドはこの統一体の解釈を通じて理想像（青写真）の一部を満たす存在となり，目標とするライフスタイルとつながっていく。ブランドは，カテゴリーにおいて機能や性能で比較できるように等価に位置づけられる「モノのシステム」，ヒト・場所・時間・場合といった文脈に依存する「システムとしての文化カテゴリー」によって構成され，ライフスタイルに合う等価的なモノ群によって生活世界は彩られていくことになる。このように**カテゴリーの役割は，現実世界のブランドを認知し，文化的な影響を受けながらブランドを位置づけ，ライフスタイルとしての生活世界とをつなぐもの**である。

適合的カテゴリー表象

これまで主に研究されてきたカテゴリー概念は，分類学的なカテゴリー，グレード化されたカテゴリー，目的に導かれるカテゴリーである。消費者は普段，受身的・無意識的に現実世界のブランドを理解していくが，その際，

知識や関与のタイプ，またその強さの程度によって，分類軸や規定要因を異にしながら識別と分類を繰り返し，記憶していく。その影響を受け，主観的かつ相対的な位置づけで把握されていくグレード化されたカテゴリー構造も，消費者ごとに異なると考えられる。一方，目的を達成しようと能動的に行動する場合に形成される目的に導かれるカテゴリーにおいて，目的到達のために重要となる属性や便益に基づいた方略が形成され，グレード構造の中心に位置するブランドが最も目的を満たすモノとして用いられていく。しかし，初めて出会うブランドはアドホックな状況で認知されるため，その文脈で受け入れられ，目的との関連を考慮しながらブランドは理解されていく。その過程において，ブランドは分類学的なカテゴリーとしても目的に導かれるカテゴリーとしても認識がなされ，状況に応じて分類されていく。このような経験が繰り返されていくことでカテゴリー構造のグレードが深みを増し，分類軸も強化されていく。このように，あらゆる存在は何らかの形でそれぞれのカテゴリーに異なる関わりを持ちながら帰属しており，3つのカテゴリー概念も相互に関連し合いながら世の中のブランドを認知していくのである。

では，「カテゴリーは何処に存在するのか？」それに対する直接的な回答は，短期貯蔵庫の「ワーキングメモリー（作業記憶）」である。[1] 上述のように様々なカテゴリー概念が相互に関連するということは，カテゴリーの表象を状況に応じて取り出すことが出来るということである。そのため，カテゴリーは，長期記憶から一般（概念）的知識やエピソード的知識などを手がかりに，目的や状況に応じて短期記憶のワーキングメモリーに各カテゴリー概念を用いながら表象され，カテゴリー化に用いられる。そのため，取り出され方によっては安定しているとも言えるし，不安定な存在であるとも言える。換言すれば，現実世界の認知と目的に適合する形でダイナミックに対応しながら，表象される存在こそがカテゴリーであると言える。本書では，これらの**異なるカテゴリー概念の関係をひとつの**「**適合的カテゴリー表象**」**として理論化**した。この理論化における貢献は，これまでアドホック性が十分説明できなかった点をこの枠組で説明することが出来るようになったことであり，カテゴリー概念はバラバラに用いられるのではなく，相互依存することで機能していることを示した点である。

カテゴリーの役割がブランドとライフスタイルをつなぎ，環境に対応するための適合的カテゴリー表象のために存在するという点が明確になったとはいえ，その配列や構造がどのような要因で形成されていくのかという点はディドロ統一体という概念的な仮説でしかなく，実証されていなかった。さらに近年の消費は，脱合理主義化としてのポストモダン消費へと向かう流れとモダン消費，多様化と画一化が混在しており，モノの物理的側面に加え，意味や位置づけもますます多様化している。そのため，カテゴリー構造を形成する要因と，カテゴリーに配置されるブランドの理解が重要となり，その視点も分析的な側面と包括的な側面の両側面で研究する必要が求められる。
　そこで本書では，情報処理アプローチに依拠しながら，消費体験や経験の文脈，競争の環境における優位性という観点も研究領域に含み，カテゴリーの構造，ブランド・マネジメントの視点からのカテゴリーとロイヤルティ，目的のタイプ（プロセス志向とプロダクト志向）とあいまい性について研究を深めていった。

カテゴリーの構造

　近年の混沌とした市場を理解する上で最も消費者の感覚に近く，ディドロ統一体の概念に近いグレード化されたカテゴリーに注目し，先行研究と複数記憶システムの知見を踏まえ理解を深めた。このグレード化されたカテゴリーは，構造的等価物におけるモノのシステムが典型性を形成する要因として関連し，システムとしての文化カテゴリーと具体性を形成する要因が関連すると考えられる。また，グレード化されたカテゴリーは分類学的なカテゴリーの概念も目的に導かれるカテゴリーの概念も合わせもつことから，適合的カテゴリー表象を形成する要因の検討に用いることが可能である。分析に先立って，ブランド・エクイティの観点とカテゴリーの中心化傾向との関連から，**典型性（プロトタイプ型），具体性（エグゼンプラー型）の両者の要件を満たすブランドほど，カテゴリーにおいて競争優位性を確立しているパワー・ブランドとなる**ことを，類型によって提示した。
　なお，これまで十分な解明がなされていないグレード化されたカテゴリーの構造を形成する要因間の関係の解明において，典型性のみの研究に傾斜し

ていた先行研究に具体性の視点を含め，構造的に因果関係を明らかにするアプローチにて実証していった。

　デジタルカメラ，シャンプー，洗濯用洗剤の3つのカテゴリーにおけるブランド認知者をベースとしたデータをプールし，カテゴリー構造を形成する要因を典型性と具体性の概念を用いて検証した結果，グレード化されたカテゴリーの構造には理想属性と主要な目標や目的を起点とした構造が形成されており，**典型性の要因は意味記憶あるいはカテゴリーの知識として用いられるスキーマを深化し，具体性の要因は記憶システム間を横断しブランドそのものへのアクセスしやすさを高める役割を担う**ことで，カテゴリー構造を豊富にしていくことが理解できた。意味記憶が深まるということは用いられる知識も豊かになるということであり，カテゴリーの安定性は高まる。そして，これまでの消費体験や経験に基づく記憶へのアクセスがしやすくなるほど，その知識を用いて状況に適応していくことが可能となる。カテゴリーには安定性と柔軟性がある（Loken *et al.* 2008）とされるひとつの理由がここに見出せたのである。これらの点から概念的なカテゴリー構造を構造的等価物によって表現してきたが，その構造は正しいものでありカテゴリーの構造は，分析的かつ包括的な視点の両方によって配置されていくと考えていいだろう。

　このカテゴリーにおける理想属性は青写真（としての理想世界）を形成する一部となっていくこと，主要な目標や目的は価値観と関連することから，カテゴリー構造を豊富化する**理想属性と主要な目標や目的をより良く満たしていくことがライフスタイルとブランドの関連を強くする**のである。

　しかし，市場構造はそれほど単純ではなく，関与や処理能力といった個人要因の違いによってカテゴリー構造は影響を受ける。高関与者ほど理想属性の要因が独自性や弁別性に強く影響することから，カテゴリー化において重要となるのは，ブランドが所属するカテゴリーが満たすべき要件（カテゴリー・ニーズ）としての理想的要素に基づきながら他のブランドと包括的にどのように異なるのかという点である。つまり，識別や分類能力はこの流れが強化されていくといえる。これは低関与者が記憶へのアクセスしやすさのみで構造化されているという点を対比させれば明確であろう。

　一方で，これらの実証を通じて，**カテゴリー構造の形成に属性（本書では**

多属性構造）があまり関係してこないという課題も浮かび上がってきた。そのため，消費者の知識構造には属性に基づくブランド理解だけでは十分とは言えず，消費体験や経験，および，競争環境といった文脈に関連する具体性の要因が重要となってくるのである。

カテゴリーとロイヤルティ

　では実際に，低関与型の商品がどのようにすればブランド・ロイヤルティを形成していくのだろうか。多くの市場ではブランドおよび製品の氾濫によってコモディティ化が進展している。その影響を受け NB のロイヤルティは低下傾向にあり，企業のブランド・マネジメントの担当者は関係性構築に向けた施策を講じる必要性が高まっている。そこで，カテゴリーの視点からロイヤルティとの関連を解明していった。

　ロイヤルティの研究はこれまでにも多くなされており，その定義も様々であるが，近年は行動的側面と心理的側面の双方からロイヤルティを捉えることで共通しており，本書もこれに従い認知・感情・意欲・行動の4段階を経て真のロイヤルティを形成する Oliver（1999）のモデルを用いて検証を行った。このロイヤルティを高めるカテゴリーの要因は上述の2つが考えられ，1つは，PB より良くカテゴリー・ニーズを満たす典型性の要因，もう1つは，ブランドそのものを通じた体験消費や経験，あるいは，競争環境における優位性などの文脈に依存する具体性の要因である。

　検証の結果，ブランドの情報は典型性と具体性の両概念が補完的に保持されているものの，典型性を中心とした信念や属性に基づく分析的なアプローチだけでは態度形成までが限界であり，**ロイヤルティ形成において重要となるのは具体性に基づく感情的ロイヤルティとの関係性の絆の強さ**であった。つまり，具体性の高さが感情的ロイヤルティを形成するのである。

　とりわけ，高関与者ほどカテゴリーに対する感情的関与が高く，典型性が認知的ロイヤルティを高め，具体性が感情的ロイヤルティ，意欲的ロイヤルティ，行動的ロイヤルティを高め，真のロイヤルティを形成していた。具体性には独自性や弁別性，主要な目標や目的，事例としての頻度の順に関連しており，コモディティ化している市場においてもブランドそのものを通じた

ユニークさや，ある文脈における存在感が関係構築の手がかりとなるのである。そのため，ブランドがライフスタイルにおいて重要な存在となるには，具体性を高め，感情的な関係性の絆を構していくことが必要となる。そして，この実証分析においても**典型性を中心とした信念や属性による分析的なアプローチ**だけでは**限界がある**ということが見えてきた。

具体性を高めるということは，他のブランドとの相対的な差別化や市場の隙間を埋めるポジショニングではなく，消費者の消費プロセスにおけるカテゴリーの役割とそこで重視される主要な便益を見極めることで，当該ブランドがそのプロセスに融合するように具体性を磨き，他のブランドから抜きんでて消費者のある目的を最も満たす「目的ブランド」となることである。競合他社との競争を同じ土俵で展開する「水平的な競争軸」とするならば，消費者の生活に入り込む競争は「垂直的な競争軸」であり，消費のプロセスにおけるポジションを他のブランドよりも，より良く獲得する「垂直方向の差別化」が重要となる。

目的タイプとあいまい性

目標や目的に関するレビューを通じ，目標階層，処理方略，目的のタイプ，目的のあいまい性が消費者行動に影響することを確認した。これまでの目標や目的に関する研究の中心は製品やブランドの獲得レベル，何らかの目的を達成する手段といった下位レベルの目標や目的が中心であった。

しかし，近年の消費がプロセス自体を楽しむ消費社会へと向かう状況において，目的を満たすプロセスを対象に研究したものは少なく，また，目的のあいまい性を個人内に限定して比較した研究も無い。目的の違いで目的に導かれるカテゴリー構造が異なるのかどうか，あいまい性によってどのように変化するのかといった点を研究課題とし，実証研究を行った。

なお，目的に導かれるカテゴリーと考慮集合は類似の概念であり，特定のカテゴリー内における検討の場合，考慮集合と目的に導かれるカテゴリーは定義的に等しいことから，実証には考慮集合の概念を用いた。

検証の結果，目的に導かれるカテゴリーの数やサブ・カテゴリーを横断しての検討は目的タイプと関係なく，むしろ，あいまい性が高まるほどサブ・

カテゴリーを横断した検討が増えるだけであった。つまり，**目的に導かれるカテゴリーに入るブランド群には限りがあり，常に検討されるためには，ブランドはその「目的レベル」との関連を明確にし，他ブランドより良く目的を満たす存在となることである。**

また，プロセス志向ほどカテゴリーに対する感情的関与，ブランド・コミットメントと関連が強いことから，**プロセスを満たす目的ほどカテゴリーとの感情的な絆が強いことが示唆された。**そして，カテゴリーとの感情的なつながりは購買の前段階である消費体験や経験を通じて得られた記憶や知識との関連において既に醸成されていると考えられる。

このように本書では，理論的考察とその考察に基づく仮説検証型のアプローチによって，カテゴリー構造の解明とブランド，および，ライフスタイルとの関連を検討してきた。

本書の結論をまとめると，現実世界のブランドや製品は3つのカテゴリー概念を通じてカテゴリー化されていく。この繰り返しによって時計や自動車といった個々のカテゴリーの知識を豊富化し適合的なカテゴリー表象を作り出しながら，認知世界を深めていく。カテゴリー群がバラバラにならないのは，理念や価値観によって生活世界のライフスタイルを満たす存在としてまとめられているためで，個々のカテゴリーは分析的な側面と包括的な側面で配置されていく。表象のされ方は消費者によって異なるが，個々のカテゴリーにおける特定のブランドが具体性を高める存在になること，あるいは，主要な目標や目的，プロセスとしての目的をより良く満たすブランドとなることで，ブランドはカテゴリーにおける構造的等価物のランクを高め，生活世界を彩る存在となり感情的につながることでライフスタイルに入り込むのである。

一方で，そのポジショニングがあいまいな境界ブランドなどは明確にサブ・カテゴリーとして認知されない限り，カテゴリー間のあいまいな位置かつ低いランクに位置づけられていく。これをまとめたのが図表4-1であり，これを本書ではカテゴリー概念の統合モデルとする。

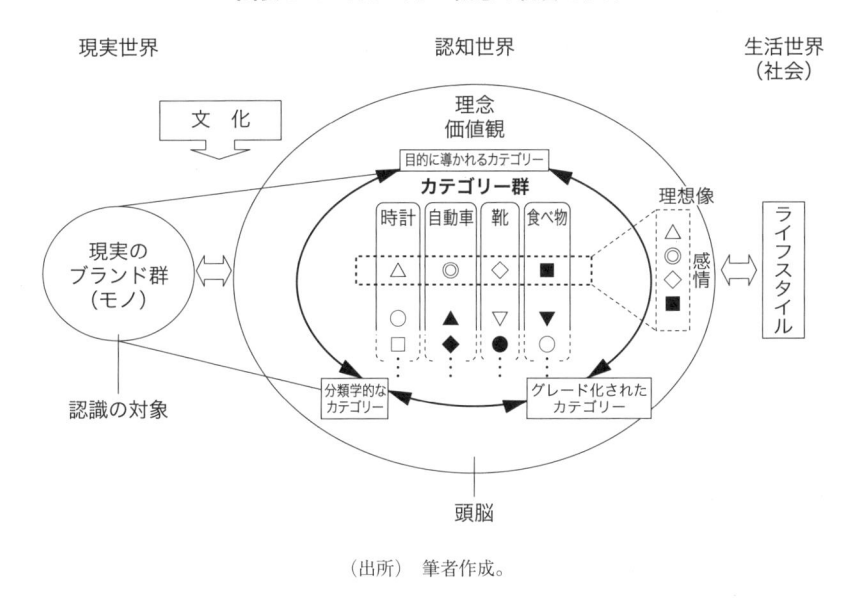

図表 4-1 カテゴリー概念の統合モデル

(出所) 筆者作成。

2 カテゴリー概念の統合モデルの検討

　本書の主な目的は，消費のあり方，消費者行動研究，ブランド論の系譜に基づきながら，カテゴリー概念の位置づけを明確にしつつ，その役割と構造を明らかにすることでブランドとライフスタイルとの関連を検討していくことにあった。先行研究と実証分析を踏まえてきたことで上述のカテゴリー概念の統合モデルを提唱するに至ったが，最後にこのモデルの有用性，および，消費者行動研究における他の概念との関連性について，もう少し掘り下げて検討していく。

　まず，本書で取り上げたようにブランドは3つのカテゴリー概念を通じてカテゴリー化されていく。この繰り返しで様々なカテゴリーに関する知識を豊富化し，我々消費者は環境の変化に適応していく。その繰り返しの中で適合的な表象を作り出し，生活世界としてのパターンを決めていくために，消費者の価値観に合うものから順にランクづけられた主観的な構造的等価物と

してブランドが配置（ポジショニング）されていく。ブランドの情報は典型性と具体性の両概念によって補完的に保持されていることから，その配置のあり方は，どのような軸で分類するのか（分類学的なカテゴリーの視点）と，価値観や理念を満たすための目的との関連に規定されるタテの配置（モノのシステム）としてランク付けされていく。そして，多様なカテゴリー間の関係を維持しながら水平的な広がりによってカテゴリー構造に深みを与えていくのがグレード化されたカテゴリーであり，その構造は，使用体験や経験あるいは他のブランドとの競争環境といった文脈，関連するカテゴリー群との相対的な位置づけによる包括的な視点によってヨコのつながりの配置（システムとしての文化カテゴリー）がなされていく。

　その中で最も自己のライフスタイルを満たそうとする存在が，個々のカテゴリーにおけるエグゼンプラーあるいはプロトタイプとなり，それぞれのブランドがシンボルとしての存在価値を高め，ひとつのライフスタイルとしての生活パターンを彩る存在になっていく。このように考えれば，カテゴリーはある側面で切り取れば分析的に配置されているとも言えるし，価値を達成する目的の側面で切り取れば目的に導かれるカテゴリーでもある。また，ヨコのつながりによって自己の生活を彩る理想的な側面を持ち合わせたブランド群がライフスタイルを示す象徴的あるいは記号的な消費の意味を持つ，とも言える。そのため，この統合モデルを踏まえると，生活世界を満たすために構造的等価物を基本とした配置（表象）がなされていることで，この表象を基点に状況に応じて異なるカテゴリー概念を取り出して用いることが可能となり，我々の多様な認知の側面に対応し，世の中のブランドを実にうまく捉えていくことが出来るのである。ただしここで断わっておきたい点は，あくまでも本書の拠って立つ世界観は文化というひとつのレンズを通じた3つのカテゴリー概念による認知世界が外側にある。その中でより主観的な象徴や記号論的な意味世界が存在しうるものであり，その範囲内において多様な解釈がなされる主観的世界観を認めるものである。

　主観的世界であるという点は分析的な視点も例外ではなく，消費者の認知は関与の種類や高低によっても異なることから，消費者ごとにカテゴリーの表象や形成のなされ方は異なる。デジタルカメラ，シャンプー，洗濯用洗剤

1節　インプリケーション　259

といった各製品カテゴリーの構造を規定する要因の強弱はあるものの共通していた点は，関与が高まるほど理想属性を手がかりとした弁別能力が高まることから，関与の程度がカテゴリー化，および，その結果としてのカテゴリーの構造を規定しているという点である。とりわけ，新しく知覚されたブランドが記憶の中にあるエグゼンプラーとのゲシュタルト的な処理では判断できない場合，あるいは，カテゴリー・スキーマとの不一致が適度に大きくなる場合，その処理はピースミールになるといわれているが，それはどのカテゴリーに所属するのかという点を検討するためであり，その状況においては分類すること＝カテゴリー化そのものを「目的」としていることから，おのずから分類学的なカテゴリーの軸を用いた処理が強まるのは当然であろう。しかし，本書の実証研究を通じて関与の高低にかかわらず属性に基づく処理はあまりなされていないこと，真のロイヤルティを高めるのは典型性よりも具体性の要因であることが明らかになった。さらに，近年のようなコモディティ化した状況においてはブランドの知覚差異はより小さくなっていること（Moon 2010）などを踏まえた場合，新しいブランドと初めて出会った場合においても，意外とデザインやパッケージといった包括的な違い，あるいは，ちょっとした理想属性に基づく判断で処理や分類がなされていることも多く，よほど関与が高くない限り日常的なカテゴリー化は深い処理がなされないままグレード化され，構造的等価物として配置されていると考えられる。

　ただし，我々消費者は常に受身的ではなく，自らのライフスタイルを満たそうとする。その行動は目的志向的で理念や価値観によって方向づけられており，目的を達成するためにカテゴリーの知識を最大限に利用していく。特に，目的が明確で，その決定軸によって比較検討が可能であるのならば，同じ目的を満たす代替性のあるカテゴリー群の中から（カテゴリーを超えた）検討がなされるのである。この点は，この統合モデルのシステムとしてのカテゴリー群の配置からも理解できるだろう。その達成目的がある特定の状況にしか起こらない場合，それはアドホック・カテゴリーであり，アドホック・カテゴリーが形成されるひとつの方法がこの内部探索によるものである。そして，同じような状況が反復的に発生していくことで，アドホック・カテゴリーは目的に導かれるカテゴリーとなりブランドとの関連が強化されていく。

しかし一方で，消費者の目的はあいまい性を含むことも多い。とりわけ，昨今の多様な製品によって用意された多様な選択肢があいまい性を助長する。このあいまいな状況や処理の過程において，異なる選択肢を取り入れるアドホック性も存在する。例えば，何かの問題解決においてこれまで検討していたものと異なるカテゴリーや新しいブランドや製品といった外部刺激を受けた（見つけた）時であろう。この状況においては情報に対して探索的であることから外部刺激に対しても敏感であり，常に開かれた外部からの刺激が決定に割り込んでくることでアドホック性が高まり，トップダウン型とボトムアップ型のピースミール処理を併用することで目的が修正されたり，目的との関連でさらに処理し直されたりしながらも，最終的には主観的な選好へと知覚符号化されることで，アドホック的に取り込まれたブランドもカテゴリーの構造的等価物に配置され，次の決定に用いられていく。

いったん分類と配置がなされたブランドは，次回，同じ目的をより良く満たすために目的に導かれるカテゴリーとして構造的等価物の配置のランクに基づき順に取り出されていく。目的や状況が異なれば取り出され方も異なることや，関与や知識といった個人差あるいは消費経験や競争環境によって構造的等価物の配置も影響を受けることから，このランクや取り出され方は常に変動する可能性を持つ。ただし，ブランドが感情的ロイヤルティを形成して具体性とつながっていく場合や目的をよりよく満たす目的ブランドである場合においてのみ，その変動を固定化し，常に上位に位置づけられることになる。

最後に，サブ・カテゴリーがどのように形成されていくのかを検討する。特に近年，多くの製品が市場に投入されてきたことから，製品カテゴリー間の境界があいまいになっており，認知世界における構造的等価物のカテゴリー間の区分もあいまいなものとなっているだろう。カテゴリーの深みはグレード化されたカテゴリーによって形成されていくことから，このカテゴリー概念における境界をうまく越え，他の近接したカテゴリーとも重ならないポジショニングが可能となってはじめて，そこにサブ・カテゴリーあるいは新しいカテゴリーとして配置されていく。しかし，真のカテゴリーを創出することは難しく（青木 2010a），中心化傾向から外れる不明瞭な存在とし

て認識されてしまうと，そこにサブ・カテゴリーは存在せず，その場合，既存カテゴリーのいずれかにランクづけされ，結局はどれも同じ（コモディティ）として存在するだけとなり，選択される確率は大きく低下する。

また仮に，消費者がサブ・カテゴリーや新しいカテゴリーを認知していたとしても，そこに価値観との一致，あるいは，ライフスタイルを満たす主要な目標や目的の一部を担うカテゴリーでなければ，結局は意味のないカテゴリーとなる。

では，ブランドがカテゴリーを通じてライフスタイルに入り込むにはどうすればよいのかを次に実務的な視点で検討する。

3 実務的インプリケーション

3-1 ブランド・マネジメント

一般的に，消費者市場は企業間取引と異なり，無数の名前も知らない消費者と離散的な取引をするのが通常であり，関係を構築するということは容易ではないと言われているが（南 2006, p. 93-94），近年の研究においては，自己（自我）を受け入れる存在は，シンボリックや機能的，あるいは高関与製品や低関与製品にかかわらず（Fournier 1998），感情的な絆やアタッチメントを形成し（Fournier 1998 ; Park *et al.* 2008），リレーションシップを形成することで，ライフスタイルに入り込んでいく。つまり，ブランドがカテゴリーを経由してライフスタイルとつながるためには，自我や自己実現をより良く満たす感情的つながりを持った存在となることが重要となる。そのための方略は2つ考えられ，方略①として，ある目的を持ち能動的に購買していく製品においては，より上位の目的（プロセス志向）を満たすような観念価値や感覚価値を訴求していくことで共感を高める方法である。方略②として，低関与商品，あるいはコモディティ化しているカテゴリーにおいては，経験や体験消費を通じ具体性を高めていくことである。多くの企業が経験価値を提供しているというものの，実際にはそれを演出していないため（Gilmore and Pine II 2007），結局，多くの市場における製品やブランドはますますコモディティ化しつつあり，ブランドのロイヤルティが低下してい

ることからも，この方略を通じ，感情的な絆を構築することが重要な戦略となる（図表4-2）。

　特に，コモディティ化傾向にある製品カテゴリーがそれ自体の衰退を防ぐには，方略②によって個々のブランドがより上位のブランド価値を目指していくことで，結果的に製品カテゴリーに対する消費者の興味や関心が高まることとなり，コモディティ化へと向かう競争を回避することも可能となろう。そのブランド・マネジメントはブランドの独自性を高めるようなブランド・エクスペリエンスを作り出すことであり，消費者のエピソード記憶に残るようなブランド・エクイティを醸成することである。その結果，好意的な態度を持ち合わせた反復購買としてのブランド・ロイヤルティを形成し，感情と共にライフスタイルにつながっていくことが可能となる。しかし，理論としてはうまく整理できているものの，実務的にはどのように，あるいは，どのような接点構築が有効なのか，という点が当然ながら議論になるだろう。そのひとつの戦略的アプローチが典型性と具体性の要因を利用することである。第3章1節で分析してきたように商材と関与の違いによって高まる要因は少し異なるものの，基本的には具体性の要因である主要な目標や目的の質問項目の中で当該ブランドが最も醸成されている文脈を抽出し，その文脈と関連する典型性の要因を探っていくことである。その分析を通じて，あ

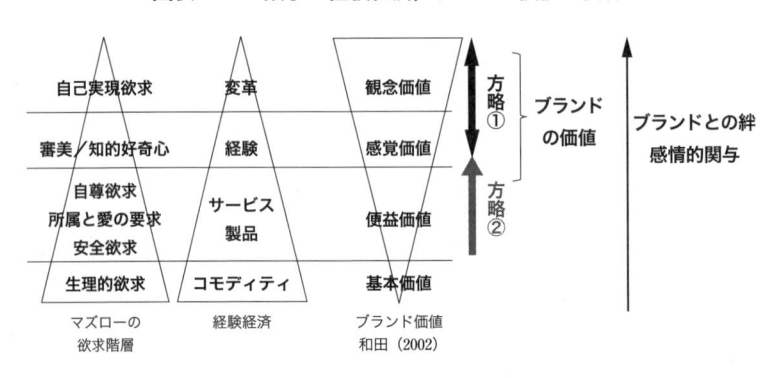

図表4-2　欲求と経験経済，ブランド価値の関係

（出所）　Goble（1970），Raghunathan（2008），和田（2002）を参考に筆者作成。

る特定の具体的な文脈とそこで重視されるカテゴリーの役割や主要な便益を見極め，それを提供するようなブランド・エクスペリエンスによってブランドの存在感を磨き，ブランド・ロイヤルティを深めライフスタイルに入っていくことが可能となるのである。企業やマーケターの立場で言えば，ブランド・アイデンティティを体現したい具体的なシーンを発見，設定し，そこで求められる主要な便益を提供していくことに他ならない。そのブランドが表現される場がカテゴリーであり，カテゴリーの構造を無視したブランド作りはありえない。そのため，消費者の主観に近いグレード化されたカテゴリーの中心化傾向からいくぶん離れたサブ・カテゴリーの形成はありうるとしても，大きく外れたブランドを構築した場合，そのポジショニングは単に他ブランドとの相対的な差別化でしかなく，結局はブランド間の差異があまり認識されず，近年のわが国の市場構造の負のスパイラルから永遠に抜け出せないのである。

さらに言うならば，全カテゴリーの全ブランドがライフスタイルに位置づけられることは不可能である。特に，カテゴリーに対し低関与な消費者の場合，特定の対象に向けられた具体的なウォンツは必要ではなく，特定の商品にこだわらない欲求としてのニーズを満たすだけで十分であることから，そのブランド選択は低価格志向やコモディティとして扱われることは避けられない[2]。そのため，ブランドが誰にとって愛着を持たれるのか，誰にとって具現化された存在としての意味を持つのか，といった「誰」を検討すること，つまり，明確化された相手の生活シーンにおける具体的な意味と愛着を高め，生活を思い描かせる存在となることで，ブランドは所属するカテゴリーとのつながりを強化し（cf. Kapferer 2004, 邦訳 p.49-50），存在価値を深めていくことになる。それに伴い戦略も，これまでのマネジリアル・マーケティング的な「より多くの市場（使用者）を獲得する」競争の戦略から，「特定の明確化された相手の特定の具体的な役割を担い，使用頻度を高める」戦略へと変換していくブランド・マネジメント，つまり，関係性マーケティングがどのような製品カテゴリーにおいても重要となるだろう。そのためのインタラクティブ・コミュニケーションであり，その過程において思いがけない偶然によって形成される「誘導される偶発[3]（アクシデンテ・デリビード）」（嶋口 1997, p.22-23）を取り込んでいくことが大切である。

また仮に，現在ブランドが特定の消費者に愛着を持って選ばれ続けている（ライフスタイルとつながっている）からといって安泰であるとも言いきれない。なぜなら，「スタイルは一定の同一性の幅のなかで柔軟に変わることが本質」（山崎 1987, p. 188）であり，ライフスタイルは消費者の成長あるいは環境の変化に伴って変化しうる達成変数的な概念と考えられているためである（和田 1984, p. 159）。また，ブランドの価値は競合ブランドに影響を受ける相対的なものであることから，競合の戦略がカテゴリーとそこでのブランド価値を変化させ，ライフスタイルにおけるブランドの位置づけも変化させるため，これまで安定した関係が形成されていたからといって，その関係が継続するとは限らないのである。

経験経済の次には，より上位の目標となる自己実現が達成できる「実現経済（actualization economy）」や「理想郷の経済（utopian economy）」が来るとも考えられており（Raghunathan 2008, p. 142），経験価値も競争によってコモディティ化する可能性は避けられない。そのため，継続的な関係を維持していくためにブランドは常に具体性を高め，忘れられないような経験（Schmitt 1999）を与え続けなければならない。あるいは，サービスプロバイダーであれば，常に顧客の期待を超える提供をし続けなければならないのである（Oliver 1997）。このような改善やイノベーションによってブランドを磨き続けることの必要性がますます高まるだろう。そのひとつの手段が目的ブランドとなることである。次にこの点について触れていくことにする。

3-2 マーケティング・リサーチ

わが国の現状を鑑みれば，市場細分化と差別化によるアプローチでは限界があるため，従来型の市場の隙間を埋める，空白地帯を攻めるといった相対的なポジショニング（差別化）は，もはや十分機能しないだろう。むしろ，消費者の目的を一番に満たす，消費体験プロセスにおける役割を明確にする，といった消費者との関係性の中で，他のブランドより良く目的を満たす競争優位的ポジショニングが重要となる。

Christensen *et al.*（2005）によれば，多くの商品は顧客の特定のジョブを処理するように設計されておらず，「顧客のジョブ」[4]を処理する「目的ブ

ランド（purpose brand）」となることが重要であるという。ロングセラーは消費者の生活の中に「定まった位置（ホームポジション）」を持つ（石井 2006c）という点を考えると，目的ブランドになるということは，換言すれば「買うときと買わないときをはっきりさせる」ことであり，それによってブランドの具体性を高めていくことになる。

そのためには，消費体験プロセスにおけるカテゴリーの役割とそこで求められる主要な便益の発見，および，その中で自社ブランドが具体的に満たすことのできるポジショニングを発見することが重要となる。その消費のシーンやオケージョンとそこでの主要な便益に基づく分類（cf. Yankelovich and Meer 2006）の方が単なる市場細分化よりも重要となるだろう。そして，その基軸となるシーンや便益の発見といった消費者理解のマーケティング・リサーチが基点となっていくだろう。

実際，消費者（顧客）の生活（対象）に入り込み（棲み込み），消費者の生活の中の（消費者さえ気づかない，創造的な）インサイトを発見するための，より定性的な調査が重要になっているという（cf. 石井 2006b；2009, p.237）。先進的な企業においても，消費者行動を客観的データによって分析する「消費者行動分析」から，消費者にとっての消費行為の意味を理解する「消費者理解」の重要性がクローズアップしている（石井 2009）。筆者が所属しているIpsos日本統計調査株式会社においても，店頭を模した施設でのインタビュー，ブランドユーザーの自宅に訪問して実態を観察するような調査，店舗での購買者にその購買状況を再現してもらう購買同行インタビューといったリサーチの重要性が増している。消費者に問うても返ってくるのは既知の市場における既知の評価や認識でしかない。そのため，売り手（マーケター）はまさに消費者の生活や視点に「棲み込む」ことで，ブランド構築に用いる「独自解」のためのインサイトを発見することが重要となるのである。

その上で，ブランドは目的ブランドとなるようなコミュニケーションの実施がますます重要となるであろう。実際にそのような取り組みも進み始めている。例えば，コンパクトデジタルカメラのメーカーが，従来のブランド別やスペックによる比較といった店頭の陳列から，利用シーンごとに商品を陳列する方針，あるいは，コンパクト，一眼レフ，ビデオカメラといった区分

けを崩そうとした陳列提案を展開しようとしている。その背景には，やはり消費者が多様な商品によって満足できるような選択が出来ず，結局は価格を手がかりにした意思決定になってしまうという点があり，その意思決定を避けることを目的としたものである。[9]

　この目的のタイプの違いを測定する方法についても，今回の分析から明らかになってきたように，多肢選択法のような「直接的な質問」でプロセス志向に回答する消費者は，自己の達成したい価値レベルが高く，明確な目的を持っていると考えられる。一般的にカテゴリーに対する経験が増えるほど分析的な分類となるが（Alba and Hutchinson 1987），一方で情報過多となり，消費者の目的があいまいになることも考えられることから，評定尺度法のような内観的な測定方法を併用することで，そのあいまい性を明らかにすることも可能であると考える。今回の多肢選択法が顕在的な目的を測定し，評定尺度法が潜在的な目的を測定できていると仮定した場合，マーケターが市場を理解する際，どちらの測定法がより自分の担当する製品カテゴリーとフィットするのかを考える必要があるだろう。そのひとつの指標として目的のあいまい性を検討する意味は大きい。おそらく，消費者の目的が明確な場合は合理的な判断ができるであろうし，目的がシンプルであれば，これまでの経験に基づく選択基準が出来上がっていることからトップダウンでの検討も多いため，多肢選択法によるアプローチだけで消費者の目的を把握することが出来る。それに対し，目的があいまいで葛藤が起こる場合は評定尺度法の併用も必要であると想定できる。

　ただ，この目的ブランド化を目指すアプローチにおいて，日本企業が展開してきた「ひとつの親ブランド（企業ブランド）に異なる製品カテゴリーのブランドをぶら下げる」アンブレラ型のブランド拡張戦略（cf. 青木 1999），つまり，「ブランドとしてのカテゴリー」が課題になってくるであろう。この企業ブランドを用いる戦略は，企業という親ブランドの規模の大きさが強さにつながり（Kapfere 2004, 邦訳 p.17），信頼という恩恵を享受することを目的としてきたものである。これは，ある製品カテゴリーで単一のプロダクト・ブランドを展開する場合においてはパワー・ブランド化が可能であるが，カテゴリー拡張や事業拡張を行う場合に薄弱化の問題が発生する

(cf. 和田 2002)。そのため，わが国で目的ブランドを展開する場合，その位置づけが損なわれる問題を含んでいると考える。

　ただし，この問題も本書で解明してきたカテゴリー構造の解明に用いたリサーチ方法によって対応が可能である。ブランドをひとつのカテゴリーとして捉えた場合，ブランドが展開している主な製品カテゴリー（事業領域）群をプロトタイプと想定し，各製品カテゴリーの代表的な商品をエグゼンプラーであると考えれば（Mao and Krishnan 2006），ブランドとしてのカテゴリーに対し，消費者が想定する理想属性が何で，ブランドを用いる主要な目標や目的とは何かを調べていくことで，ブランドの拡張範囲を見定めていくことが可能となる。

[注]

1　新倉(2005)のモデルにおいても，その中心的な位置づけに作業記憶を設定している。
2　Quelch and Jocz (2009) は，消費者セグメントにかかわらず，製品やサービスを，(1) 必需品（健康で安心して暮らすために最低限必要なもの，衣食住や交通費・医療費関連），(2) 愛玩品（衝動買いが許される範囲で，自分の趣味や楽しみのために購入するもの），(3) 先延ばし品（必要であり，あるいは，欲しいと思っているが，購入を先延ばししても構わないもの），(4) 消耗品（買う必要がない，または，買っても良いとまでは思えないもの）に分類して考えているという。また不況期において消費者は，あるカテゴリーの支出（例えば外食）を別のカテゴリー（自宅で自炊）への支出で代用することも考えられる。また，Moon (2010) では消費者のカテゴリーとの接し方を5つのタイプに分類している。
3　世界的な抽象画家である「シケイロス」の絵画プロセスに由来しており，思いがけない色の混合や形が，偶然出来上がることである。この偶発を大切にして自らの当初の意図と調整しながらそれを積極的に取り入れていく方が，完成度は高まるという考え方である。
4　例えば，米国における事例で，早朝時間におけるミルクシェークの主な購入者は長距離運転手であったり，早朝時以外は親が子供に追加的に与えるおやつであったりしたことが明らかになった。これはターゲットもシーンも目的や便益も異なる。一方，歯磨き粉のブランドである「クレスト」は，競合他社が同社の便益を同質化してしまう戦略に対抗するため，電動歯ブラシへの参入，家庭でのホワイトニングといった事業を拡大する破壊的イノベーションによって，独自性や具体性を兼ね備えたことで競争優位性を回復している。

5 　モチベーション・リサーチの流れを汲む質的調査技法に基づくもので，コンシューマー・インサイトなどと呼ばれており，実務の世界では注目されつつある（青木 2010b）。

6 　「The Osaka Retail Shopper Lab」という名称で，Ipsos 日本統計調査株式会社大阪事務所，東京事務所の１つのフロアを仮想的な調査店舗施設として運営している。

7 　「P&G，日本に溶け込む泥臭経営」『日経流通新聞』2009 年 1 月 26 日，1 面。カンブリア宮殿「ユニチャーム」http://www.tv-tokyo.co.jp/cambria/list/list20090223.html なども参照。

8 　このコンシューマー・インサイトは，エスノグラフィーと呼ばれる，ある特定の文化を個性把握的に記述する文化人類学の領域で発展してきた手法と併せて用いられることも多い（cf. 坂下 2004）。ただし，このような定性的な消費者理解の手法で気をつけるべきはリサーチャー（調査する者）が直接認識した主観的な記述であり，ブランド独自の解釈を目指していくために用いられるべきであって，理論的な一般化を目指すべきものではないという点である（cf. 坂下 2004）。その前提において実務の現場で用いられることに問題はないと考える。

9 　「コンパクトデジカメ：メーカー売場提案，利用シーン別や一体展示，スペック訴求から脱却へ」『日経流通新聞』2010 年 11 月 1 日，15 面。

2節 ディスカッション

　本書では，カテゴリー構造に関する実証分析を行ってきたが，その過程において大きく2つの点が分かってきた。1つは，属性（本書では多属性構造）がそれほどカテゴリー構造に影響しないこと，もう1つは，感情的側面が，カテゴリーおよびブランドに関連することである。
　最後にこれらの点について検討する。上述したように従来の消費者行動研究は，ブランドや製品の獲得を目的とした購買意思決定プロセスに重きを置いた研究がなされてきており，製品属性を認知，分解，統合していくことを前提とした効用モデルであったこと，そして，能動的に問題を解決する分析的な側面を強く持つ消費者像が仮定されてきた。しかし，本書の分析から高購買関与であっても必ずしも分析的な側面だけで処理が行われているわけではないことがわかってきたのである。確かに，理想属性や代表性，親密性などの分析的な要因はカテゴリーの構造を深めていくのであるが，それらは比較的アクセスしやすい要因であり，属性（多属性構造）はあまり強く働いていない。そのため，関与が高い状態にあっても消費者のカテゴリー構造においてはさほど深い処理が行われておらず，むしろ，具体性の要因に基づいてブランドが処理されているという点である。また，購買者に絞り込みブランド・ロイヤルティとの関連性を高購買関与な層に限定して確認した場合においても，典型性の要因は好意な態度を高め，認知的ロイヤルティまでは関連するものの，その先の感情的ロイヤルティには具体性の要因が強く関係しているのであった。つまりブランドは，認知段階であろうと購買を経験した段階であろうと，それほど属性に基づく処理だけがなされているわけではないのである。その理由のひとつとして，コモディティ化が属性の違いを見出せなくしている問題とも考えられる。Moon（2010）によると，どのブランドも同じようにしか見えないため，多くの消費者はブランドよりもカテゴリー単位でしか物事を見ていないといった指摘もあることから，消費者の内部要

因探索における方略の問題なのか，外部環境による影響が強いのかといった点をもう少し詳しく調べていく必要があるだろう。

　次に，感情的側面について検討する。上述したように，これまでの研究の多くが製品属性を認知，分解，統合していく購買意思決定プロセスであり，そのプロセスに感情的要素を取り入れる土壌が十分ではなかったといえよう。しかし本書を通じ，ライフスタイルにカテゴリーが関連する場合，そこには認知的な要素だけでなく，感情が関係していることがわかってきた。

　カテゴリー概念の先行研究も，上記の消費者行動研究と同年代の1990年前後の研究が多く，分析的な視点である典型性のみが検討されていただけであり，感情的な側面はほとんど検討されていなかった。

　本書では先行研究がこの典型性のみに傾斜していた点を指摘し，具体性の要因を織り交ぜて分析してきた過程において，(1) 快楽的価値（喜び）はカテゴリー構造を形成する理想属性，主要な目標や目的との関連が強く，(2) 関与の高低で消費者の違いを比較した際，関与が高いほどカテゴリーに対する快楽的価値（喜び）も強いこと，(3) プロセス志向といったより上位の目的のレベルを持つほどカテゴリーに関して感情的関与，ブランド・コミットメントが高い，という点を明らかにしてきた。ここから考えられるのは，消費体験や経験といった具体的なシーンやプロセスを通じて得た快感情がカテゴリーの記憶と一緒に貯蔵され，それが購買や選択のプロセスにおいて知識と一緒に取り出され，ブランドと感情がつながっていくのではないか，という点である。例えば，感情的な過去の自叙伝的（autobiographical）なエピソード記憶からの連想がブランドや広告評価を好意的にする（Sujan *et al.* 1993），ブランドとの直接的で主観的な経験で獲得された知識は快楽や楽しいという感情を引き起こす（Chaudhuri 2006, 邦訳 p. 78）という研究もあることから，あるカテゴリーを通じて得た過去のブランドとの快感情が消費者のカテゴリーと結びつき，次の検討の際，理想属性や主要な目標や目的を満たすブランドが出てきた場合，そこに過去の経験を付加することで感情的な絆で結びつき，結果としてライフスタイルとつながっていこうとすると考えられる。そのため，動機づけられた状態にある購買意思決定の過程においてある感情が発生している場合，それは過去の消費体験や経験を通じて得た

感情がカテゴリーを通じてブランドに付加されたものだと考えられる。つまり，購買の過程に感情があるのではなく，その前段階からすでにカテゴリーと感情がつながっているからこそ購買の過程でそれが生起されていくのである。このカテゴリーと感情の関係は Alderson (1965) が学習と情緒の関連について語った一文に回帰する点であると考える。それを援用して今後の課題を表現するならば，カテゴリー化というカテゴリーの形成過程を，単により良く行動するための条件づけのものと限定してしまうのではなく，その先にある購買や体験に用いられる脅威と補強のために情緒的にも深く関連している（cf. Alderson 1965, 邦訳 p. 185) ことを意識して研究を進める必要性を示唆するものであろう。

上記2つの点をまとめれば，従来の分析的あるいは問題解決型の枠組だけでブランドとライフスタイルとの関連を理解する先行研究に無理があったといえる。ブランドが具体的な接点を構築できる場，あるいは，生活において特定のブランドを使っていたとしても，その文脈を認識するブランド・キャンバスとしてのカテゴリーという概念があるからこそ，カテゴリーを通じてブランドは位置づけられていき，そこに経験や感情が付加されることでブランドはカテゴリーを通じて消費者の価値観と感情的に共鳴し，ライフスタイルに入ることが可能となるのである。

本書は消費者行動研究の本質的な部分にメスを入れたとも言え，この点からも本書の貢献は大きいと考えている。そして，これからのカテゴリー研究に求められる点は，消費者がライフスタイルを形成する際に，カテゴリーそのものをどのように理解しており，どの程度，感情的側面とつながっているのかといった，つながり方の内容と程度を考慮しながら研究を進める必要があるだろう。この点についても現在，研究を進めている。他の研究も含め，次の発表までお待ちいただきたい。

以上

初 出 論 文

　完全に対応しているわけではないが，本書の第1章（問題設定），第2章（カテゴリー構造についての研究），第3章（実証研究），第4章（結論）は，以下の論文に基づき構成している。ただし，本書はそれぞれの内容を大幅に加筆，修正したものである。

第1章1節および2節：博士学位論文にて書き下ろし
第1章3節：「消費者行動とブランド論(1)――消費者行動研究アプローチの変遷」『関西学院商学研究』関西学院大学大学院 商学研究科研究会，第62号，1-16頁，2010年。
第1章4節：「消費者行動とブランド論(2)――ブランド論の系譜と位置づけの整理」『関西学院商学研究』関西学院大学大学院 商学研究科研究会，第62号，17-50頁，2010年。
第2章1節から2節：「グレード化されたカテゴリーにおける中心性構造形成要因についての一考察――カテゴリー概念を整理統合しながら」（日本商業学会，学会奨励賞候補論文）『関西学院商学研究』関西学院大学大学院 商学研究科研究会第61号，1-34頁，2009年。
第2章3節：「カテゴリーの代表性についての研究――典型性と具体性の2つの視点から」『産研論集』関西学院大学産業研究所，第36号，61-69頁，2009年。
第2章4節：「カテゴリーの中心的ブランド・エクイティの構築――消費者行動アプローチと記憶の関係から」『関西学院商学研究』関西学院大学大学院 商学研究科研究会，第60号，53-73頁，2009年。
第2章5節：「目的のタイプと目的のあいまい性についての検討――目的に導かれるカテゴリーとしての考慮集合」『関西学院商学研究』関西学院大学大学院 商学研究科研究会，第61号，35-66頁，2009年。
第2章6節：「カテゴリー概念の統合的視点」『全国研究大会報告論集』第60回日本商業学会全国研究大会，97-106頁，2010年。
第3章1節：（上記「グレード化されたカテゴリーにおける中心性構造形成要因についての一考察」論文における実証部分）
第3章2節：「典型性と具体性から導かれるブランド・ロイヤルティ――消費者のカテゴリー中心形成要因の理論をベースに」『流通研究』日本商業学会，第12巻第2号，41-58頁，2009年；「カテゴリー・ベースのポジショニング分析――グレード化されたカテゴリーの典型性と具体性の概念から」『日本繊維製品消費科学会』第51巻第1号，55-62頁，2010年。
第3章3節：（上記「目的のタイプと目的のあいまい性についての検討」論文における実証部分）
第4章：博士学位論文および本書にて書き下ろし

参 考 文 献

Aaker, David A. (1991), *Managing Brand Equity: Capitalizing on the Value of a Brand Name*, NY: Free Press.（デービッド・A. アーカー，1994年，陶山計介・中田善啓・尾崎久仁博・小林哲訳『ブランド・エクイティ戦略：競争優位をつくりだす名前，シンボル，スローガン』ダイヤモンド社）.
―――― (1996), *Building Strong Brands*, NY: Free Press.（デービッド・A. アーカー，1997年，陶山計介・小林哲・梅本春夫・石垣智徳訳『ブランド優位の戦略――顧客を創造する BI の開発と実践』ダイヤモンド社）.
Aaker, David A. and Erich Joachimsthaler (2000), *Brand Leadership: Building Assets in the Information Society*, NY: Free Press.（デービッド・A. アーカー，エーリッヒ・ヨアヒムスターラー，2000年，阿久津聡訳『ブランド・リーダーシップ――「見えない企業資産」の構築』ダイヤモンド社）.
Alba, Joseph W. and J. Wesley Hutchinson (1987), "Dimensions of Consumer Expertise," *Journal of Consumer Research*, 13 (4), 411-54.
Alderson, Wroe (1957), *Marketing Behavior and Executive Action: A Functionalist Approach to Marketing Theory*, Homewood, IL: R. D. Irwin.（ロー・オルダースン，1984年，石原武政・風呂勉・光澤滋朗・田村正紀訳『マーケティング行動と経営者行為――マーケティング理論への機能主義的接近』千倉書房）.
―――― (1965), *Dynamic Marketing Behavior: A Functionalist Theory of Marketing*, Homewood, IL: R. D. Irwin.（ロー・オルダースン，1981年，田村正紀・堀田一善・小島健司・池尾恭一訳『動態的マーケティング行動――マーケティングの機能主義理論』千倉書房）.
Ariely, Dan (2008), *Predictably Irrational: The Hidden Forces That Shape Our Decisions*, London: Harper Collins.（ダン・アリエリー，2008年，熊谷淳子訳『予想どおりに不合理――行動経済学が明かす「あなたがそれを選ぶわけ」』早川書房）.
Aurier, Philippe, Sylvie Jean, and Judith L. Zaichkowsky (2000), "Consideration Set Size and Familiarity with Usage Context," *Advances in Consumer Research*, 27, 307-13.
Bagozzi, Richard P. and Utpal M. Dholakia (1999), "Goal Setting and Goal Striving in Consumer Behavior," *Journal of Marketing*, 63 (special issue), 19-32.
Barsalou, Lawrence W. (1983), "Ad hoc Categories," *Memory and Cognition*, 11 (3), 211-27.
―――― (1985), "Ideals, Central Tendency, and Frequency of Instantiation as Determinants of Graded Structure in Categories," *Journal of Experimental Psychology: Learning, Memory, and Cognition*, 11 (4), 629-54.
―――― (1991), "Deriving Categories to Achieve Goals," in *The Psychology of Learning*

  and Motivation: Advances in Research and Theory, Vol. 27, ed. Gordon H. Bower, San Diego, CA: Academic Press, 1-64.

Baudrillard, Jean (1970), *La Société de Consommation: ses Mythes, ses Structures*, Paris: Denoel. (ジャン・ボードリヤール, 1979年, 今村仁司・塚原史訳『消費社会の神話と構造』紀伊國屋書店).

Belk, Russell W. (1995), "Studies in the New Consumer Behavior," in *Acknowledging Consumption: A Review of New Studies*, ed. Daniel Miller, London: Routledge, 53-93.

Bennett, Peter D. and Harold H. Kassarjian (1972), *Consumer Behavior*, Englewood Cliffs, NJ: Prentice-Hall.(P. D. ベネット, H. H. カサージアン, 1979年, 井関利明・青池慎一訳『消費者行動』ダイヤモンド社).

Brenner, Lyle, Yuval Rottenstreich, and Sanjay Sood (1999), "Comparison, Grouping, and Preference," *Psychological Science*, 10 (3), 225-29.

Bruner, Jerome S., Jacqueline J. Goodnow, and George A. Austin (1956), *A Study of Thinking*, NY: John Wiley and Sons. (J. S. ブルーナー, 1969年, 岸本弘・岸本紀子・杉崎恵義・山北亮訳『思考の研究』明治図書).

Chaudhuri, Arjun (1993), "Advertising Implications of the Pleasure Principle in the Classification of Products," *European Advances in Consumer Research*, 1, 154-59.

—— (2006), *Emotion and Reason in Consumer Behavior*, Burlington, MA: Butterworth-Heinemann. (アルジュン・チョードリー, 2007年, 恩藏直人・平木いくみ・井上淳子・石田大典訳『感情マーケティング——感情と理性の消費者行動』千倉書房).

Christensen, Clayton M., Scott Cook, and Taddy Hall (2005), "Marketing Malpractice: The Cause and the Cure," *Harvard Business Review*, December. (クレイトン・M. クリステンセン, スコット・クック, タディ・ホール, 「セグメンテーションという悪弊——『ジョブ』に焦点を当てたブランド構築が必要」『ダイヤモンド・ハーバード・ビジネス・レビュー』ダイヤモンド社, 2006年6月号, 48-62頁).

Cohen, Gillian, Michael W. Eysenck, and Martin E. Le Voi (1986), *Memory: A Cognitive Approach*, Open Guides to Psychology, Open University Press. (G. コーエン, M. W. アイゼンク, M. E. ルボワ, 1989年, 長町光生 監修, 認知科学研究会訳『認知心理学講座1 ——記憶』海文堂).

Cohen, Joel B. and Kunal Basu (1987), "Alternative Models of Categorization: Toward A Contingent Processing Framework," *Journal of Consumer Research*, 13 (4), 455-72.

Collins, Allan M. and M. Ross Quillian (1969), "Retrieval Time from Semantic Memory," *Journal of Verbal Learning and Verbal Behavior*, 8 (2), 240-47.

Dick, Alan S. and Kunal Basu (1994), "Customer Loyalty: Toward an Integrated Conceptual Framework," *Journal of the Academy of Marketing Science*, 22 (2), 99-113.

Duffy, Sean and L. Elizabeth Crawford (2008), "Primacy or Recency Effects in Forming Inductive Categories," *Memory and Cognition*, 36 (3), 567-77.

Duncan, Tom and Sandra Moriarty (1997), *Driving Brand Value: Using Integrated Marketing to Manage Profitable Shareholder Relationships*, NY: McGraw-Hill.(トム・ダンカン,サンドラ・モリアルティ,1999年,有賀勝訳『ブランド価値を高める統合型マーケティング戦略』ダイヤモンド社).

Fournier, Susan (1998), "Consumers and Their Brands: Developing Relationship Theory in Consumer Research," *Journal of Consumer Research*, 24 (4), 343-73.

Furse, David H., Girish N. Punj, and David W. Stewart (1984), "A Typology of Individual Search Strategies among Purchasers of New Automobiles," *Journal of Consumer Research*, 10 (4), 417-31.

Galbraith, John K. (1998), *The Affluent Society: New Edition*, NY: Houghton Mifflin Company.(ガルブレイズ,2006年,鈴木哲太郎訳『ゆたかな社会——決定版』岩波書店).

Gibson, James J. (1979), *The Ecological Approach to Visual Perception*, Hillsdale, NJ: Lawrence Erlbaum. (J. J. ギブソン, 1985年,古崎敬・古崎愛子・辻敬一郎・村瀬旻共訳『生態学的視覚論——ヒトの知覚世界を探る』サイエンス社).

Gilmore, James H. and B. Joseph Pine II (2007), *Authenticity: What Consumers Really Want*, Harvard Business School Press.(ジェームス・H. ギルモア,B. ジョセフ・パインⅡ,2009年,林正訳『ほんもの——何が企業の「一流」と「二流」を決定的に分けるのか?』東洋経済新報社).

Goble, Frank G. (1970), *The Third Force: The Psychology of Abraham Maslow*, NY: Grossman.(フランク・ゴーブル,1972年,小口忠彦監訳『マズローの心理学』産能大学出版部).

Gutman, Jonathan (1982), "A Means-End Chain Model Based on Consumer Categorization Process," *Journal of Marketing*, 46 (2), 60-72.

Hair, Joseph F. Jr., Rolph E. Anderson, Ronald L. Tatham, and William C. Black (1998), *Multivariate Data Analysis*, Englewood Cliffs, NJ: Prentice-Hall.

Hallberg, Garth (1995), *All Consumers Are Not Created Equal*, NY: John Wiley and Sons.

Higgins, E. Torry (1989), "Knowledge Accessibility and Activation: Subjectivity and Suffering from Unconscious Sources," in *Unintended Thought*, ed. James S. Uleman and John A. Bargh, NY: Guilford, 75-123.

Hirschman, Elizabeth C. and Morris B. Holbrook (1982), "Hedonic Consumption: Emerging Concepts, Methods and Propositions," *Journal of Marketing*, 46 (3), 92-101.

Holbrook, Morris B. and Elizabeth C. Hirschman (1982), "The Experimental Aspects of Consumption: Consumer Fantasies, Feelings, and Fun," *Journal of Consumer Research*, 9 (2), 132-40.

Homa, Donald, Sharon Sterling, and Lawrence Trepel (1981), "Limitations of Exemplar-based Generalization and the Abstraction of Categorical Information," *Journal *of Experimental Psychology: Human Learning and Memory*, 7 (6), 418-39.

Homa, Donald and Richard Vosburgh (1976), "Category Breadth and the Abstraction of Prototypical Information," *Journal of Experimental Psychology: Human Learning and Memory*, 2 (3), 322-30.

Howard, John A. and Jagdish N. Sheth (1969), *The Theory of Buyer Behavior*, NY: John Wiley and Sons.

Hoyer, Wayne D. and Deborah J. MacInnis (2007), *Consumer Behavior*: 4th ed., Houghton Mifflin.

Huffman, Cynthia and Michael J. Houston (1993), "Goal-Oriented Experiences and the Development of Knowledge," *Journal of Consumer Research*, 20 (2), 190-207.

Huffman, Cynthia, S. Ratneshwar, and David G. Mick (2000), "Consumer Goal Structures and Goal-determination Processes," in *The Why of Consumption*, ed. S. Ratneshwar, David G. Mick, and Cynthia Huffman, NY: Routledge, 9-35.

Hutchinson, J. Wesley and Joseph W. Alba (1991), "Ignoring Irrelevant Information: Situational Determinants of Consumer Learning," *Journal of Consumer Research*, 18 (3), 325-45.

Jacoby, Jacob and Robert W. Chestnut (1978), *Brand Loyalty: Measurement and Management*, NY: John Wiley and Sons.

Johnson, Michael D. (1984), "Consumer Choice Strategies for Comparing Noncomparable Alternatives," *Journal of Consumer Research*, 11 (3), 741-53.

―――― (1989), "The Differential Processing of Product Category and Noncomparable Choice Alternatives," *Journal of Consumer Research*, 16 (3), 300-09.

Kapferer, Jean-N. (2001), *Reinventing the Brand: Can Top Brands Survive the New Market Realities?* London: Kogan Page.

―――― (2004), *Remarques-Les marques al'epreuve de la pratique*, Paris, France: Éditions d' Organisation. (J. N. カプフェレ, 2004年, 博報堂ブランドコンサルティング監訳『ブランドマーケティングの再創造』東洋経済新報社).

Keller, Kevin L. (1991), "Conceptualizing, Measuring, and Managing Customer-Based Brand Equity," *Marketing Science Institute*, June, 91-123.

―――― (1998), *Strategic Brand Management: Building, Measuring, and Managing Brand Equity*, NJ: Prentice-Hall. (ケビン・レーン・ケラー, 2000年, 恩蔵直人・亀井昭宏訳『戦略的ブランド・マネジメント』東急エージェンシー).

―――― (2007), *Strategic Brand Management: Building, Meaning, and Managing Brand Equity*: 3rd ed., NY: Prentice-Hall.

Keller, Kevin L., Brian Sternthal, and Alice Tybout (2002), "Three Questions You Need to Ask about Your Brand," *Harvard Business Review*, September. (ケビン・レーン・ケラー, ブライアン・スターンソル, アリス・ティバウト, 「ブランド・ポジショニングの最適化戦略」『ダイヤモンド・ハーバード・ビジネス・レビュー』2003年6月号, ダイヤモンド社, 56-65頁).

Kotler, Philip and Fernando Trias de Bes (2003), *Lateral Marketing: New Techniques for*

Finding Breakthrough Ideas, NY: John Wiley and Sons.（フィリップ・コトラー，トリアス・デ・ベス，2004年，恩蔵直人監訳，大川修二訳『コトラーのマーケティング思考法』東洋経済新報社）.

Kotler, Philip and Kevin L. Keller (2006), *Marketing Management: 12th ed.*, Prince-Hall.（フィリップ・コトラー，ケビン・レーン・ケラー，2008年，恩蔵直人監修，月谷真紀訳『コトラー&ケラーのマーケティング・マネジメント』ピアソンエデュケーション）.

Lakoff, George (1987), *Women, Fire, and Dangerous Things: What Categories Reveal about the Mind*, Chicago: University of Chicago Press.（ジョージ・レイコフ，1993年，池上嘉彦・河上誓作他 訳『認知意味論』紀伊國屋書店）.

Laroche, Michel, Jerry A. Rosenblatt, and Jacques E. Brisoux (1986), "Consumer Brand Categorization: Basic Framework and Managerial Implications," *Marketing Intelligence and Planning*, 4 (4), 60-74.

Lawson, Robert (1997), "Consumer Decision Making within a Goal-Driven Framework," *Psychology and Marketing*, 14 (5), 427-49.

Lazer, William (1963), "Life Style Concepts and Marketing," in *Toward Scientific Marketing: Proceedings of the Winter Conference of the American Marketing Association*, December 27-28, ed. Stephen A. Greyser, Chicago, IL: American Marketing Association, 130-39.

Levy, Sidney J. (1963), "Symbolism and Life Style," in *Toward Scientific Marketing: Proceedings of the Winter Conference of the American Marketing Association*, December 27-28, ed. Stephen A Greyser, Chicago, IL: American Marketing Association, 140-50.

Lindstrom, Martin (2005), *Brand Sense: How to Build Powerful Brands through Touch, Taste, Smell, Sight and Sound*, London: Kogan Page.（マーチン・リンドストローム，2005年，ルディー和子訳『五感刺激のブランド戦略――消費者の理性的判断を超えた感情的な絆の力』ダイヤモンド社）.

Loken, Barbara and James Ward (1987), "Measures of the Attribute Structure Underlying Product Typicality," *Advances in Consumer Research*, 14, 22-26.

―――― (1990), "Alternative Approaches to Understanding the Determinants of Typicality," *Journal of Consumer Research*, 17 (2), 111-26.

Loken, Barbara, Christopher Joiner, and Joann Peck (2002), "Category Attitude Measures: Exemplars as Inputs," *Journal of Consumer Psychology*, 12 (2), 149-61.

Loken, Barbara, Lawrence W. Barsalou, and Christopher Joiner (2008), "Categorization Theory and Research in Consumer Psychology: Category Representation and Category-Based Influence," in *Handbook of Consumer Psychology*, ed. Curtis P. Haugtvedt, Paul Herr, and Frank Kardes, 133-63.

Malt, Barbara and Edward E. Smith (1984), "Correlated Properties in Natural Categories," *Journal of Verbal Learning and Verbal Behavior*, 23 (2), 250-69.

Manning, Kevin J., Barry Gordon, Godfrey D. Pearlson, and David J. Schretlen (2007), "The Relationship of Recency Discrimination to Explicit Memory and Executive Functioning," *Journal of the International Neuropsychological Society*, 13 (4), 710-15.

Mao, Huifang and Shanker Krishnan H. (2006), "Effects of Prototype and Exemplar Fit on Brand Extension Evaluations: A Two-Process Contingency Model," *Journal of Consumer Research*, 33 (1), 41-49.

Marks, Larry J. and Jerry C. Olson (1981), "Toward a Cognitive Structure Conceptualization of Product Familiarity," *Advances in Consumer Research*, 8, 145-50.

Marx, Karl and Friedrich Engels (1962), *Das Kapital*, Band I, in *Marx-Engels werke*, Band 23, Berlin: Dietz Verlag. (カール・マルクス, 1972年, 岡崎次郎訳『資本論 (1) ——マルクス=エンゲルス全集版』大月書店).

McCracken, Grant (1988), *Culture and Consumption: New Approaches to the Symbolic Character of Consumer Goods and Activities*, Bloomington: Indiana University Press. (G. マクラッケン, 1990年, 小池和子訳『文化と消費とシンボルと』勁草書房).

Mervis, Carolyn B. and Eleanor Rosch (1981), "Categorization of Natural Objects," *Annual Review of Psychology*, 32 (1), 89-115.

Meyers-Levy, Joan and Alice M. Tybout (1989), "Schema Congruity as a Basis for Product Evaluation," *Journal of Consumer Research*, 16 (1), 39-54.

Mittal, Banwari (1989), "Measuring Purchase-Decision Involvement," *Psychology and Marketing*, 6 (2), 147-62.

Moon, Youngme (2010), *Different: Escaping the Competitive Herd*, Crown Business. (ヤンミ・ムン, 2010年, 北川知子訳「ビジネスで一番, 大切なこと——消費者のこころを学ぶ授業」ダイヤモンド社).

Moore, William L. and Donald R. Lehmann (1980), "Individual Differences in Search Behavior for Nondurables," *Journal of Consumer Research*, 7 (3), 296-307.

Narayana, Chem L. and Rom J. Markin (1975), "Consumer Behavior and Product Performance: An Alternative Conceptualization," *Journal of Marketing*, 39 (4), 1-6.

Nedungadi, Prakash (1990), "Recall and Consumer Consideration Sets: Influencing Choice without Altering Brand Evaluations," *Journal of Consumer Research*, 17 (3), 263-76.

Nedungadi, Prakash and J. Wesley Hutchinson (1985), "The Prototypicality of Brands: Relationships with Brand Awareness, Preference and Usage," *Advances in Consumer Research*, 12, 498-503.

Oliver, Richard L. (1997), *Satisfaction: A Behavioral Perspective on the Consumer*, NY: Irwin/McGraw-Hill.

―――― (1999), "Whence Consumer Loyalty?" *The Journal of Marketing*, 63 (special issue), 33-44.

Park, C. Whan (1993), "Context Effects on Consumer Choice, Brand Awareness and Decision Making," *Advances in Consumer Research*, 20 (1), 395-96.

Park, C. Whan and Daniel C. Smith (1989), "Product-Level Choice: A Top-Down or Bottom-Up Process?" *Journal of Consumer Research*, 16 (3), 289-99.

Park, C. Whan, Deborah J. MacInnis, and Joseph Priester (2008), "Brand Attachment and a Strategic Brand Exemplar," in *Handbook on Brand and Experience Management*, ed. Bernd H. Schmitt and David L. Rogers, Northampton, MA: Edward Elgar, 3-17.

Paulssen, Marcel and Richard P. Bagozzi (2005), "A Self-Regulatory Model of Consideration Set Formation," *Psychology and Marketing*, 22 (10), 785-812.

Perkins, W. Steven and Valerie F. Reyna (1990), "The Effects of Expertise on Preference and Typicality in Investment Decision Making," *Advances in Consumer Research*, 17, 355-60.

Peter, J. Paul and Jerry C. Olson (2005), *Consumer Behavior and Marketing Strategy: 7th ed.*, NY: McGraw-Hill.

Peterman, Michelle L. (1997), "The Effects of Concrete and Abstract Consumer Goals on Information Processing," *Psychology and Marketing*, 14 (6), 561-83.

Petty, Richard E. and John T. Cacioppo (1986), *Communication and Persuasion: Central and Peripheral Routes to Attitude Change*, NY: Springer-Verlag.

Petty, Richard E., John T. Cacioppo, and David Schumann (1983), "Central and Peripheral Routes to Advertising Effectiveness: The Moderating Role of Involvement," *Journal of Consumer Research*, 10 (2), 135-46.

Pine II, B. Joseph and James H. Gilmore (1999), *The Experience Economy: Work Is Theatre and Every Business Is a Stage*, Harvard Business School Press (B. J. パインⅡ, J. H. ギルモア, 2000年, 電通「経験経済」研究会訳『経験経済』流通科学大学出版).

Polanyi, Michael (1966), *The Tacit Dimension*, Chicago: University of Chicago Press. (マイケル・ポランニー, 2003年, 高橋勇夫訳『暗黙知の次元』筑摩書房).

Posner, Michael I. and Steven W. Keele (1968), "On the Genesis of Abstract Ideas," *Journal of Experimental Psychology*, 77 (3), 353-63.

Price, Linda L. and Eric J. Arnould (1999), "Commercial Friendships: Service Provider-Client Relationships in Context," *Journal of Marketing*, 63 (4), 38-56.

Punj, Girish and Junyean Moon (2002), "Positioning Options for Achieving Brand Association: A Psychological Categorization Framework," *Journal of Business Research*, 55 (4), 275-83.

Quelch, John A. and Katherine E. Jocz (2009), "How to Market in a Downturn," *Harvard Business Review*, April. (ジョン・A. クウェルチ, キャサリン・E. ジョックズ,「消費者心理とニーズの変化に臨機応変に対応する不況期のマーケティング」『ダイヤモンド・ハーバード・ビジネス・レビュー』ダイヤモンド社, 2009年5月号, 106-20頁).

Raghunathan, Rajagopal (2008), "Some Issues Concerning the Concept of Experiential Marketing," in *Handbook on Brand and Experience Management*, ed. Bernd H. Schmitt and David L. Rogers, Northampton, MA: Edward Elgar, 132-43.

Rumelhart, David E. and Andrew Ortony (1977), "The representation of knowledge in memory," In *Schooling and the Acquisition of Knowledge*, ed. Richard C. Anderson, Rand J. Spiro and William E. Montague, NJ: Lawrence Erlbaum Associates, 99-135.

Ratneshwar, S. and Allan D. Shocker (1988), "The Application of Prototypes and Categorization Theory in Marketing: Some Problems and Alternative Perspectives," *Advances in Consumer Research*, 15 (1), 280-85.

Ratneshwar, S., Cornelia Pechmann, and Allan D. Shocker (1996), "Goal-Derived Categories and the Antecedents of Across-Category Consideration," *Journal of Consumer Research*, 23 (3), 240-50.

Ratneshwar, S., Lawrence W. Barsalou, Cornelia Pechmann, and Melissa Moore (2001), Goal-Derived Categories: The Role of Personal and Situational Goals in Category Representations," *Journal of Consumer Psychology*, 10 (3), 147-57.

Reichheld, Frederick F. (1996), *The Loyalty Effect*, Bain and Company.（フレデリック・F. ライクヘルド, 1998年, 伊藤良二監訳・山下浩昭訳『顧客ロイヤルティのマネジメント』ダイヤモンド社）.

―――― (2003), "The One Number You Need to Grow," *Harvard Business Review*, December.（フレデリック・F. ライクヘルド,「顧客ロイヤルティを測る究極の質問」『ダイヤモンド・ハーバード・ビジネス・レビュー』ダイヤモンド社, 2004年6月, 60-71頁）.

Ries, Al and Jack Trout (2001), *Positioning: The Battle for Your Mind*, NY: McGraw-Hill.（アル・ライズ, ジャック・トラウト, 2008年, 川上純子訳『ポジショニング戦略――新版』海と月社）.

Ritzer, George (1993), *The McDonaldization of Society*, CA: Pine Forge Press.（ジョージ・リッツア, 1999年, 正岡寛司監訳『マクドナルド化する社会』早稲田大学出版部）.

Rokeach, Milton (1973), *The Nature of Human Values*, NY: Free Press.

Rosch, Eleanor (1973), "Natural Categories," *Cognitive Psychology*, 4 (3), 328-50.

―――― (1975), "Cognitive Reference Points," *Cognitive Psychology*, 7 (4), 532-47.

―――― (1978), "Principles of Categorization," in *Cognition and Categorization*, ed. Eleanor Rosch and Barbara Lloyd, Hillsdale, NJ: Lawrence Erlbaum, 27-48.

Rosch, Eleanor and Carolyn B. Mervis (1975), "Family Resemblances: Studies in the Internal Structure of Categories," *Cognitive Psychology*, 7 (4), 573-605.

Rosch, Eleanor, Carolyn B. Mervis, Wayne D. Gray, David M. Johnson, and Penny Boyes-Braem (1976), "Basic Objects in Natural Categories," *Cognitive Psychology*, 8 (3), 382-439.

Rossiter, John R. and Larry Percy (1997), *Advertising Communication and Promotion Management: 2nd ed.*, NY: McGraw-Hill.（ジョン・R. ロシター, ラリー・パー

シー，2000 年，青木幸弘・亀井昭宏・岸志津江訳『ブランドコミュニケーションの理論と実際』東急エージェンシー).
Roth, Ilona and John P. Frisby, (1986), *Perception and Representation: A Cognitive Approach, Open Guides to Psychology*, Open University Press. (ロス，I. & J. P. フリスビー，1989 年，長町光生監修，認知科学研究会訳『認知心理学講座 2 ―― 知覚と表象』海文堂).
Russell, Gary J., S. Ratneshwar, Allan D. Shocker, David Bell, Anand Bodapati, Alex Degeratu, Lutz Hildebrandt, Namwoon Kim, S. Ramaswami, and Venkatesh H. Shankar (1999), "Multiple-Category Decision-Making: Review and Synthesis," *Marketing Letters*, 10 (3), 319-32.
Schmitt, Bernd H. (1999), *Experimental Marketing: How to Get Customers to Sense, Feel, Think, Act, Relate*, NY: Free Press (バーンド・H. シュミット，2000 年，嶋村和恵・広瀬盛一訳『経験価値マーケティング――消費者が「何か」を感じるプラス α の魅力』ダイヤモンド社).
――― (2003), *Customer Experience Management: A Revolutionary Approach to Connecting with Your Customers*, NY: John Wiley and Sons. (バーンド・H. シュミット，2004 年，嶋村和恵訳『経験価値マネジメント――マーケティングは製品からエクスペリエンスへ』ダイヤモンド社).
――― (2008), "A Framework for Managing Customer Experiences," in *Handbook on Brand and Experience Management*, ed. Bernd H. Schmitt and David L. Rogers, Northampton, MA: Edward Elgar, 113-31.
Sen, Sankar (1999), "The Effects of Brand Name Suggestiveness and Decision Goal on the Development of Brand Knowledge," *Journal of Consumer Psychology*, 8 (4), 431-55.
Shocker, Allan D., Moshe Ben-Akiva, Bruno Boccara, and Prakash Nedungadi (1991), "Consideration Set Influences on Consumer Decision-Making and Choice: Issues, Models, and Suggestions," *Marketing Letters*, 2 (3), 181-97.
Simon, Carol J. and Mary W. Sullivan (1993), "The Measurement and Determinants of Brand Equity: A Financial Approach," *Marketing Science*, 12 (1), 28-52.
Smith, Edward E. and Douglas L. Medin (1981), *Categories and Concepts*, Cambridge, MA: Harvard University Press.
Smith, J. David and John P. Minda (2000), "Thirty Categorization Results in Search of a Model," *Journal of Experimental Psychology*, 26 (1), 3-27.
Sujan, Mita and James R. Bettman (1989), "The Effects of Brand Positioning Strategies on Consumers' Brand and Category Perceptions: Some Insights From Schema Research," *Journal of Marketing Research*, 26 (4), 454-67.
Sujan, Mita, James R. Bettman, and Hans Baumgartner (1993), "Influencing Consumer Judgments Using Autobiographical Memories: A Self-Referencing Perspective," *Journal of Marketing Research*, 30 (4), 422-36.
Tauber, Edward M. (1972), "Why Do People Shop?" *Journal of Marketing*, 36 (4), 46-49.

Tulving, E. (1991)「人間の複数記憶システム」『科学』岩波書店, 第61巻第4号, 263-70.

Tversky, Amos (1977), "Features of Similarity," *Psychological Review*, 84 (4), 327-52.

Tybout, Alice M. and Nancy Artz (1994), "Consumer Psychology," *Annual Review of Psychology*, 45, 131-69.

Veblen, Thorstein B. (1899), *The Theory of Leisure Class: An Economic Study in the Evolution of Institutions*, NY: Macmillan.(ソースティン・ヴェブレン, 1998年, 高哲男訳『有閑階級の理論――制度の進化に関する経済学的研究』筑摩書房).

Viswanathan, Madhubalan and Terry L. Childers (1999), "Understanding How Product Attributes Influence Product Categorization: Development and Validation of Fuzzy Set-Based Measures of Gradedness in Product Categories," *Journal of Marketing Research*, 36 (1), 75-94.

Ward, James and Barbara Loken (1988), "The Generality of Typicality Effects on Preference and Comparison: An Exploratory Test," *Advances in Consumer Research*, 15, 55-61.

Warlop, Luk and S. Ratneshwar (1993), "The Role of Usage Context in Consumer Choice: A Problem Solving Perspective," *Advances in Consumer Research*, 20, 377-82.

Wittgenstein, Ludwig (1953), *Philosophische Untersuchungen*, Oxford: Basil Blackwell. (ルートヴィヒ・ウィトゲンシュタイン, 1994年, 黒崎宏訳『哲学的探求』産業図書).

Yankelovich, Daniel and David Meer (2006), "Rediscovering Market Segmentation," *Harvard Business Review*, February.(ダニエル・ヤンケロビッチ, デイビッド・ミーア, 村井裕訳「セグメンテーションの再発見――サイコグラフィックス分析は戦略に貢献しない」『ダイヤモンド・ハーバード・ビジネス・レビュー』ダイヤモンド社, 2006年6月号, 64-77頁).

Yoo, Boonghee, Naveen Donthu, and Sungho Lee (2000), "An Examination of Selected Marketing Mix Elements and Brand Equity," *Journal of the Academy of Marketing Science*, 28 (2), 195-211.

Zaltman, Gerald (2003), *How Customers Think*, Boston, MA: Harvard Business School Press.(ジェラルド・ザルトマン, 2005年, 藤川佳則・阿久津聡訳『心脳マーケティング』ダイヤモンド社).

青木幸弘・田島義博 (1989)『店頭研究と消費者行動分析――店舗内購買行動分析とその周辺』誠文堂新光社.

青木幸弘 (1992)「消費者情報処理の理論」『マーケティングと消費者行動――マーケティング・サイエンスの新展開』大澤豊・一寸木俊昭・津田眞澂・土屋守章・二村敏子・諸井勝之助編, 有斐閣, 129-54頁.

――― (1993)「『知識』概念と消費者情報処理」『消費者行動研究』日本消費者行動研究学会, 第1巻第1号, 1-18頁.

――― (1995)「ブランド・エクイティ研究の現状と課題」『消費者行動研究』日本消費

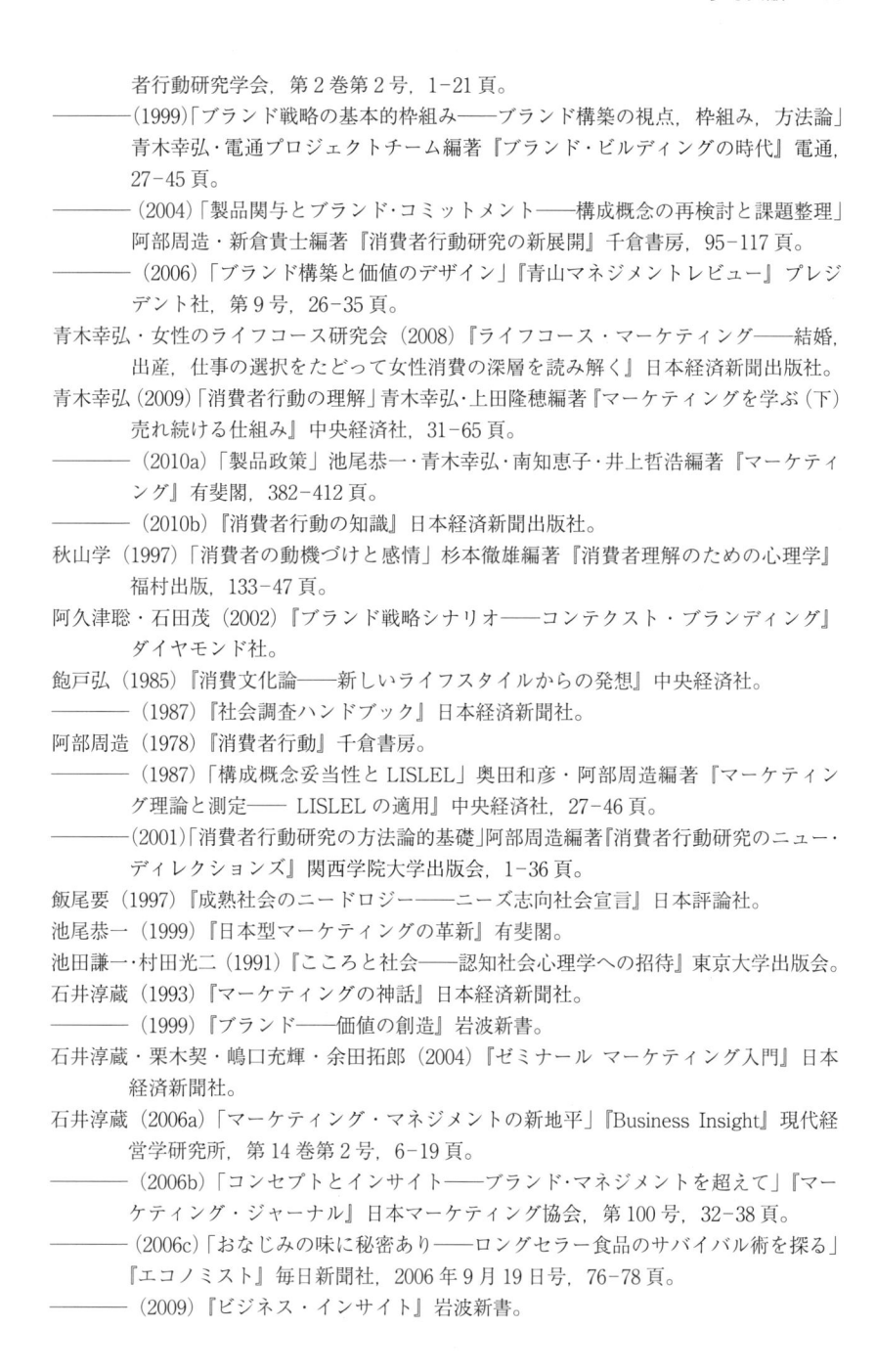

者行動研究学会，第 2 巻第 2 号，1-21 頁．
─────(1999)「ブランド戦略の基本的枠組み──ブランド構築の視点，枠組み，方法論」青木幸弘・電通プロジェクトチーム編著『ブランド・ビルディングの時代』電通，27-45 頁．
─────(2004)「製品関与とブランド・コミットメント──構成概念の再検討と課題整理」阿部周造・新倉貴士編著『消費者行動研究の新展開』千倉書房，95-117 頁．
─────(2006)「ブランド構築と価値のデザイン」『青山マネジメントレビュー』プレジデント社，第 9 号，26-35 頁．
青木幸弘・女性のライフコース研究会 (2008)『ライフコース・マーケティング──結婚，出産，仕事の選択をたどって女性消費の深層を読み解く』日本経済新聞出版社．
青木幸弘 (2009)「消費者行動の理解」青木幸弘・上田隆穂編著『マーケティングを学ぶ(下) 売れ続ける仕組み』中央経済社，31-65 頁．
─────(2010a)「製品政策」池尾恭一・青木幸弘・南知恵子・井上哲浩編著『マーケティング』有斐閣，382-412 頁．
─────(2010b)『消費者行動の知識』日本経済新聞出版社．
秋山学 (1997)「消費者の動機づけと感情」杉本徹雄編著『消費者理解のための心理学』福村出版，133-47 頁．
阿久津聡・石田茂 (2002)『ブランド戦略シナリオ──コンテクスト・ブランディング』ダイヤモンド社．
飽戸弘 (1985)『消費文化論──新しいライフスタイルからの発想』中央経済社．
─────(1987)『社会調査ハンドブック』日本経済新聞社．
阿部周造 (1978)『消費者行動』千倉書房．
─────(1987)「構成概念妥当性と LISLEL」奥田和彦・阿部周造編著『マーケティング理論と測定── LISLEL の適用』中央経済社，27-46 頁．
─────(2001)「消費者行動研究の方法論的基礎」阿部周造編著『消費者行動研究のニュー・ディレクションズ』関西学院大学出版会，1-36 頁．
飯尾要 (1997)『成熟社会のニードロジー──ニーズ志向社会宣言』日本評論社．
池尾恭一 (1999)『日本型マーケティングの革新』有斐閣．
池田謙一・村田光二 (1991)『こころと社会──認知社会心理学への招待』東京大学出版会．
石井淳蔵 (1993)『マーケティングの神話』日本経済新聞社．
─────(1999)『ブランド──価値の創造』岩波新書．
石井淳蔵・栗木契・嶋口充輝・余田拓郎 (2004)『ゼミナール マーケティング入門』日本経済新聞社．
石井淳蔵 (2006a)「マーケティング・マネジメントの新地平」『Business Insight』現代経営学研究所，第 14 巻第 2 号，6-19 頁．
─────(2006b)「コンセプトとインサイト──ブランド・マネジメントを超えて」『マーケティング・ジャーナル』日本マーケティング協会，第 100 号，32-38 頁．
─────(2006c)「おなじみの味に秘密あり──ロングセラー食品のサバイバル術を探る」『エコノミスト』毎日新聞社，2006 年 9 月 19 日号，76-78 頁．
─────(2009)『ビジネス・インサイト』岩波新書．

――――(2010)『マーケティングを学ぶ』ちくま新書。
石原武政(1982)『マーケティング競争の構造』千倉書房。
市橋和彦(2008)「成功は洗濯機の中に―― P&G トヨタより強い会社が日本の消費者に学んだこと」プレジデント社。
井関利明(1979)「ライフスタイル概念とライフスタイル分析の展開」村田昭治・井関利明・川勝久編著『ライフスタイル全書――理論・技法・応用』ダイヤモンド社, 3-41頁。
井上哲浩(2001)「インターネット時代のマーケティング戦略と消費者価値」『IT時代の消費インパクト デジタルな時代の新しい消費者を理解する法則』株式会社JMRサイエンス, 6-9頁。
井上淳子(2003)「リレーションシップ・マーケティングにおけるコミットメント概念の検討――多次元性の解明と測定尺度開発にむけて」『早稲田大学商学研究科紀要』早稲田大学商学学術院総合研究所, 第57号, 81-96頁。
――――(2009)「ブランド・コミットメントと購買行動との関係」『流通研究』日本商業学会, 第12巻第2号, 3-21頁。
井上文夫・井上和子・小野能文・西垣悦代(1995)『よりより社会調査をめざして』創元社。
今井久登(2003)「記憶」道又爾・北崎充晃・大久保街亜・今井久登・山川恵子・黒沢学著『認知心理学――知のアーキテクチャを探る』有斐閣, 139-75頁。
内田隆三(1996)「消費社会の問題構成」井上俊・上野俊哉・大澤真幸・見田宗介・吉見俊哉編著『デザイン・モード・ファッション』岩波書店, 7-40頁。
内田和成(2004)「エピローグ」嶋口充輝・内田和成編著『顧客ロイヤルティの時代』同文舘出版, 269-81頁。
圓丸哲麻(2009)「マーケティングにおけるライフスタイル概念の再考」『関西学院商学研究』関西学院大学大学院商学研究科研究会, 第60号, 35-52頁。
太田信夫(1992)「手続記憶」箱田裕司編『認知科学のフロンティアⅡ』サイエンス社, 92-119頁。
――――(1994)「潜在記憶に見る意識」『科学』岩波書店, 第64巻第4号, 248-54頁。
――――(1995)「潜在記憶――意識下の情報処理」『認知科学』日本認知科学会, 第2巻第3号, 3-11頁。
――――(2001)「意識下の情報処理はどうなっているのか――潜在意識に見る複数記憶システム」『PSIKO』ポプラ社, 第13号, 36-41頁。
――――(2004)「記憶研究の最前線」『基礎心理学研究』日本基礎心理学会, 第23巻第1号, 31-36頁。
――――(2006)「はじめに」太田信夫編著『記憶の心理学と現代社会』有斐閣, 1-9頁。
大堀壽夫(2002)「カテゴリー化研究の展望」大堀壽夫編著『認知言語学Ⅱ――カテゴリー化』東京大学出版会, 1-8頁。
岡山武史(2010)「信頼を通じた小売企業のブランド構築に関する一研究」近畿大学大学院商学研究科博士学位論文。
小嶋外弘・杉本徹雄・永野光明(1985)「製品関与と広告コミュニケーション効果」『広告科学』日本広告学会, 第11号, 34-44頁。
音部大輔(2008)『ロバスト・ブランドと便益四態――外資系企業のマーケティング発想

フレーム』神戸大学大学院経営学研究科博士学位論文。
小野譲司 (2002)「顧客満足,歓喜,ロイヤルティ――理論的考察と課題」『明治学院論叢経済研究』明治学院大学経済学会,第 124 号,57-83 頁。
恩蔵直人 (1994)「想起集合のサイズと関与水準」『早稲田商学』早稲田商学同攻会,第 360・361 合併号,99-121 頁。
―――― (1995)『競争優位のブランド戦略――多次元化する成長力の源泉』日本経済新聞社。
―――― (2007)『コモディティ化市場のマーケティング論理』有斐閣。
海保博之・加藤隆 (1999)『認知研究の技法』福村出版。
柏木重秋 (1992)『市場調査――理論と実際』中央大学出版部。
梶原勝美 (2010)『ブランド・マーケティング研究序説 I』創成社。
鎌原雅彦・宮下一博・大野木裕明・中沢潤 (1998)『心理学マニュアル――質問紙法』北大路書房。
河合隼雄 (1997)「豊かな消費を求めて」河合隼雄・上野千鶴子編著『欲望と消費――現代日本文化論』岩波書店,277-96 頁。
川崎惠里子 (1995)「長期記憶 II――知識の構造」高野陽太郎編『認知心理学 2 記憶』東京大学出版会,117-43 頁
川又啓子 (2009)「方法論争の展開」嶋口充輝監修,川又啓子・余田拓郎・黒岩健一郎編著『マーケティング科学の方法論』白桃書房,3-30 頁。
岸志津江 (2002)「広告とブランドの超長期記憶」『日経広告研究所報』日経広告研究所,第 205 号,9-15 頁。
京屋郁子 (2007)「カテゴリ研究におけるモデルの競合と統合化への動きの展望」『立命館人間科学研究』立命館大学人間科学研究所,第 13 号,103-16 頁。
久保田進彦 (2003)「リレーションシップ・マーケティング研究の再検討」『流通研究』日本商業学会,第 6 巻第 2 号,15-33 頁。
久保田進彦・井上淳子 (2004)「消費者リレーションシップにおけるコミットメントの多次元性とその影響」『中京企業研究』中京大学企業研究所,第 26 号,11-27 頁。
久保田進彦 (2006a)「リレーションシップ・コミットメント」『中京商学論叢』中京大学商学会,第 52 巻,47-180 頁。
―――― (2006b)「リレーションシップ・マーケティングのための多次元的コミットメントモデル」『流通研究』日本商業学会,第 9 巻第 1 号,59-85 頁。
―――― (2008)「コミットメントの戦略」『流通情報』財団法人流通経済研究所,第 470 号,33-48 頁。
―――― (2010)「同一化アプローチによるブランド・リレーションシップの測定」『消費者行動研究』日本消費者行動研究学会,第 16 巻第 2 号,1-25 頁。
桑原武夫 (2001)「『ポストモダン・アプローチ』の展開と構図」『ダイヤモンド・ハーバード・ビジネス・レビュー』ダイヤモンド社,2001 年 6 月,118-22 頁。
―――― (2006)「ポストモダン消費者研究」田中洋・清水聰編著『消費者・コミュニケーション戦略――現代のマーケティング戦略』有斐閣アルマ,203-30 頁。
後藤秀夫 (1996)『市場調査ケーススタディ 改訂新版』JEC 株式会社日本マーケティング教育センター。

齊藤嘉一 (2000)「考慮集合」『マーケティング・ジャーナル』日本マーケティング協会, 第78号, 81-88頁。
―――― (2003)「考慮集合形成における製品の相互依存性」学習院大学大学院経営学研究科博士学位論文。
佐伯胖 (1990)「アクティブ・マインド――活動としての認知」佐伯胖・佐々木正人編著『アクティブ・マインド――人間は動きの中で考える』東京大学出版会, 1-24頁。
酒井邦嘉 (2006)『科学者という仕事――独創性はどのように生まれるか』中央公論新社。
坂下昭宣 (2004)「エスノグラフィー・ケーススタディ・サーベイリサーチ」『国民経済雑誌』神戸大学経済経営学会, 第190巻第2号, 19-30頁。
佐々木壮太郎 (1996)「考慮集合の形成過程と製品選択――状況と決定をつなぐもの」『和歌山大学経済理論』和歌山大学経済学会, 第270号, 62-77頁。
佐々木正人 (1994)『アフォーダンス――新しい認知の理論』岩波書店。
嶋口充輝 (1997)「顧客関係性構築へのマーケティング」『ダイヤモンド・ハーバード・ビジネス・レビュー』ダイヤモンド社, 1997年4・5月号, 16-25頁。
清水聰 (1998)「消費者のブランド絞込みメカニズム」『流通情報』財団法人流通経済研究所, 第346号, 4-9頁。
―――― (1999)『新しい消費者行動』千倉書房。
―――― (2000)「考慮集合形成メカニズムの研究」『日経広告研究所報』日経広告研究所, 第191号, 15-20頁。
―――― (2004)「知識カテゴリーの実証研究」『消費者行動研究』日本消費者行動研究学会, 第10巻第1・2号, 1-16頁。
―――― (2006a)「消費者の意思決定プロセスとコミュニケーション」『消費者・コミュニケーション戦略――現代のマーケティング戦略』有斐閣, 1-27頁。
―――― (2006b)『戦略的消費者行動論』千倉書房。
―――― (2007)「プロモーション時の購買経験が感情的コミットメントに与える影響」『流通情報』財団法人流通経済研究所, 第455号, 23-30頁。
―――― (2008a)「消費者のライフスタイルを用いたブランド評価」『流通情報』財団法人流通経済研究所, 第467号, 10-20頁。
―――― (2008b)「コミットメント研究の今後の可能性」『流通情報』財団法人流通経済研究所, 第472号, 12-18頁。
杉本徹雄 (1993)「消費者情報処理と動機づけ」『消費者行動研究』日本消費者行動研究学会, 第1巻第1号, 19-28頁。
―――― (1997)「消費者行動とマーケティング」杉本徹雄編著『消費者理解のための心理学』福村出版, 10-23頁。
鈴木宏昭 (1996)『類似と思考――認知科学モノグラフ』共立出版。
陶山計介 (2002)「ブランド・ネットワークのマーケティング」陶山計介・宮崎昭・藤本寿良編『マーケティング・ネットワーク論――ビジネスモデルから社会モデルへ』有斐閣, 61-78頁。
髙橋広行 (2004)「パワーブランドによる消費者セグメンテーション――ブランド連鎖セグメンテーション」川島隆志・髙橋広行・森山聖彦・清水絵里編著『IT時代の

　　　　消費インパクト　パワーブランド構築と CRM 戦略』株式会社 JMR サイエンス，18-21 頁。
──── (2009a)「カテゴリーの代表性についての研究──典型性と具体性の 2 つの視点から」『産研論集』関西学院大学産業研究所，第 36 号，61-69 頁。
──── (2009b)「カテゴリーの中心的ブランド・エクイティの構築──消費者行動アプローチと記憶の関係から」『関西学院商学研究』関西学院大学大学院商学研究科研究会，第 60 号，53-73 頁。
──── (2009c)「グレード化されたカテゴリーにおける中心性構造形成要因についての一考察──カテゴリー概念を整理統合しながら」『関西学院商学研究』関西学院大学大学院商学研究科研究会，第 61 号，1-33 頁。
──── (2009d)「目的のタイプと目的のあいまい性についての検討──目的に導かれるカテゴリーとしての考慮集合」『関西学院商学研究』関西学院大学大学院商学研究科研究会，第 61 号，35-66 頁。
──── (2010)『カテゴリーの役割と構造──ライフスタイルとブランドをつなぐ』関西学院大学大学院商学研究科博士学位論文。
田村正紀 (1998)『マーケティングの知識』日本経済新聞社。
──── (2008)『業態の盛衰──現代流通の激流』千倉書房。
田島博和 (1999)「購買態度と購買行動の関連──カテゴリーレベルでの分析」『流通情報』財団法人流通経済研究所，第 357 号，8-13 頁。
田中洋・丸岡吉人 (1995)「ブランド・メモリーズ──ブランド記憶メカニズムの探索的研究」『消費行動研究』日本消費者行動研究学会，第 2 巻第 2 号，23-35 頁。
田中洋 (1997)「ブランド主導型マーケティング・マネジメント論」青木幸弘・小川孔輔・亀井昭宏・田中洋編著『最新ブランド・マネジメント体系』日経広告研究所，115-132 頁。
──── (2008)『消費者行動論体系』中央経済社。
田中良久 (1977)『心理学的測定法　第 2 版』東京大学出版会。
谷川俊太郎 (1998)「私の『ライフ・スタイル』」河合隼雄・谷川俊太郎編著『ライフ・スタイル──現代日本文化論 5』岩波書店，1-6 頁。
土田昭司 (2001)「購買意思決定・購買態度と自己概念」阿部周造編著『消費者行動研究のニュー・ディレクションズ』関西学院大学出版会，127-47 頁。
続有恒・村上英治 (1975)『心理学研究法 9　質問紙調査』東京大学出版会。
坪井寿子 (2003)「カテゴリー化における類似性の役割に関する一考察」『鎌倉女子大学紀要』鎌倉女子大学，第 10 号，125-31 頁。
寺本高 (2005)「ブランド・ロイヤルティの測定において考慮すべき視点」『流通情報』財団法人流通経済研究所，第 431 号，30-38 頁。
徳永豊・D. マクラクラン・H. タムラ (1989)『マーケティング英和辞典』同文館。
徳山美津恵 (2003)「ブランドのカテゴリー化に関する一考察──目的のレベルが個別ブランド間の類似性判断に及ぼす影響」『消費行動研究』日本消費者行動研究学会，第 9 巻第 1・2 号，39-52 頁。
豊田秀樹 (2007)『共分散構造分析 Amos 編──構造方程式モデリング』東京図書。

中島義明・安藤清志・子安増生・坂野雄二・繁桝算男・立花政夫・箱田裕司（1999）『心理学辞典』有斐閣．
中谷内一也（1997）「消費者の態度形成と変容」杉本徹雄編著『消費者理解のための心理学』福村出版，148-63 頁．
中西正雄（1984）「消費者行動の多属性分析」中西正雄編著『消費者行動分析のニュー・フロンティア——多属性分析を中心に』誠文堂新光社，2-26 頁．
――――（1998）「消費者選択行動のニュー・ディレクションズ」中西正雄編著『消費者選択行動のニュー・ディレクションズ』関西学院大学出版会，3-29 頁．
――――（2001）「製品差別化と市場細分化は代替的戦略か？」『商学論究』関西学院大学商学研究会，第 48 巻第 3 号，41-60 頁．
永野光朗（1997）「消費者の個人特性」杉本徹雄編著『消費者理解のための心理学』福村出版，178-90 頁．
新倉貴士（1997）「選択における選択肢の在り方——消費者の選択行動とカテゴリー化の関係」『商学論究』関西学院大学商学研究会，第 45 巻第 2 号，59-81 頁．
――――（2001a）「カテゴリー化概念と消費者の選択行動——選択における選択肢の在り方」阿部周造編著『消費者行動研究のニュー・ディレクションズ』関西学院大学出版会，85-126 頁．
――――（2001b）「消費者行動論特殊講義」関西学院大学大学院商学研究科講義用資料．
――――（2005）『消費者の認知世界——ブランドマーケティング・パースペクティブ』千倉書房．
――――（2006）「消費者の情報探索と知識形成」田中洋・清水聰編著『消費者・コミュニケーション戦略——現代のマーケティング戦略』有斐閣，179-201 頁．
――――（2007）「市場，カテゴリー，そしてブランド——カテゴリー中心型ブランドマーケティングとカテゴリー創造型ブランドマーケティング」『商学論究』関西学院大学商学研究会，第 54 巻第 4 号，47-60 頁．
――――（2008）「ブランド・アイデンティフィケーション——対象の同定と記憶システム」『商学論究』関西学院大学商学研究会，第 55 巻第 3 号，45-61 頁．
西川泰夫（1988）『『認識』のかたち——自分を知るための心理学』誠信書房．
西里静彦（2007）『データ解析への洞察——数量化の存在理由』関西学院大学出版会．
仁科貞文（2001）『広告効果論——情報処理パラダイムからのアプローチ』電通．
馬場房子（1989）『消費者心理学——第 2 版』白桃書房．
藤川佳則（2006）「脱コモディティ化のマーケティング——顧客が語れない潜在需要を掘り起こす」『一橋ビジネスレビュー』東洋経済新報社，第 53 巻第 4 号，66-78 頁．
藤村和宏（2006）「顧客満足とロイヤルティの関連性についての理論的考察——サービス消費を中心として」『香川大学経済論叢』香川大学経済学会，第 79 巻第 2 号，2006 年 9 月，3-72 頁．
藤原伸彦（1998）「カテゴリー分類に利用される知識——概念表象，および背景知識の影響に関する研究」大阪大学大学院人間科学研究科博士学位論文．
星野克美（1991）『流行予知科学——未来を推測する認知科学マーケティングとは』PHP 研究所．

堀内圭子（1997）「購買決定後の過程」杉本徹雄編著『消費者理解のための心理学』福村出版，73-88 頁。
堀越比呂志（2007）「マーケティング研究における歴史的個別性への関心」『三田商学研究』慶應義塾大学出版会，第 50 巻第 2 号，91-108 頁。
松井剛（2001）「消費論ブーム――マーケティングにおける『ポストモダン』」『現代思想』青土社，2001 年 11 月号，120-29 頁。
―――（2004）「象徴的消費における主体的行為能力と構造」『マーケティング・ジャーナル』日本マーケティング協会，第 94 号，59-68 頁。
間々田孝夫（2000）『消費社会論』有斐閣。
―――（2007）『第三の消費文化論――モダンでもポストモダンでもなく』ミネルヴァ書房。
丸岡吉人（2002）「手段目的連鎖モデルで消費者を理解する」『一橋ビジネスレビュー』東洋経済新報社，第 50 巻第 3 号，48-56 頁。
南知恵子（2006）『顧客リレーションシップ戦略』有斐閣。
六車秀之（2007）『ライフスタイルセンターの構築――ショッピングセンター成功のための』同文舘出版。
村田昭治（1969）「消費者行動の行動科学的研究」吉田正昭・村田昭治・井関利明共編著『消費者行動の理論』丸善，49-75 頁。
村山功（1990）「人間にとってのカテゴリー――カテゴリーをどう考えるか」佐伯胖・佐々木正人編著『アクティブ・マインド――人間は動きの中で考える』東京大学出版会，171-97 頁。
村山貞幸（2009）「解釈主義アプローチ」嶋口充輝監修，川又啓子・余田拓郎・黒岩健一郎編著『マーケティング科学の方法論』白桃書房，49-67 頁。
山崎正和（1987）『柔らかい個人主義の誕生――消費社会の美学』中央公論社。
山本昭二（2005）「選択と評価における選好逆転――選好の構成と属性の効果」『商学論究――中西正雄博士記念号』関西学院大学商学研究会，第 52 巻第 4 号，215-34 頁。
山本奈央（2009）『インターネット・コミュニティが実現するブランドロイヤルティ――ブランドを中心とするインターネット・コミュニティ内のコミュニケーションがブランドロイヤルティに与える影響に関する実証研究』神戸大学大学院経営学研究科博士学位論文。
山本眞理子・外山みどり・池上知子・遠藤由美・北村英哉・宮本聡介編（2001）『社会的認知ハンドブック』北大路書房。
ルディー和子（2005）『マーケティングは消費者に勝てるか？』ダイヤモンド社。
和田充夫（1984）『ブランド・ロイヤルティ・マネジメント』同文舘出版。
―――（1998）『関係性マーケティングの構図』有斐閣。
―――（2002）『ブランド価値共創』同文舘出版。
―――（2004）「マーケティング・リボリューション――来た道・行く道を考える」『マーケティング・リボリューション――理論と実践のフロンティア』有斐閣，1-16 頁。

索　引

あ

アイデンティファイ　93
アイデンティファイア　83, **93**
青写真　**39-41**, 47, 99, 250, 253
アクセスしやすさ　67, 77, 93, 115, **126-27**, 130, 140, 146, 182-83, 195-96, 199, 203, 253
ACT　**85**, 86, 89, 96
アタッチメント　68, **71-72**, 91, 93, 212, 261
アドホック・カテゴリー　26, 130, **159-62**, 170-72, 259
RVS　**19**, 29
一般(概念)的知識　**135-36**, 138, 142, 149, 251
イノベーション　85-86, 97, 264, 267
意味記憶　132-35, **138-39**, 140-44, 148, 149, 192, 201-04, 205, 253
意欲的ロイヤルティ　**66**, 178, 211-12, 214, 219-25, 254
VALS　**19-20**, 28-29
ウォンツ　**44**, 263
AIO　**19-20**, 28
エグゼンプラー　71-72, 118-21, **125-30**, 142-46, 167, 169, 171, 172, 183-84, 218-19, 252, 258-59, 267
エグゼンプラー型　**143-46**, 218, 252
エピソード記憶　132, 134,-35, **139-44**, 148, 149, 262, 270
エピソード知識　135
LOV　**19-20**, 29

か

下位カテゴリー　**111**, 115
解釈主義(体験主義)的アプローチ　53, **54-58**, 61

概念的プライミング　**138-39**, 141
快楽的消費　53, **55-56**, 140
画一化　**36-37**, 252
家族的類似性　**108**, 117, 123, 130, 142, 144, 205
価値観　**17**, 19, 27, 28, 30, 34-35, 38, 39-41, 45, 58, 93, 99, 101, 106, 177-78, 205, 227, 250, 253, 256-59, 261, 271
価値レベル　**153**, 162, 163, 244, 266
カテゴリー　24-26, 39-43, 54, 99-101, **106-07**, 167-74, 177-79, 249-67, 269-72
カテゴリー化(カテゴライゼーション)　**105-07**, 109, 168-72, 253, 256-59, 271
カテゴリー・スキーマ　**111**, 115, 126, 130, 204, 259
カテゴリー・ニーズ　21, 23, **29**, 111, 139, 145-46, 206, 209, 212, 253, 254
カテゴリーの表象　**107**, 115, 251, 258
カテゴリーメンバーとしての接触頻度　**123**, 143-44
感覚記憶　133-34
感情的関与　**19**, 30, 31, 112-13, 212, 240-41, 244, 254, 256, 262, 270
感情的ロイヤルティ　**66**, 178, 211-14, 219-25, 254, 260, 269
間接プライミング　**138**, 139
記号的消費　15
基本レベルカテゴリー　109, **111**, 115
具体性　71, **119**, 129, 140-47, 173, 177-78, 181-204, 209-26, 252-56, 258-65, 267-70
グレード化されたカテゴリー　109, 114, **117-21**, 123, 129, 144, 168-72, 173, 177, 181, 196, 203, 212, 250-53, 258, 260, 263

経験的
　——価値プロミス　85
　——グリッド　86
　——プラットフォーム　85
　——ポジショニング　85
　——マーケティング　84, 86
顕在記憶　139, **148**
構成概念スコア　**216-17**, 232-33, 236-37
構造的等価物　42-**43**, 170, 177, 252-53, 256-60
行動修正アプローチ　50-**51**, 57, 131
行動的ロイヤルティ　66, 211-13, 219-25, 254
購買関与　186, **198-99**, 206, 222, 269-70
考慮集合　**158-62**, 164, 173, 210, 227-33, 238-39, 243, 246, 255
顧客インターフェイス　85, **86**
顧客経験マネジメント　**84**, 85
古典的アプローチ　107-08
コミットメント　65, 66, 67, **68-72**, 90, 91, 93, 211, 212
コモディティ化　21, 22, 24, **29-30**, 58, 83-84, 87, 89, 99, 127, 147, 149, 173, 178, 204, 209-10, 219, 221, 226, 249, 254, 259-64, 269

さ

作業記憶（ワーキングメモリー）　132, **133-34**, 147, 170
サブ・カテゴリー　**117-20**, 125, 130, 146-47, 149, 156-63, 174, 178, 227-29, 232-33, 238-44, 255, 256, 260-61, 263
3Cバイアス　148
自我関与　**24**, 30, 99
刺激—反応パラダイム　**50**, 59
システムとしての文化カテゴリー　**42-43**, 99, 177, 250, 252, 258
シミュラークル　**35**, 37, 46
主要な目標や目的　**126-27**, 143-44, 158, 182-86, 189, 191-204, 206, 221, 223, 225, 253-56, 261-62, 267, 270
上位カテゴリー　111
使用価値　27, **37-39**, 100, 249-50
象徴的消費　15
消費社会　33-**34**, 37, 40, 44, 55, 99, 154-55, 173, 206, 227, 249, 255
消費者関与　**24**, 30
消費体験　**53-58**, 101, 119, 138, 140, 173, 225, 244, 252-54, 256, 264-65, 270
情報処理アプローチ　**51-58**, 60, 61, 82, 127, 143, 147, 173, 181, 194, 196, 201, 204, 245, 252
事例としての頻度　**126**, 143-44, 183, 188-89, 191, 205, 217, 221-23, 254
新近性　**126**, 130, 143-44, 183-85, 188, 190-95, 197-203, 206
THINK　85, 86, 89, 96
親密性　73, **123**, 136, 143-44, 182-85, 188, 190, 192-203, 205, 206, 214, 269
スイッチング・コスト　67, 69, **71**, 91
スキーマ　**115**, 130, 131, 136, 253
スクリプト　136
製品カテゴリー　**20-25**, 29, 58, 81, 87, 93, 94, 95, 96, 97, 147, 173, 174, 184-91, 194, 198, 206, 215, 219, 221-22, 226, 259-60, 262-63, 266-67
宣言的知識　135
潜在記憶　**137-38**, **148**
SENSE　85, 86, 89, 96
戦略経験的ユニット　85-86

た

代表性　120, **123**, 142, 144, 182-83, 185, 188, 190, 192-203, 214, 217, 222-23, 269
多肢選択法　**227-33**, 236-40, 245, 266
多属性構造　**123**, 142, 144, 182-83, 185, 186-88, 190, 192-206, 214, 217, 222-23, 254, 269
脱構造化　**35-37**, 46
脱合理主義　35-37
短期貯蔵庫　**133-34**, 148, 179, 251

知覚表象システム　　134, **137-39**, 141, 143-45, 149
知覚符号化　　**132**, 147, 260
チャンキング　　**132**, 134
チャンク　　92, 131-33
中心化傾向　　**118-21**, 124, 143-45, 169, 181, 190, 196, 203-04, 252, 260, 263
長期記憶　　126, 133, **134**, 140-42, 147, 148, 172, 179, 251
直接プライミング　　135, **138**
ディドロ効果　　41-43
ディドロ統一体　　**41-43**, 47, 170, 250, 252
適合的カテゴリー表象　　**168-71**, 177, 250-52
手続記憶　　**134-37**, 139, 141, 143-45, 148
手続的知識　　**135**, 136, 139
デマンド　　44
典型性　　109, **117-19**, 121-24, 129, 130, 142-47, 168, 173, 177-78, 181-204, 205, 209-26, 252-55, 258-59, 262, 269-70
独自性や弁別性　　78, **127**, 143-44, 182-83, 185, 189, 191, 192-95, 197-203, 206, 210, 215, 221, 223-25, 226, 253-54
トップダウン型処理　　**156-57**, 162-63, 184, 260

な

ナショナル・ブランド（NB）　　**22**, 30, 209, 219, 226, 254
二重貯蔵モデル　　**132-34**, 148
認知的関与　　30, 112-13, 240, 243-44
認知的ロイヤルティ　　66, 178, 211, 214, 219-25, 226, 254, 269

は

バイアス　　81, 132, 148, 187
パーソナリティ　　17, **27-28**, 42, 49, 56, 81, 94
パワー・ブランド　　145-46, 218-19, 252, 266
評定尺度法　　**227-34**, 236-39, 244, 245, 266

FEEL　　**85**, 86, 89, 96
複数記憶システム　　**132-34**, 140-44, 177, 181, 185, 194, 203-04, 252
符号化　　**132-33**, 134, 149, 157
プライベート・ブランド（PB）　　**22**, 30, 99, 146, 173, 209, 218, 249, 254
プライミング　　**137-39**, 148
ブランド
　——・アイデンティティ　　63, **79-82**, 85, 88-89, 94, 95, 97, 148, 263
　——・アタッチメント　　**71-72**
　——・イメージ　　**75-77**, 81, 92, 93, 133, 139, 148
　——・エクイティ　　63, **71-76**, 78, 87-89, 91-94, 100, 130, 131, 133, 136, 139-45, 252, 262
　——・エクスペリエンス　　63, **82-89**, 95, 100, 262-63
　——価値　　70, **87-89**, 94, 96, 97, 118, 130, 243, 262, 264
　——・コミットメント　　**90-91**, 240-41, 244, 256, 270
　——再生　　**75-76**, 93, 126, 139, 143, 183, 205, 210
　——再認　　**75-76**, 93, 139
　——知識　　72, **75-76**, 81, 89, 92, 93, 100, 131
　——つながり　　**23-24**, 99
　——認知　　73, **75-77**, 79
　——の類型　　**145**, 216, 218
　——・ポジショニング　　29, 94, 127, 145, 147, 216, 218, 237, 243
　——・マネジメント　　**22-23**, 26, 58, 63, 84, 94, 95, 173, 177, 204, 209, 212-13, 225, 249, 252, 254, 261-63
　——力　　97
　——連鎖　　**23-25**, 99, 249
　——連想　　73, 75-76, 78-79, 92
　——・ロイヤルティ　　28, 58, **63-69**, 71, 73-74, 87-92, 173, 213, 221, 254, 262-63,

269,
──・ロイヤルティ・マネジメント　63
プロセス志向　　84, 95, **155**, 162-63, 179, 227-45, 252, 256, 261, 266, 270
プロダクト志向　**155**, 162-63, 179, 227-44, 252
プロトタイプ　　109, **117-25**, 128-30, 142-46, 167, 169, 218, 252, 258, 267
分析的視点　58, 127, 139, 196
文脈（コンテクスト）　25, 38, 42-43, 47, 58, 61, 82, 89, 92, 96, 99, 100, 105, 107, 109, 111, 115, 119, 124, 126-27, 129, 140-42, 144, 153, 155, 159, 163-64, 169, 177, 181, 204, 209, 212-13, 221, 225, 250-55, 258, 262-63, 271
分類学的なカテゴリー　107, **111-14**, 160, 162, 167-72, 173, 177-78, 203, 207, 250-52, 257-59
ポイント・オブ・ディファレンス　**78**, 139, 141, 144, 146
ポイント・オブ・パリティ　**78**, 139, 141, 144
包括的（ホーリスティック）　25, 31, 39, 43, 54-55, 58, 61, 84, 89, 99-100, 105, 112, 114-15, 124, 127-28, 147, 169, 173, 191, 194, 199, 203-04, 212, 221, 250, 252-53, 256, 258-59
ポストモダン消費　**34-36**, 45, 46, 53, 252
ボトムアップ型処理　**156**, 162-63, 260

ま

満足度　17-18, 43, 55, 67-68, 90, **219**
命題記憶　**135**
目的
　──タイプ　26, **155**, 162-63, 178, 227-45, 252, 255-56
　──のあいまい性　26, **157-58**, 160, 162, 178, 227-28, 242, 255, 266
　──ブランド　**226**, 255, 260, 264-67
　──レベル　53, **153**, 155, 163, 243, 256

目的に導かれるカテゴリー　107, 130, **151-63**, 167-72, 173, 178-79, 203, 226, 227-45, 250-52, 255-60
目標　17, 27, 30, 36-40, 45, 51, 53, 60, 91, 95, 130, **152-59**, 162-65
目標階層　**152-55**, 157, 159, 163, 255
モダン消費　**34-36**, 46, 53, 252
モチベーション・リサーチ研究　49, 268
モノのシステム　**42-43**, 99, 177, 250, 252, 258

や

欲望　15, 21, 28, **33-34**, 37-39, 44-45, 96, 250

ら

ライフスタイル　**17-20**, 23-29, 40-43, 45, 47, 56, 85, 88-89, 93, 96, 99-101, 177-78, 204, 225, 229, 245, 249-64, 270-71
　──・アプローチ　**19-20**, 99, 249
　──研究　**17-18**, 20, 24, 27, 249
　──細分化アプローチ　28
　──センター　17
　──・プロフィール・アプローチ　28
　──分析　49
理想像　**39-41**, 96, 101, 178, 205, 250, 257
理想属性　122, **123**, 142, 144, 172, 182, 184-86, 188, 190, 192-205, 210, 214, 217, 222-23, 253, 259, 267, 269-70
理念　**39-41**, 58, 99, 101, 163, 178, 205, 250, 256-59
リレーションシップ　65, **68-69**, 71-72, 91, 211, 225, 235, 261
リレーションシップ・コミットメント　90
RELATE　**85**, 86, 89, 96
レゾナンス　**78-79**, 93
ローリング・ディドロ効果　42-43

わ

ワーキングメモリー　132, **133**, 142, 147, 170, 179, 251

著者略歴

髙橋広行（たかはし・ひろゆき）
1971年大阪府生まれ。
流通科学大学 商学部 専任講師，博士（商学，関西学院）
関西学院大学大学院商学研究科博士課程後期課程修了。
Ipsos日本統計調査株式会社 研究員。

近畿大学理工学部卒業後，1993年から1995年まで株式会社洋菓子のヒロタにて新規事業開発部に所属し，フードサービスの店舗運営およびメニュー開発に携わる。1995年から1998年まで株式会社ズーム（現：ズーム・デザイン）にてグラフィック広告制作のクリエイティブ・マネージャーを担当，1998年から2005年まで日本マーケティング研究所 株式会社JMRサイエンスにて大手メーカーやサービス業のマーケティング・リサーチ，データ分析，および，それらを通じたマーケティング戦略に関するコンサルティングに携わる。2005年からIpsos日本統計調査株式会社にてP&G専属チームのリサーチ・マネージャー兼データ・アナリストを経て，現在研究員。
この間，関西学院大学大学院商学研究科にて修士号（経営学）を取得，関西学院大学商学部，関西学院高等部，滋賀短期大学，大阪保育福祉専門学校などでマーケティングや流通，店舗経営，ビジネス関連の講師（非常勤）を担当。関西学院大学大学院商学研究科博士課程後期課程を経て，2010年より現職。
香川大学経済学部 兼任講師（消費者行動，2010年）。

専攻
　マーケティング論（消費者行動論，マーケティング・リサーチ，インストア・マーケティング）

主要業績
　「典型性と具体性から導かれるブランド・ロイヤルティ——消費者のカテゴリー中心形成要因の理論をベースに」『流通研究』日本商業学会，2009年。
　「カテゴリー・ベースのポジショニング分析—グレード化されたカテゴリーの典型性と具体性の概念から」『繊維製品消費科学』日本繊維製品消費科学会，2010年。

受賞歴
　第8回JACS-SPSS論文プロポーザル賞 優秀賞（日本消費者行動研究学会主催，2008年），「カテゴリー形成における典型性と具体性の関係について」
　消費者購買要因データから読み解く——マーケティング分析コンテスト2007年（宣伝会議主催）入賞（佳作），「キャンペーンの消費者行動への効果検証——チャ

ネル行動を含めたメディアとのタッチングポイントの相関関係から」

所属学会
日本消費者行動研究学会，日本商業学会，日本マーケティング・サイエンス学会，日本インストア・マーケティング学会，日本広告学会，ほか．

E-mail:Hiroyuki_Takahashi@red.umds.ac.jp

カテゴリーの役割と構造
ブランドとライフスタイルをつなぐもの

2011年5月25日初版第一刷発行

著 者 　髙橋広行

発行者 　宮原浩二郎
発行所 　関西学院大学出版会
所在地 　〒662-0891
　　　　 兵庫県西宮市上ケ原一番町1-155
電 話 　0798-53-7002

印 刷 　株式会社クイックス

©2011 Hiroyuki Takahashi
Printed in Japan by Kwansei Gakuin University Press
ISBN 978-4-86283-090-6
乱丁・落丁本はお取り替えいたします．
本書の全部または一部を無断で複写・複製することを禁じます．
http://www.kwansei.ac.jp/press